KB155796

트라우마 치료의 실제

트라우마 치료의 실제

안정화와 회복을 중심으로

Anna B. Baranowsky · J. Eric Gentry
D. Franklin Schultz 공저

안명희 · 안미라 공역

박영story

역자 서문

　　몇 년 전 뉴욕에서 개최된 미국심리학회 산하 정신분석적 심리학회 분과학회에 참가했을 때 처음 이 책을 접했다. 마침 서강대학교의 열린 상담소를 개소하고 체계적인 인턴, 레지던트 상담원 교육에 대해 고민하던 때이다. 상담 초심자도 쉽게 접근할 수 있는 트라우마 치료 관련 교육용 자료를 찾고 있던 참에 Trauma 치료 분야의 대가인 Judith Herman의 3단계 모델(Tri-Phase Model)에 기반을 두고 있는 이 책이 눈에 들어왔다. 학회의 성격상 대부분 정신분석 관련 책들 중에 인지행동 치료에 기반한 책을 만나 신선하게 다가왔다. 트라우마의 본질과 이를 극복하는 과정에서 염두에 두어야 하는 요인들에 대해 외상학적 측면에서 전반적으로 설명하면서 치료의 실제는 치료의 목표와 활용 가능한 기법위주로 체계적으로 제시하는 것이 좋았다. 안전과 안정화에 대한 강조, 외상기억의 처리 그리고 트라우마로 인해 정지된 삶의 단면들을 재연합하는 과정을 성격적인 부분과 최신 신경심리학적 연구결과를 기반으로 통합적으로 설명하려는 노력도 시의 적절하게 다가왔다. 상담 장면에 찾아오는 내담자들은 크고 작은 트라우마에 시달린다. 이들의 고통을 공감하며 작업하는 치료자 자신들 또한 개인적 트라우마를 갖고 있기도 하고, 내담자의 고통에 매몰되어 힘들어 하기도 한다. 이 책에서는 외상치료에서 치료자 자신이 불안해하지 않는 존재감(non-anxious presence)을 유지하는 것이 얼마나 중요한지도 빼놓지 않고 설명한다.

　　이 책은 난해한 이론적 서술을 피하고 현장에서 즉시 활용할 수 있는 다양한 기법을 매뉴얼 식으로 순서대로 간명하게 제시한다. 주제별로 자신의 상담사례에 적용해 보거나 수퍼비전이나 사례지도 과정에서 교육용 자료로 활용해 보아도 좋을 것 같다.

　　이 책의 초벌 번역에 참여해준 서강대학교 심리학과 김가원, 김소영, 김예슬, 박진경, 안혜람, 최영은, 그리고 최종 본을 감수해 준 정유선에게 감사의 인사를 드린다. 여러 번의 수정과정에도 인내심을 갖고 함께해주신 박영스토리 한두희 선생님, 그리고 늘 챙겨주시는 노현 이사님께 감사를 드린다.

2019년 9월
역자 대표
안명희

차례

3장   외상 기억의 처리   139

트라우마 치료의 실제 : 안정화와 회복을 중심으로

외상 치료: 안정화와 회복을 위한 도구

Trauma Practice: Tools for
Stabilization and Recovery

만약 당신이 완벽하다면 아무것도 배울 필요가 없고,
아무것도 배울 필요가 없다면 선생님이 될 필요가 없다.

Stuart Wilde, The Secrets of Life(1990)에서

책의 의도(Purpose of This Book)

이 책에서는 인지행동치료에 기반을 둔 트라우마 치료의 실제를 다룬다. 외상치료를 위한 수련 및 치료과정에서 저자들이 실제 경험한 내용이 담겨있기에 책의 제목을 트라우마 치료의 실제(Trauma Practice)라고 붙였다. 현재까지 출판된 인지행동치료 관련 책이나 실증 연구는 치료 효과를 검증하는 데 초점이 맞춰 있어 이 책에서는 실제 외상치료를 어떻게 해야 하는지 즉, 치료에 실제적인 도움을 주는 노하우("how-to")를 제시하고자 했다. 이 책의 내용은 1997년 가을을 기점으로 외상학 연구소에서 출간된 많은 외상치료 수련프로그램의 개발 및 적용을 다룬 저서들을 참조했다. 저자들은 인지행동치료에 기반을 두고 외상으로부터 회복하는 과정에 대해 배우는 수련생들을 꾸준히 지도해 왔고, 또 꽤 좋은 평가를 받아왔다고 자신한다.

이 책의 내용은 이제 막 외상치료에 입문하는 초심자나 오랫동안 외상치료에 몸담아온 전문가 모두에게 인지행동치료에 기반을 둔 외상치료접근을 익히는 데 도움을 줄 수 있다. 인지행동치료의 기본적인 이론과 실제에 대한 설명을 포함하고 있고, 가장 효과적이며 빈번하게 활용되는 기법들에 대해서는 자세한 설명을 담았다. 모든 내용은 Trauma 치료 분야에 선두적인 이론을 제시한 Judith Herman의 3단계 모델(Tri-Phase Model)에 기반을 두고 있다. 2000년 International Society for Trauma Stress Studies에서는 Judith Herman의 Tri-Phasic Model을 외상 후 스트레스의 치료의 Standard of Care 즉, 표준적인 치료접근으로 채택했다. 따라서 이 책의 기본적인 구조는 Herman이 제시한 3단계를 구성하는 안전과 안정화(safety and stabilization), 외상기억의 처리(trauma memory processing), 그리고 재연합(reconnection)에 대한 이해를 바탕으로 하며, 각 단계의 구체적인 치료 목표와 적용 가능한 기법을 제시한다. 하지만 이 책은 외상치료의 가이드 라인을 제시할 뿐 실제 수련프로그램과 슈퍼비전하에 실습하는 과정을 대신하지는 못한다. 체계적인 수련과정과 슈퍼비젼을 통해서 이 책에서 제시하는 전략을 효과적으로 적용하는 방법을 배울 수 있다.

외상의 치료에 실제적인 도움을 줄 수 있는 내용을 담고 있는 것이 이 책의 강점이다. 그리고 이와 같은 내용은 기본적으로 외상 치료자들은 내담자들에게 그 무엇보다도 또다시 상처를 입혀서는 안 된다("*Above all else, do no harm*")는 원칙에 충실히 하고 있다. 선의를 갖고 치료에 임할지라도 제대로 된 수련과정을 거치지 않은 치료자는 본의 아니게 내담자들에 이차적 외상을 제공하는 어처구니없는 실수를 범할 수도 있기 때문이다. 힘겹게 역경을 극복하려고 애쓰는 내담자에게 이차적 외상 경험을 제공한다는 것은 해당 치료의 실패를 의미할 뿐만 아니라 향후 그 어떤 치료에도 희망을 품지 못하게 할 수 있는 치명적인 실수다. 또 한 가지 외상치료과정에서 유념해야 할 것은 외상의 경험과 극복과정에는 일정 부분 성격적 변화를 동반한다는 사실이다. 위험 상황을 미연에 방지하기 위해 반사적으로 습득한 방어적 대인관계 기술이 좋은 예가 될 수 있다. 외상 생존자들은 성격장애를 갖고 있을 수도 있고, 외상을 경험할 당시에는 도움이 되었지만 더 일상에서 도움이 되기는커녕 오히려 문제만 일으키는 행동을 할 수도 있다. 치료자들이 내담자로 하여금 외상 기억을 지우고, 자기 돌봄 기술을 습득하고, 지역사회를 포함한 다양한 사회적 활동과 다시 연결될 수 있는 시스템을 구축하려고 노력하다 보면 막상 내담자들은 외상으로부터 회복되기 위해 지금껏 자신들을 지탱해주던, 그러나 이제는 불필요해진 성격 구조를 바꿔야 하는 상황에 직면하게 될지도 모른다.

치료자의 자기(Self of the Therapist)

Friedman(1996)은 *정신건강 전문가를 위한 PTSD의 진단과 치료*라는 저서에서 외상치료의 가장 중요한 부분으로 치료자 자기(self-of-the-therapist)의 개발과 유지를 꼽았다. 이 책의 저자들 역시 수련과정을 통해, 그리고 외상 생존자들과의 치료장면에서 치료자 자신이 불안해하지 않는 존재감(non-anxious presence)을 유지하는 것이 치료 효과와 치료자의 적응 탄력성을 극대화하는 데 중요한 요인이라는 것을 터득했다.

외상 관련 기억과 대면하는 것은 치료자에게도 무척 힘든 일이다. 이 책에서 제시하는 많은 치료 전략들은 외상을 경험한 내담자가 치료자의 가이드라인에 따라 자신의 힘든 경험을 이야기하는 것을 기본 전제로 한다. 외상을 경험한 내담자가 외상기억에 관해 이야기하는 과정에서 자신의 경험에 다가가, 대면하면서도 자기조절을 할 수 있는 능력은 외상 관련 스트레스를 해소하는 데 필수적이다. 내담자가 이처럼 힘든 이야기를 풀어내는 과정에서 치료자가 얼마나 잘 내담자의 이야기를 끌어낼 수 있고, 내담자를 지지해주는 동시에 자기 자신을 통제할 수 있는가는 효과적인 치료를 위해 중요한 전제조건이다. 치료자 중에는 과거에 만났던 치료자에게 외상 관련 경험을 털어놓는 데 실패했던 내담자와 작업한 경험이 있을 것이다. 외상 스트레스와 관련된 증상을 재빨리 제거하려면 적절히 페이스(pace)를 조절하면서도 내담자가 안전하다고 느끼게 해줄 수 있는 용기 있고, 낙천적이며, 불안해하지 않는 치료자가 되어야 한다.

저자들은 수련과정에서 치료자가 자기-조절능력을 키우고, 불안해하지 않는 존재감(non-anxious presence)을 갖도록 하는데 주력해왔다. 최근 연구에 따르면 불안이 고조되면 인지(cognitive)와 동작(motor) 기능이 저하된다(Sapolsky, 1997; Scaer. 2001). 외상 스트레스와 관련된 증상은 아마도 이와 같은 기능 저하와 연관이 있을 것이다. 또한 치료자들이 외상 치료작업 과정에서 경험하는 어려움과도 연관이 있을 것이다. 자비 피로감(compassion fatigue, Figley, 1995, 2002)은 최근 외상 치료자들 사이에서 주목을 받는 개념이다. 외상 치료자에게 치료과정에서 잠재적 어려움으로 다가올 수 있는 부분이라 관련 내용을 이 책에 포함했다. 구체적으로는 치료자가 돌봄 제공과정에서 경험할 수 있는 어려움을 예방하고 적응 탄력성을 높일 수 있는 전략에 대한 설명을 담았다. 해당 내용은 외상 생존자들을 일관되게 그리고 효과적으로 치료하고 외상 치료자들의 삶의 질을 향상하는 데 이바지하는 돌봄 제공 기술을 숙련시키는 하나의 모델(model)을 제시한다고 생각한다.

핵심목표(Core Objectives)

이 책의 내용은 다음의 핵심목표를 중심으로 서술되었다.

– 외상 스트레스 증상을 해소하는 데 이바지하는 행동치료, 인지 치료, 그리고 인지행동 치료의 기본 원리를 배운다.
– 외상 스트레스의 심리 생리학에 대해 배운다.
– 외상 생존자를 위한 3단계(Tri-Phasic) 모델의 각 단계에서 구체적인 준거들에 맞게 인지행동치료를 적용하는 방법에 대해 배운다.
– 외상 생존자 개개인의 고유한 상황에 맞게 외상의 안정화(stabilization)와 해결(resolution)을 도모하는 개입을 효과적으로 할 수 있도록 돕는다.
– 외상 기억(traumatic memory)과 외상 스트레스 증상을 해소하는 데 필요한 다양한 인지행동치료 전략을 활용할 수 있게 한다.
– 외상 생존자가 지금-현재에서 만족스러운 삶의 양식을 찾아가는 데 도움을 줄 수 있는 인지행동치료 전략의 활용에 대해 학습한다.

개괄(Description)

인지행동치료(CBT)는 외상치료 관련 가장 많이 연구되고, 또 효과적이라고 알려진 치료적 접근임으로 숙련된 외상 치료자들이라면 적어도 이에 대한 기본적인 이해를 갖고 있어야 한다. 이 책에서 다루는 내용을 숙지하고 통합적 이해를 도모하기 위해서는 소개하는 내용이 상호억제(reciprocal inhibition, 노출+이완)의 원리에 기반을 두고 있다는 것을 유념하는 것이 좋다. CBT의 거의 모든 기법이 이 원리에 근거하고 있다. 외상치료에 효과적인 대부분의 치료접근에도 상호억제의 원리는 핵심적이다.

이 책은 우선 CBT의 역사와 이론적 기초에 대한 소개로 시작한다. 지적되는 행동적 현상을 설명하는 생리적 경로에 대한 간략한 설명을 포함하고, 이어서 Herman의 외상치료의 3단계 모형(Tri-Phasic Model)을 제시한다. 안전과 안정화 단계에 대한 자세한 설명과 이 치료과정에서 활용 가능한 기술에 관해 설명한다.

안전과 안정화에 필요한 기본 기술을 익힌 후 외상기억처리 단계에서 외상기억을 효과적으로 해소하는 데 필요한 기법에 초점이 맞춰져 있다. 내담자들이 외상기억에 접근해서, 대면하고, 해결하는 데 도움이 되는 기법을 소개한다. 이와 같은 기법들을 치료적 기술을 습득하는 데 도움이 되도록 차근차근(step-by-step) 설명한다.

이 책의 마지막 장인 재연합(Reconnection) 부분에서는 외상 생존자로 하여금 외상 관련 잔류기억을 처리하는데 필요한 기술을 발달시키는 것에 초점을 둔다. 외상기억을 성공적으로 해결한 경우에도 더러는 생존자 죄의식(survivor's guilt), 왜곡되고 자기-비난적 사고 양식, 관계적 문제(relational dys-function), 중독, 혹은 고통스러운 정서 등이 미결과제로 남아있을 수 있다. 마지막 단계에서는 외상 생존자가 현재의 삶에서 자기 자신, 가족, 사랑하는 사람들, 그리고 미래의 목표와 재연합할 수 있게 해주는 것에 주력한다. 이 마지막 단계에서도 내담자를 돕는데 유용한 여러 가지 CBT 기법이 소개된다.

모쪼록 독자들이 이 책이 외상치료과정에 필요한 CBT의 원리와 기법을 숙련하는 데 도움이 되길 바란다.

참고문헌 및 추천도서

1. Herman, J. (1992). *Trauma and recovery*. New York. Basic Books.
2. Follette, V. M., Ruzek, J. J., & Abueg, F. R. (1998). *Cognitive-behavioral therapies for trauma*. New York. Guilford Press.
3. Rothbaum, B. O., Meadows, E. A., Resick, P., & Foy, D. (2000). Cognitive-behavioral therapy. In E. B. Foa., T. M. Keene., & M. J. Friedman(Eds.). *Effective treatments for PTSD* (pp.60-83). New York. Guilford Press.
4. Seligman, M. (2002). *Authentic happiness*. New York. Free Press.

제1장

외상 치료의
이론적 기초

Foundations of the Trauma Practice Model

스트레스를 빨리 해소하고 싶다면, 오히려 느긋해지세요.

미국 여배우 & 코미디언, Lily Tomlin

재연합
Reconnection

외상 기억의 처리
Trauma Memory Processing

안전과 안정화
Safety and Stabilization

외상 치료의 이론적 기초
Foundations of the Trauma Practice Model

1장에서는 외상 증상의 인지적·생리학적 근원과 성공적인 치료적 개입에 대해 설명하는 최신 이론을 다룬다. 외상으로 인한 증상은 엄청난 사건에 노출되면서 나타나는 자연스럽고 정상적인 후유증이다. 증상이 발생하는 메커니즘을 이해하면 실제 치료장면에서 보게 되는 다양한 증상을 훨씬 더 잘 이해할 수 있다. 증상이 발생하는 메커니즘과 치료적 개입이 논리적으로 어떻게 연결되는지 이해하면, 본서에서 제시하는 개입방법들을 치료에 더 잘 활용할 수 있게 되고, 내담자와 효과적으로 작업할 수 있게 된다. 또한 치료자가 현장에서 내담자의 즉각적인 필요를 즉시적으로 다루어주는 적절한 개입(on-the-site intervention)을 하는 데에도 도움을 줄 수 있다.

1. 행동치료(Behavioral Therapy, BT)

오늘날 외상 후 스트레스 장애(Posttraumatic Stress Disorder, PTSD)와 외상 후 상태(posttraumatic conditions)를 치료하는 데 쓰이는 개입방법은 행동치료(BT)의 발달적 역사(developmental history)에서 기원한다. 고전적 조건형성과 조작적 조건형성(예, 파블로프(Pavlov)와 스키너(Skinner)의 법칙)에 기반을 둔 행동치료가 공포, 불안과 연관된 문제를 해결하는 데 있어 좋은 성과를 냈기 때문이다. 흥미롭게도, 고전적인 행동치료자는 내담자의 마음(mind)속에서 일어나는 사건에 대해서는 별 관심이 없었다. 그들은 마음을 행동적 개입의 결과와는 관련 없는 검은 상자(black box)로 여겼다. 외골수적인 행동치료자(practitioner of pure BT)는 내담자의 삶속의 관찰 가능하고 명백한 사건(또는 행동)과 그 사건을 유발한 특정 선행사건에 우선적인 관심을 가졌다. 그들은 개인이 사건에 대해 어떻게 생각하는지, 사건에 대해 어떻게 해석하고 의미를 부여하는지에는 관심이 없었던 것이다.

행동치료적 관점에서 보면 외상 후 스트레스의 증상은 두 단계에 걸쳐 발생하는데, 첫 단계에서는 고전적 조건형성을 통해서 그 다음단계에서는 조작적 조건형성을 통해서 증상이 나타난다. 이 두 가지 조건형성 이론은 어느 경우에 특정 행동(즉, 외상 증상)이 재발할 가능성이 높은지를 설명해준다. 1890년대와 1900년대 초반 사이에 파블로프(Pavlov)는 개의 위 기능과 반사적 반응(reflex reaction)에 대해 연구했고, 그 결과 고전적 조건형성 이론을 만들어 냈다. 그는 이 연구로 1904년에 노벨상을 받기도 했다. 고전적 조건형성에서 고기 가루와 같은 무조건적 자극(unconditioned stimulus, UCS)이 동물에게 주어지면, 동물은 타액을 분비하게 된다. 이는 음식에 대한 정상적 반응인데, 이를 무조건적 반응(unconditioned response, UCR)이라고 한다. 고기 가루가 종소리와 같은 다른 조건적 자극(conditioned stimulus, CS)과 짝지어지고, 이 연합과정이 반복되면, 결과적으로는 종소리도 고기 가루와 마찬가지로 동물의 타액분비를 유발하게 된다. 종소리가 처음에는 그저 고기 가루에 대한 부차적인(peripheral) 감각 정보로서 주어졌지만, 결과적으로는 고기 가루가 있다는 신호와 연합되어 생리학적인 반응인 타액 분비를 유발하게 되는데, 이처럼 종소리(CS)에도 타액이 분비되는 반응을 조건적 반응(conditioned response, CR)이라고 한다. 타액 분비 반응(CCR)과 종소리(CS)를 다시 분리시키는 것은 행동의 소거(extinction)라 불린다. 고기 가루를 주지 않고 종소리를 여러 차례 들려주는 과정을 반복하다 보면, 결국에는 종소리가 타액 분비를 유발하지 않게 된다.

고전적 조건형성이 진행되는 과정에 대한 상호작용적인 예시를 보고 싶다면, http://nobelprize.org/educational_games/medicine/pavlov/를 찾아보도록 하라.

조작적 조건형성은 행동을 설명하는 또 다른 기제를 제시한다. 조작적 조건형성에서, 피험자는 행동을 수행함으로써 환경을 조작한다. 만약 어떤 행동이 호의적인(favorable) 결과를 가져온다면(즉, 강화되면), 피험자는 그 행동을 다시 반복할 것이다. 긍정적인 혹은 호의적인 결과로 인한 강화(reinforcement)는 행동의 결과로 무언가를 실제로 얻는 것(예, 맛있는 음식, 웃음 등)이나 유해한 조건(예, 요란한 소리 또는 불안감)이 제거되는 것을 포함한다. 전자는 정적 강화(positive reinforcement), 후자는 부적 강화(negative reinforcement)라고 한다. 어떤 유형이든지 상관없이 강화는 행동의 빈도를 높인다. 조작적 조건형성에서 어떤 행동이 덜 일어나도록 하는 방법 중 하나는 행동의 결과로서 주어지는 모든 강화물을 제거하는 것이다.

외상 후 스트레스 장애(PTSD)의 경우에는 우선 고전적 조건형성이 먼저 일어난다. 외상적 사건(무조건적 자극)은 공포/불안/각성(무조건적 반응)을 유발시킨다. 이 반응은 외상적 사건에 대한 정상적인 반응이며, 생존 기제와 연관된 매우 강력한 반응이기도 하다. 뇌는 생존과 관련된 모든 정보에 주의를 기울이고 외상 사건에 부차적으로 연관된 감각 정보를 인식하도록 구조화되어 (hardwired) 있다. Pavlov의 실험에서 사용된 종소리와 같은 부차적인 감각 정보를 조건적 자극(즉, 외상 사건에 부차적인 모든 감각 정보)이라고 할 수 있다. 하지만 Pavlov의 종소리가 고기 가루와 연합해 타액을 분비하기 위해서는 많은 시행 학습이 필요했던 것과 달리, 공포/불안/각성에 관련된 무조건적 자극(외상 사건)과 조건적 자극(모든 감각적 정보) 간의 연합은 즉시적으로 일어난다. 이는 단일시행 학습(one-trial learning)이라고 볼 수 있다. 외상 사건(무조건적 자극)과 감각 정보(조건 자극) 간의 즉각적인 연합이 일어난 뒤에는, 원래의 외상 사건과 관련된 감각 정보(조건적 자극)가 발생할 때마다, 공포/불안/각성(조건적 반응)이 촉발될 수 있다. 이와 같은 단일시행 학습에 의한 조건형성과정은 외상 사건과 관련이 없는 것처럼 보이는 감각 경험에도 공포/불안/각성 반응이 일어날 때 문제가 된다. 뇌는 공포 반응과 연합시킬 만한 특정한 사건이 없는데도, 외상 사건과는 본질적으로 무관한 보통의 사건들에까지 알반화하여 학습된 공포 반응을 나타내기 시작한다. 뇌의 일반화(generalization) 특성은 외상 증상의 형태를 매우 복잡하게 만든다.

이에 대한 간단한 예시로 자동차 사고와 연합된 불안을 들 수 있다. 사고 자체는 상당한 공포와 불안(무조건적 반응)을 일으키는 무조건적 자극이라고 할 수 있다. 구체적으로 설명하기 위해, 해질 무렵에 복잡한 도로에서 정지 신호에 차 사고가 일어나 상당한 양의 연기를 뿜어냈다고 가정해보자. 그 사고로 인해 심각한 공포와 불안 반응(무조건적 반응)을 느꼈다면, 사고를 겪은 사람은 사고의 위협이 없는 상황에서도 연기, 정지 신호등, 해질 무렵(조건적 자극)에 노출되었을 때, 기존에 겪었던 사고와 연합된 공포, 불안을 나타낼 것이다. 조건적 자극으로 인해 발생한 공포, 불안은 이제 조건적 반응이라고 할수 있다. 앞서 말한 상황에 놓였던 사람은 복잡한 교통 상황(연기, 정지 신호, 그리고 해질 무렵에 노출될 때) 외상적 기억이 다시 떠오르고, 이와 연합된 생리적, 행동적, 정서적 반응이 다시 나타날 수 있다. 다른 감각 정보 또한 사고가 일어났던 상황과 관련된 요인으로 일반화되어 불안 반응과 연합될 수 있다. 예를 들어, 아무런 위험 요소가 없는 새로운 상황이나 다른 교통 수단에서도 운전에 대한 불안이 나타나 공포와 같은 고통을 느낄 수 있다. 다른 교통 수단, 낮 시간, 운전하는 것 자체가 모두 조건적 자극으로 추가될 수 있고, 결국 불안을 야기할 수 있는 것이다.

회피, 사회적 고립, 불안으로 인한 반응(예, 분노나 놀람), 약물 남용을 통한 자가치료(self-medication) 등과 같이 외상 후 스트레스 장애와 관련된 문제적 행동은 외상 사건의 생존자가 사건(또는 관련된 사건)에 연합된 불안을 줄이기 위해서 시도하는 행동들이다. 공포/불안/각성 반응이 발생하면, 개인은 불안을 감소시키는 데 도움이 될만한 행동을 하게 된다. 이러한 행동은 조건적 자극으로 인해 생겨난 불안과 각성을 문제적 행동을 통해 감소시키려는 조작적 조건형성 모델을 통해 유지된다. 이러한 행동은 부적 강화되어, 결국에는 발생 빈도가 높아진다.

위에서 언급한 사고의 예시를 사용해서 계속 설명하자면, 사고를 경험한 사람은 복잡한 교통 상황이나 연기, 냄새, 정지 신호, 해질 무렵에 운전을 할 때 불안을 느끼게 될 수 있다. 그리고 불안을 줄이기 위해 언급된 상황에서, 또는 그 밖의 어떤 상황에서도 운전을 안 하려고 할 것이다. 운전을 하지 않으면 불안이 감소하게 된다. 조작적 조건형성 모델에 따르면 유해한 자극이 제거되었다고 볼 수 있다. 이와 같은 과정을 부적 강화라고 하는데, 행동을 중지하거나 아예 하려고도 하지 않을(not venturing out) 가능성이 더 높아질 것이다.

그림 1은 외상 후 스트레스가 발생하는 첫 번째 단계에 대해 설명하는 간단한 도표이다. 이 단계는 공포/불안/각성 반응의 고전적 조건형성이라고 할 수 있다.

이러한 간단한 학습 이론 모델(Mower, 1960)에서, 외상 사건(무조건 자극, UCS)은 공포 반응(무조건 반응, UCR)을 발생시킨다. 외상 사건의 생존자(survivor)는 그 사건과 연합된 자극(조건 자극, CS)을 경험할 때 침투적 증상(intrusive symptoms)(예, 악몽과 플래시백)의 형태로 공포를 재경험하며 괴로워지고, 빠른 심장 박동, 얕은 호흡, 근육 긴장 등의 형태로 각성 증상(조건 반응, CR)을 보인다.

고전적 조건형성	공포/심리적 외상 반응의 조건형성
무조건 자극(고기 가루)이 무조건 반응 (타액 분비)을 유발한다.	무조건 자극(사고)이 무조건 반응(공포/ 충격/놀람)을 유발한다.
조건 자극(짝지어진 소리)이 조건 반응(타액 분비)을 유발한다.	조건 자극(사고를 떠올리게 하는 것)이 조 건 반응(불안/플래시백(flash back)/악몽) 을 유발한다.

그림 1. 공포/불안/각성 반응의 고전적 조건형성

조건적 반응
= 침투적 증상(즉, 악몽, 플래시백)을 통해 나타나는 공포/불안/각성

↓

새로운 행동
공포/불안/각성을 감소시키기 위해 하는 문제 행동

↓

새로운 행동의 강화
불안이 부적으로 감소하고, 문제 행동이 강화되면서, 문제 행동의 빈도가 높아진다.

그림 2. 조작적 조건형성: 공포/불안/각성의 제거를 통한 문제 행동의 강화

두 번째 단계는 회피, 약물 남용, 분노 등과 같이 외상 후 스트레스와 관련된 문제 행동의 징후와 유지 과정에 대해 설명한다. 이 단계는 문제 행동이 공포/불안/각성을 제거함으로써 부적 강화되는 조작적 조건형성의 예시라고 할 수 있다(그림 2 참고).

지속적으로 높은 수준의 공포를 경험하는 생존자는 자극(조건 자극 CS)과 연합된 각성과 불안을 경감시키는 데 도움이 되는 행동을 하게 될 것이다. 외상 사건, 그리고 그 사건에 연관된 부정적 정서를 상기시키는 대상, 사람, 그

제1장 - 외상 치료의 이론적 기초

리고 사건을 회피하는 것이 그 예이다. 정서의 강도를 둔감하게 하는 약물 남용이나 정서적 철회(emotional withdrawal)를 할 수도 있다. 행동치료의 관점에서는 이렇게 점점 더 광범위해지는 각성과 회피의 순환이 외상 후 스트레스 장애(PTSD)의 본질이라고 본다.

행동치료를 시행할 때에는 문제적 행동을 유발하고 유지시키는 자극과 강화물(reinforcer)을 확인하기 위해서, 생존자의 주변 환경에 대한 "기능적 분석(functional analysis)"을 실시한다. 행동치료를 통해 PTSD를 해결하려면 본질적으로 생존자는 외상 사건과 관련된 외상적 기억과 촉발요인(trigger)을 회피하기보다 직면해야 한다. 생존자는 치료 장면에서 외상적 사건과 연관된 실제적 기억이나 촉발요인에 직면하게 된다. 심리적 외상 치료에서 생존자는 공포/불안/각성을 다루는 기술을 배우고, 공포가 감소해 궁극적으로는 증상이 소거될 때까지 직면(confrontation)과 노출(exposure)의 상황을 피하지 않는 도전(challenge)을 한다. 외상 사건의 생존자에게 학대, 공포, 테러와 같은 고통스러운 기억을 직면하라고 하는 것은 위험하게 날뛰는 야생마에 올라타라고 하는 것과 같다. 외상 사건에 대한 기억은 기존 사건과 연합된 공포/불안/각성을 유발하게 되고, 치료적 작업을 진행하는 데 있어 거대한 저해 요소로 작용한다. 직면 과정은 치료 기술, 인내심, 내담자와 치료자 모두의 협조가 필요한 도전적인 과정이라고 할 수 있다. 하지만 날뛰던 말이 결국에는 기수(rider)에게 적응하고, 시간이 지나 개가 타액을 분비하지 않게 되는 것처럼(종소리가 울렸는데도 절대 고기 가루가 주어지지 않을 때), 외상 사건의 생존자 또한 공포/불안/각성 반응을 보이지 않으면서 외상 기억을 경험하는 법을 배우게 될 것이다. 행동치료자는 외상 사건의 생존자가 새로운 반응을 숙달할 수 있도록 치료 과정을 구조화함으로써 생존자를 돕는다.

행동치료자이자 연구자였던 Joseph Wolpe는 1985년에 불안 및 공포 증상을 설명하고 치료하기 위해 상호 억제 이론(theory of reciprocal inhibition)을 발전시켰다(Wolpe, 1958). 상호 억제 이론은 불안을 유발하는 자극에 대한 노출(exposure)이 학습을 통해 이완 반응(relaxation response, 즉, 근육 이완 상태의 유지)과 연합되고, 내담자가 학습된 이완 상태를 유지할 수 있다면, 공포를 유발하는 자극에 대해 조건화된 반응이 소거된다고 주장한다(그림 3 참고). 고전적 조건형성의 단일시행 학습과 상호 억제 과정에 대한 꽤 타당한 생리학적 설명이 심리적 외상의 심리생리학(Psychophysiology of Trauma)에 관한 부분에서 다뤄질 것이다.

노출(Exposure)
(외상 기억과 촉발요인에 대한)

+

이완(Relaxation)
(외상 기억과 촉발요인 직면 했을 때)

=

해결(Resolution)
(증상이 소거됨)

그림 3. 상호 억제 이론(theory of reciprocal inhibition)

상호 억제, 즉 노출과 이완의 연합은 불안 증상을 다루는 행동치료의 핵심이라고 할 수 있다. 특정 행동치료 방법(즉, 실제 노출법 또는 홍수법)은 내담자를 외상 자극에 단순히 노출시키는 것부터 시작해서, 노출 상황에서 내담자가 이완할 수 있을 때까지 내담자를 불안 상태로 밀어 넣기도 한다. 하지만 만약에 내담자가 외상 자극에 노출된 상태에서 완전한 이완 상태를 유지할 수 없거나, 외상 기억을 해결하지 못하거나 외상 기억에 익숙해지지 않을 경우, 이러한 기법은 그 자체로 내담자에게 또 다시 반복되는 외상 경험이 될 수 있다. 내담자가 노출 상황에서 이완을 할 수 있어야 비로소 증상이 가라앉게 된다. 그리고 이완은 증상의 해결에 꼭 필요한 요소이며, 불안에 압도되고 난 이후에 경험하는 것보다 그 전 또는 노출 상황 도중에 더 잘 학습될 수 있다. 따라서 상호 억제는 PTSD를 효과적으로 치료하는 데 있어서 필수적인 요소라 할 수 있다. 이 책의 대부분의 내용은 독자에게 상호 억제의 숙련된 적용 및 활용에 대해 가르치는 데 집중할 것이다. 독자들은 이 책을 통해 내담자로 하

제1장 - 외상 치료의 이론적 기초

여금 외상의 내용(traumatic material)에 접근하고 직면하게 하는 기법을 배울 수 있을 것이다. 또한 내담자가 노출 상황에서 이완 반응을 발전시키고 유지할 수 있도록 돕는 기법에 대해서도 배울 수 있을 것이다. PTSD 치료를 효과적으로 진행하기 위해서는 내담자가 노출 과정을 무리하지 않고(maximal attenuation), 적정(titration)한 수준에서 경험하도록 돕는 치료자의 능력이 중요하다. 이러한 치료자의 능력은 외상학자(traumatologist)가 가진 예술적인 기술이라고 할 수 있다. 오늘날에도 완고한 행동치료자는 여전히 역기능적인 행동과 그 행동을 유발하는 특정 삶의 경험에 대한 기능적 분석에 관심을 가진다. 하지만 예상하듯이, 그들도 마음이 이러한 사건들을 중재할 수 있을 것이라고 믿게 되었다. 행동치료자들은 여전히 내담자로 하여금 문제 행동(또는 긍정적 행동을 수행하지 못하는 것)에 집중하도록 하고, 문제 행동을 멈추거나 없애고, 새롭고 성취감을 주는 행동을 학습하도록 돕고 있긴 하지만(Follette, Ruzek, & Abueg, 1998), 이와 같은 개입방법 중 일부에는 분명 인지적인 요소가 포함되어 있다.

베트남 전쟁 참전 용사에게 공통적으로 사용되었던, 직접적인 치료적 노출법(direct therapeutic exposure)이라고 알려져 있는 행동치료 과정은 인지적 요소가 포함된 치료 방법의 한 예라고 할 수 있다. 이 치료 과정에서는 내담자의 삶에 대한 기능적 분석이 실시되고, 다양한 요인이 평가된다. 기능적 분석은 안전 상태, 이차적 이득, 자원, 생활 속 다른 외상, 촉발 요인, 그리고 강화물에 대한 분석을 포함한다. 하지만 이것들에만 국한하지 않고 새로 학습할 목표 행동 역시 찾아낸다. 그 다음 상당한 양의 심리교육을 실시한다. 내담자는 이완 기법, 대처 전략에 대해 알게 되고, 외상 경험을 정상화하기 위해서 증상이 발생하는 두 단계 과정에 대해서 구체적으로 배우고, 치료에서 사용하는 노출 과정에 대한 설명을 듣는다. 내담자가 적절한 수준으로 안정되면, 일어났던 일(심리적 외상)에 관련된 정서를 충분히 느끼면서 기억해내는 과정을 시작한다. 내담자의 불안이 감소할 때까지 이 과정에 몰입하도록 한다. 그러기 위해서는 기억 과정을 몇 차례 반복해야 할 수도 있다. 기억해내는 과정을 끝내면, 치료자는 내담자가 이완 상태로 돌아올 수 있도록 돕는다. 그리고 내담자가 외상과 관련된 정보를 처리하고, 경험에 대해 새로운 의미를 부여하고,

새로운 시각(belief)을 갖도록 돕는다. 다시 말해 인지적 재구성의 과정을 시작하게 된다. 이 치료 작업에서 흥미로운 것은 노출을 통해 내담자가 변화하는 것(transformation)을 보고 나면, 그 다음 단계에서는 습관화(habituation)를 통해 촉발 요인이나 외상적 기억이 소거되는 것을 지켜본다는 것이다. 외상적 기억이 소거되면 그 결과로 이후에 외상을 떠올리게 하는 자극에 노출되어도 반응하는 정도가 감소한다. 지금까지 행동치료의 과정을 설명하기는 했지만, 이 책에서는 치료적 성과를 가져오는 다른 대안적인 방법도 인정한다.

2. 인지치료(Cognitive Therapy, CT)

1960년대와 1970년대 초반에 이르러 많은 사람들은 눈에 보이는 행동만 고려하는 행동치료가 임상적인 매력이 부족하다고 생각하기 시작했다. 그로 인해 임상심리학자들과 연구자들은 불안 증상과 우울 증상을 겪고 있는 내담자(client)의 내면(inside)에서 일어나는 일에 대해 점차적으로 관심을 가지게 되었다. Ellis(Ellis & Harper, 1961)나 Beck(1967, 1976)과 같은 학자들은 정신장애와 심리적 증상을 이해하고 치료하기 위해서, 내담자의 생각과 내담자 자신이 사건에 부여하는 의미, 신념, 해석의 중요성을 연구하기 시작했다.

인지치료자는 동일한 외상 사건을 겪은 사람들일지라도 모두 외상 후 증상을 나타내는 것은 아니며, 증상이 나타난다 해도 같은 사건에 대해 서로 다른 결과(증상)가 나타난다는 점을 지적한다. 인지치료적 관점에서 보면, 이러한 차이는 생존자의 외상 경험에 대한 신념, 의미, 해석, 그리고 그 밖의 내면적 사건과 반응에서 기인한 것이다. 인지치료자는 특정 심리적 외상 사건, 그 중에서도 특히 발달 과정에서 경험한 사건은 전체 신념체계나 도식을 왜곡시킬 수 있다고 믿는다. 왜곡된 도식은 외상 생존자로 하여금 세상을 지속적으로 왜곡되게 바라보게 만든다. 인지치료(treatment)는 생존자가 고통스럽고 외상적인 경험과 연관 짓는 왜곡된 신념을 찾아내고, 이러한 신념과 의미를 더 건강하고 적응적인 것으로 바꾸도록 돕고자 한다. 내담자가 자신이나 자신의 세상에 대해 갖는 왜곡된 생각을 변화시키거나 재생성하게 도와주는 일련의 과정을 인지적 재구성(cognitive restructuring)이라고 한다.

인지적 재구성에 대해 설명하기 위해 아동기(childhood)에 성추행 당했던 내담자의 경우를 예로 들어보자. 성추행을 당했던 당시 가해자가 내담자에게 "섹시하다"거나 "예쁘다"고 했기 때문에, 내담자는 가해자가 자신을 성추행한 이유가 자신의 외모 때문이라고 믿었다. 내담자는 과체중이 되면 덜 "섹시하게" 되어서 성추행을 다시 경험하지 않을 것이라는 잘못된 신념을 가지고 성추행의 재발을 막기 위해 강박적으로 과식하기 시작했다. 세월이 지나면, 내담자는 자신의 매력을 감소시키기 위해서라는 처음의 의도를 더 이상 기억하지 못한 채 과식행동을 지속할 수도 있다. 이 경우, 이후에 체중을 감량하려는 시도를 하더라도 성공적이지 않을 뿐만 아니라, 오히려 불안을 가중시키는 결과를 야기한다. 치료는 내담자가 성추행을 당했던 이유에 대해 갖는 자신의 왜곡된 신념을 찾아내고, 그 신념체계를 재구성해서 더 건강한 방법으로 안전해지도록 도와주는 작업을 포함한다

인지치료자는 먼저 내담자가 자신의 왜곡된 생각과 신념을 찾도록 하고, 이를 새롭고 더 만족스러운 신념으로 대체하도록 도와준다. 사고 중지(thought stopping), 긍정적인 지지(positive affirmations), 시연(rehearsal), 그리고 세 단계 사고 기록(triple column) 기법(Burns, 1980) 등은 내담자가 사고방식을 바꿀 수 있도록 돕기 위해 인지치료에서 자주 활용하는 치료 기법이다.

인지치료자들 사이에서도 왜곡된 사고 방식을 야기한 원인과 사건에 대해 통찰하고 이해하는 것이 과연 중요한가에 대한 논쟁이 존재한다. 일부 치료자는 치료적 에너지와 자원을 내담자가 현재 시점에서 더 만족스러운 신념, 생각, 생활방식을 찾도록 하는 데 집중적으로 활용하는 것이 더 중요하다고 믿는다. 다른 치료자는 그렇게 접근하는 것은 외상 사건과 그 사건에 관련된 의미를 재경험하는 것의 중요성을 축소시키는 것이라 믿어, 과거의 사건에서부터 시작된 왜곡된 생각을 구체적으로 밝혀내는 데 더 많은 시간을 들인다.

앞서 간략하게 논의한 이유들로 인해, 우리는 외상을 가진 생존자가 긍정적인 생각과 신념, 그리고 더 만족스러운 현재를 살기 위한 생활 기술을 발달시키도록 돕는 것이 증상 해결을 위한 필수적인 요소이자, 모든 외상 치료에 포함되어야 하는 부분이라 믿는다. 이 책에서는 외상 생존자가 현재의 삶

에서 안정과 만족을 느낄 수 있도록 돕기 위해 인지치료에서 개발한 다양한 기법을 활용할 것이다. 그러나 외상 생존자가 외상 기억을 직면하고 해결하도록 가르치는 과정도 활용할 것이다. 인지치료(생존자가 외상, 자신, 그리고 세상에 대해 갖는 생각과 의미를 변화시키도록 돕기)와 행동치료(외상 생존자가 상호억제(reciprocal inhibition)의 기법을 이용해서 외상 기억을 직면하고 해결하도록 돕기)가 모두 포함된 절차라고 할 수 있겠다. 행동치료와 인지치료의 결합은 인지-행동치료(Cognitive-Behavioral Therapy, CBT)라 불리는 강력한 기법들의 집합(collection of techniques)이 되었는데, 이 책에서는 이 인지-행동치료에 초점을 둔다.

3. 인지-행동치료(Cognitive-Behavioral Therapy, CBT)

인지 – 행동치료는 아마도 외상 후 스트레스 증상의 치료자에 의해 가장 많이 활용되고 연구되는 동시에, 가장 일관된 효과를 보이는 치료방법일 것이다(Foa & Meadows, 1997). 인지 – 행동치료는 행동치료와 인지치료의 양상을 결합한 것이기에, 외현적이고 관찰 가능한 행동과 암묵적이고 내면적인 행동을 모두 고려한다. 많은 연구자들이 최근 몇 년간 행동치료의 '인지화(cognitiviza-tion)'와 인지치료, 행동치료, 인지 – 행동치료 사이의 모호한 경계를 인정했다. Follette, Ruzek, 그리고 Abueg(1998)는 다음과 같이 말했다.

"행동치료 분야가 발달하면서, 때로는 서로를 보완하고 때로는 설명의 타당성을 위해 경쟁하기도 하는 광범위하고 구체적인 이론들이 많이 생겨났다. 핵심 가설과 개념적 토대를 비판하기도 하는 광범위한 이론적 공식(formulation)들을 과연 "행동치료"나 "인지 – 행동치료"의 일부로 수용해야 하는가 혹은 애초에 수용이 가능한가에 대한 논쟁도 있었다. 외상에 관한 인지 – 행동적 연구와 치료가 증가하고 있지만, 이러한 논쟁은 여전히 존재한다. 그러나 우리는 이러한 서로 다른 관점 간의 화해와 통합이 가능하다고 믿는다"(pp.4 – 5).

이 책의 취지를 살리기 위해, 우리는 행동치료와 인지치료의 원리와 기법을 통합하고, 이러한 원리와 기법을 인지 – 행동치료라고 명명할 것이다.

우리가 무슨 생각을 하는지는 어떻게 살아가는지에 필연적인 영향을 미친다. 생각은 어떤 사람들은 특정 사건을 겪은 후에 PTSD를 경험하고 왜다른 사람들은 경험하지 않는지 설명하는 데 큰 역할을 하는 요인이다.

내담자가 외상 사건과 관련해 내리는 결론 혹은 가정은 종종 외상 후 스트레스 장애(PTSD)의 원인요인이 된다. 사건을 잘 이해하고 왜곡된 인지(신념)에 도전하면, "나는 절대로 안전하지 않아"와 같은 낡은 신념을 "나는 지금 이 순간 안전해!"라는 새로운 신념으로 바꿀 수 있을지도 모른다.

외상을 잘 치료한다는 것은 내담자의 삶에 부정적인 영향을 미치고, 활동, 에너지의 발산, 삶의 기쁨을 제한하는 왜곡된 인지를 다룬다는 의미다. 이 치료 과정은 다음을 포함한다.

1. 왜곡된 신념 알아내기
2. 왜곡의 근원 알아내기 (언제 그 신념이 처음으로 표면화되었는가? 그 때 당시에 무슨 일이 있었는가?)
3. 낡은 신념 없애기(종종 다양한 노출(exposure) 그리고/또는 도전적인 연습을 통해서)
4. 새롭고, 더 적응적이고, 의식적인 도식 혹은 신념 체계 구축하기 (예, 나는 최선을 다하고 있어)

4. 인지-행동치료 연구(Cognitive-Behavioral Therapy Research)

전문가 지침(Expert Guidelines)

외상 후 스트레스 장애(PTSD)의 증상을 다루는 데 유용한 인지–행동치료(CBT) 기법은 많기 때문에, 그 중 가장 적절한 기법이 무엇인지 고르는 일은 쉽지 않을 수 있다. 특정 내담자 집단에 적용하기에 가장 적절한 치료적 개입방법을 선택하기 위해서는 연구(research)와 전문가의 합의(expert consensus), 둘 다를 고려할 필요가 있다. 경험연구는 회복과 관련된 요인에 관한 유용한 정보를 제공하지만, 전문가 지침 역시 다음의 몇 가지 이유로 치료자의 일상적인 업무에 도움이 된다.

먼저, 연구는 우리가 치료 현장에서 다루는 사례들의 복잡성을 모두 반영하지 못할 때가 있기 때문에, 모든 연구결과를 임상 치료에 쉽게 적용할 수는 없다. 둘째로, 체계적으로 통제된 상황에서 수행한 연구들은 종종 치료 장면에서 발생하는 다양한 질문에 대해 포괄적이고 효과적인 해답을 제시해 주지 못한다. 셋째로, 연구는 의미 있고, 효과적이고, 혁신적인 치료적 작업만큼 빠르게 진행되지는 않는, 즉 세부사항을 일일이 검증해야 하기 때문에 시간이 많이 걸리는 작업일 수 있다. 물론 연구가 시간을 요하는 작업이라 해서 확실한 임상방법론을 보여주는 훌륭한 연구들을 폐기해야 한다는 의미는 아니다. 그 보다는 전문가간 합의가 가장 높은 개입방법으로 보완하는 것이 필요하다는 것이다. 어쨌든 "발전을 거듭하는 연구(research in motion)"는 확실히 새롭고 유용한 접근방법을 찾아내기 위한 생명선이라 할 수 있다.

우리가 참고할 만한 전문가 지침 자료 중 하나는 "*전문가 합의 지침 시리즈: 외상 후 스트레스 장애의 치료*"(Foa, Davidson, & Frances, 1999)이다. 본 시리즈는 52명의 심리치료 전문가가 자신의 임상 경험에 기초하여 제시하는 내용과 57명의 약물 전문가가 PTSD를 치료한 경험에 기초하여 제시한 개입 방법을 포함한다. 더 자세한 설명은 보충 자료를 참고하라.

국제 외상 스트레스 연구 학회(The International Society for Traumatic Stress Studies, ISTSS)의 치료 지침(practice guidelines)

인지-행동치료(CBT)는 문헌상으로 가장 많이 연구된 치료 기법이다. *PTSD의 효과적인 치료(Effective Treatments for PTSD)* (Foa, Keane, & Frideman, 2000)라는 책의 4장은 현재 CBT 연구에 대한 문헌연구(literature review)(Rothbaum et al,.2000) 내용을 포함하고 있다. 해당 문헌연구는 단기 CBT 개입방법에 관한 문헌을 중심으로 검토한다. 단기 CBT 개입방법에는 노출치료(Exposure Therapy, ET), 체계적 둔감화(Systematic Desensitization, SD), 스트레스 예방 훈련(Stress Inoculation Training, SIT), 인지 처리 치료(Cognitive Processing Therapy, CPT), 인지치료(Cognitive Therapy, CT), 자기주장훈련(Assertiveness Training, AT), 바이오피드백(Biofeedback, BIO), 이완훈련(Relaxation Training, Relax), 그리고 이 개입방법들의 다양한 조합이 포함된다.

표 1. 외상 후 스트레스 장애의 표적 증상(target symptom)에 따라 선호되는 심리치료 기법

가장 현저한 증상	추천 기법	그 외의 고려해볼 만한 기법
침투적 사고	노출치료	인지치료, 불안 관리, 심리교육, 아동을 위한 놀이치료
플래시백(Flashbacks, 회상)	노출치료	불안 관리, 인지치료, 심리교육

외상과 관련한 두려움, 공황, 회피	노출치료, 인지치료, 불안 관리	심리교육, 아동을 위한 놀이치료
감각 마비, 타인과 거리두기, 흥미의 상실	인지치료	심리교육, 노출치료
성급함, 분노의 폭발	인지치료, 불안 관리	심리교육, 노출치료
죄의식, 수치심	인지치료	심리교육, 아동을 위한 놀이치료
범불안(과다 각성, 과다 경계, 놀람)	불안 관리, 노출치료	인지치료, 심리교육, 아동을 위한 놀이치료
수면 장애	불안 관리	노출치료, 인지치료, 심리교육
집중 곤란	불안 관리	인지치료, 심리교육

출처: Foa, E. B., Davidson, J. R. T., & Frances, A. The Expert Consensus Guideline Series: Treatment of Posttraumatic Stress Disorder. *The Journal of Clinical Psychiatry 1999; 60:15.* ⓒ 1999. Physicians Postgraduate Press. 원저자의 승인하에 편집 및 증쇄함.

표 2. 효과성, 안전성, 수용성, 작업 속도를 기준으로 한 심리치료 기법

기법적 접근	추천 기법	그 외의 고려해볼 만한 기법
가장 효과적인 기법	노출치료 인지치료	불안 관리
가장 효과가 빨리 나타나는 기법	노출치료	불안 관리 인지치료 심리교육

대부분의 외상 유형 치료에 선호되는 기법	인지치료 노출치료 불안 관리	심리교육
가장 안전한 기법	불안 관리 심리교육 인지치료	아동을 위한 놀이치료, 아동을 위한 노출치료
가장 공인된 기법	심리교육 인지치료 불안 관리	아동을 위한 놀이치료

출처: Foa, E. B., Davidson, J. R. T., & Frances, A. The Expert Consensus Guideline Series: Treatment of Posttraumatic Stress Disorder. *The Journal of Clinical Psychiatry 1999;60:17.* ⓒ 1999. Physicians Postgraduate Press. 원저자의 승인하에 편집 및 증쇄함.

표 3. 인지-행동치료 연구 종합(CBT research synthesis)

개입 방법	검토된 연구의 수	건강관리정책 및 연구 본부 (AHCPR)* 평가점수	신뢰할 수 있는 임상연구의 조건/기준(Gold standards for clinical studies) 충족 정도**	요약
노출치료(ET)	12	A(연구 8개) B(연구 4개)	혼합된 결과. 일부 연구는 7개의 기준을 모두 만족. 반면, 일부 연구는 훨씬 적은 수의 기준을 만족	"눈에 띄는 증거 …꽤 효과적"(p. 75)
체계적 둔감화(SD)	6	A-C 대부분 B이거나 그 보다 낮음	어떤 것도 7개의 기준을 만족하지 않음	방법론적 문제들이 있으며, 지지하는 확실한 연구 결과를 얻지 못함

스트레스 예방 훈련(SIT)	4	A(연구 2개) B(2"…")	혼합된 결과. 연구의 엄격성이 서로 다름	"SIT가 효과적임을 검증함"(p. 76). 여성 성폭행 생존자 에만 초점을 둠
인지 처리 치료(CPT)	1	B	7개 중 4개의 기준 만족	"효과적인"(p. 76). 다양한 외상 모집단에 맞게 수정됨
인지치료(CT)	3	A~C	혼합된 결과	"CT는… 증상 완화 에 효과적"(p. 76)
주장 훈련(AT)	1	B	7개의 기준 중 3개의 기준을 중간 정도 만족	"확실한 지지를 받지 못함"(p. 77)
바이오 피드백과 이완훈련 (BIO & Relax)	1	A	7개 중 4개 기준 만족	"바이오피드백과 이완 훈련은 지지를 받지 못함" (p. 77)

Rothbaum 등(2000) 참고.
* 건강관리정책 및 연구 본부(the Agency for Health Care Policy and Research(AHCPR))
** 임상연구의 최우수 기준(gold standards) 충족 정도

표 1부터 3에서 검토한 연구들은 각각 치료의 유형, 유의미한 결과를 나타낼 수 있는 임상연구의 기준 혹은 조건(gold standards)을 충족한 정도, 그리고 건강관리정책 및 연구 본부(the Agency for Health Care Policy and Research, AHCPR)의 평가체계에 따라 정리되어 있다. 이와 같은 기준들은 연구의 방법론적 엄격성 수준을 7점 점수 체계로 분류해 평가한다. 연구들은 A(매우 잘 통제되거나 방법론적으로 엄격한 수준), B(덜 통제되거나 중간 정도로 엄격한 방법론의 수준), C 혹은 더 낮음(잘 통제되지 않고 부족한 연구의 수준)으로 분류된다. 표 3은 문헌 검토 내용을 종합한 자료이다(Rothbaum, et al,. 2000).

문헌들이 제시하는 CBT 연구 결과 사이에는 분명 일관되지 않은 부분이 있다. 그렇지만 이 문헌 검토 과정에서 CBT는 다른 외상을 치료하는 심리 치료 접근보다 더 효과적인 것으로 드러나기는 했다. 이 차이를 이해하기 위해서는 문헌 검토 과정에 포함된 연구들의 한계에 대해 생각해 볼 필요가 있다. 먼저, 문헌 검토 과정에는 항상 그 당시 검토 가능한 연구만이 포함이 된다. 즉, 임상적으로는 "효과적인" 개입방법일지라도, 아직 연구에 의해 지지되지 않은 경우에는 검토 과정에 아예 포함되지 않는다. 둘째, 검토한 연구들이 미흡한 방법론을 사용한 경우도 있다. 셋째, 특정 모집단을 대상으로는 연구가 잘 진행된 접근방법이라 할지라도, 해당 연구 결과를 반드시 다른 모집단에게까지 일반화할 수 있는 것은 아니다(예, 우울한 기혼자 여성을 대상 연구에 기반한 PTSD 노출치료법). 이러한 연구적 한계를 고려할 때 이전에 논의한 전문가 지침에 대해 다시 논의해 볼 필요가 있다. 특히 노출치료와 같이 연구 결과 가장 효과적이라고 알려진 일부 접근법의 경우, 숙련된 전문가에 의해 실시되어야 한다는 점을 숙지해야 한다. 안정화(stabilization)와 스스로 자신을 보살피는 자기-돌봄(self-care)방법을 적절하게 배우지 못한다면, 내담자가 압도적인 증상을 경험할 때 심리적 외상이 재점화될 가능성이 있기 때문이다.

5. 외상의 심리생리학(Psychophysiology of Trauma)

외상 후 스트레스가 어떻게 그리고 왜 나타났는지, 또 추가적인 증상은 무엇이며, 어떻게 해소되었는지에 대해 알기 위해서는 해당 외상 사건이 일어나는 도중이나 일어난 이후에 뇌에서 일어나는 작용을 이해해야 한다. 다음에서는 외상이 일어나는 동안 그리고 그 이후에 발생하는 일련의 사건에 대해 간단히 설명할 것이다. 해당 내용은 생존자에게 증상은 심각한 사건을 경험함으로써 나타나는 자연스러운 반응이라는 것을 설명하고 교육하는 데 유용하다. 외상과 관련된 신경학적인 과정에 대해 더 자세히 알고 싶다면 Sapolsky(1997), Scaer(2006), van der Kolk, McFarlane, & Weisaeth(1996), Rothschild(2000), Johnson(2003) 등의 책이나 논문을 참고하라.

외상 사건을 경험할 때, 관련 정보는 뇌에서 두 가지 경로를 따라 입력된다. 첫 번째 경로이자 가장 신속하게 정보를 처리하는 경로에서는 감각 정보(예, 냄새, 관련 대상, 소리, 시각 등)가 편도체(amygdala)로 보내지는데, 이때 편도체는 공포 반응을 유발하고, 감각 정보를 우리의 생존을 위한 중요한 요소로 분류한다. 이 정보는 편도체에서 도피/투쟁에 대한 준비를 담당하는 뇌의 다른 영역(예, 분계 섬유줄(stria terminalis), 청반(locus ceruleus))으로 보내지고, 자율신경계의 하부 영역인 교감신경계를 활성화시킨다. 결과적으로, 이 정보는 우리가 생존하는 데 필요한 중요한 기억으로 해마(hippocampus)에 저장된다. 그 후에는 해당 감각 기억의 흔적을 활성화시키는 모든 정보가 신체로 하여금 생존을 위해 공포, 불안, 각성 반응을 준비하도록 자극할 가능성이 있다. 즉,

외상 기억과 관련된 감각적 요인(예, 냄새, 관련 대상, 소리, 시각 등)에 노출되었을 때, 강한 정서가 재점화된다. 이때 외상 경험에 대한 기억 자체는 떠오를 수도 있고 떠오르지 않을 수도 있다. 이러한 특성으로 인해 심리적 외상을 경험한 사람은 영문도 모른 채 그저 위험에 처했다고 느낄 수 있다.

뇌가 외상 사건 정보를 처리하는 두 번째 경로는 외상 기억의 가변성과 관련된다. 두 번째 경로는 상대적으로 더 오래 걸리는 정보처리 경로로, 시상(thalamus)을 따라 진행되고, 이 경로를 통해 감각 정보는 신피질(neocortex)의 각 영역으로 적절히 전송되어 분석된다. 신피질의 다양한 영역은 언어를 사용해 외상 관련 정보를 생성하고 조직화 한다(서술 기억의 형성). 또한 외상 기억 정보를 다른 정보와 연합시키고 이 정보에 의미를 부여함으로써 처리 한다. 이후 정보는 해마로 보내져 저장된다. 신피질은 외상 관련 정보가 편도체를 통과할 때 나타나는 생존/공포 반응을 억제하고 낮출 수 있는 억제 영역도 포함하고 있다. 즉, 신피질은 원래의 기억 흔적(memory trace)이 가진 의미를 변화시키고, 생존 반응을 바꾸거나 조절할 수 있다.

극도의 스트레스 조건 하에서 뇌는 코르티솔과 같은 스트레스 호르몬을 생산하는데, 이 호르몬은 신피질에서 보내진 외상 관련 정보가 다른 기억 정보와 통합되지 못하도록 한다. 또한 스트레스 호르몬은 우리의 생존 반응인 불안을 낮추는 억제 반응(inhibitory response)이 일어나지 못하게 한다. 따라서 심리적 외상을 경험하는 상황에서 형성된 기억은 종종 파편화된다. 외상 기억은 상황적 맥락과는 별개로 남아, 다른 기억과 통합되지 못하거나 관련성을 갖지 못한 채 존재한다. 그렇기에 외상 기억 흔적이 자극되기만 하면 신체는 불안을 경험하는 생존 모드(survival mode)로 되돌아간다. 대체로 외상 기억은 하나로 통합되지 않기 때문에, 생존자는 이전의 외상 경험과 현재의 불안한 정서를 연결 짓기 어렵다. 그래서 개인은 불안을 낮추기 위한 자가 행동을 시작한다. 그리고 이렇게 시작한 행동이 불안을 조금이나마 낮춘다면(예, 유해한 조건 제거), 그 행동은 부적 강화되어 다시 발생한다.

이 두 가지 정보 저장 경로로 앞서 언급한 자동차 사고를 겪은 내담자의 예시에서 논의된 증상을 설명할 수 있다. 사고가 일어나는 동안, 배기가스, 극심한 교통량, 희미한 빛 등 수많은 감각 요소가 뇌에 기록된다. 그렇게 감각 정보가 기록되면, 사고를 겪은 사람은 심지어 실제로 원래의 사고를 기억하지 못하더라도, 배기가스의 냄새나 해질 무렵의 극심한 교통량을 마주하면 극도로 불안해질지도 모른다. 실제 사건에 대해서는 기억하지 못하기 때문에 지금 현재 존재하는 정보만을 사용하여 자신의 감정을 이해하려고 노력할 것이다. 대부분의 경우 이 과정에서 내담자는 혼란스러움을 느끼는 데, 특히 지금 현재의 순간에 특별히 위협적인 것이 없을 때에는 더욱 그렇다. 자신이 불안 발작을 경험하는 것이라 추측하고, 생리학적 문제로 생각할 것이다. 혹은 약물이나 알코올 사용 등의 자가 치료나 운전하는 것 자체를 회피하는 것과 같이 단순히 불안을 낮추기 위한 행동만을 하기를 반복할 것이다.

뇌에서 일어나는 외상 정보 처리 과정 초기의 신경학적 반응은 심리적 외상 반응의 고전적 조건형성 기제와 같다. 단일-시행 학습(one-trial learning)을 통해 감각 자극은 중뇌(midbrain)로 보내지고, 생존에 대한 위협으로 기록된다. 뇌는 들어온 자극에 공포와 불안이라는 감정을 연합시키고, 도피 혹은 투쟁(flight or fight)을 위한 준비를 시작한다. 이 단계에서 신피질에는 기억의 통합을 방해하는 코르티솔과 그 밖의 코르티코스테로이드(corticosteroid)가 넘쳐나기 때문에 정보의 인지적 처리는 일어나지 않는다. 기억이 통합되지 않고 관련성을 갖지 못하면 일반적으로 공포/불안/각성 반응을 해결하지 못한다. 즉, 뇌는 공포/불안/각성 반응으로부터 감각 정보를 떼어내는 데 실패하는 것이다. 이후의 문제 행동은 공포/불안/각성을 완화시키기 위해 조작적으로 학습된다.

외상 기억 흔적과 관련된 자극은 신피질이 외상 관련 정보를 처리하고 그로 인한 반응을 억제할 수 있을 때까지 계속 강렬한 생존 반응을 불러일으킬 것이다. 자극에 노출된 상황에서도 이완을 할 수 있게 되면, 서술 기억, 의미 생성, 불안 억제와 같은 신피질의 기능이 활성화될 수 있다. 최근의 연구에 따르면, 이완조건 하에서 나타나는 신피질의 기능은 코르티솔의 감소에 의해 매개된 것일지도 모른다(Banson, 1997; Luecken, Dausch, Gulla, Gong, & Compas, 2004; Mason, Giller, Kosten, & Harkness, 1988). 행동치료적 개입만 한다는 것은 기억 흔적을 생존 모드(공포/불안/각성)와 불일치하는 반응(이완, 자기진정)과 연합하여, 반응의 형태(response set)를 확장시킨다는 것이다. 인지적 개입은 구체적으로 기억 흔적을 생존 반응을 억제할 수 있는 정보, 즉 더 완전히 처리되어 의미를 가지는 정보와 연합시키는 것을 말한다.

교통사고를 경험한 내담자의 사례를 다시 떠올려보자. 감각 자극은 중뇌로 보내지고, 생존에 대한 위협으로 기록된다. 뇌는 이 자극에 공포와 불안이라는 감정을 연합시키고, 도피/투쟁을 위해 몸을 준비시킨다. 예상하듯이, 이 단계에서는 인지적인 처리가 잘 이루어지지 않고, 신피질에는 코르티솔과 코르티코스테로이드가 넘쳐, 본질적으로 기억을 통합하고(consolidate) 온전히 저장하는 능력은 억제된다. 추후에 외상 기억을 상기시키는 자극을 마주하면 이렇게 제대로 저장되지 않은 사건에 대한 기억이 재점화되고, 생존전략의 사용으로 이어질 것이다. 생존 반응은 신피질이 외상 기억을 처리하여 정서적 고통을 없애는 동시에 기억을 다시 저장할 수 있을 때까지 계속 나타날 것이다. 실제 상황(in vivo)에서의 행동치료적 개입은 이완 기법을 가르치고, 이완과 외상 관련 감각 자극을 연합시킨다. 앞서 제시된 예에 적용해보면, 내담자는 이완된 상태에서 불안을 느끼는 복잡한 교통상황 장면에 가게 되거나 길가에서 배기가스를 맡는다. 그리고 내담자는 불안이 낮아질 때까지 이완 작업을 한다. 이러한 작업은 불안이 일어나는 상황 속에서 뿐만 아니라 그 상황에서 벗어난 이후에도 실시될 수 있다. 내담자가 매연이나 차량에 대해 더 이상 불안을 느끼지 않기 위해서는 반복적인 노출이 필요하다. 인지치료적 개입에서도 이완 기법을 가르치고 내담자에게 사건을 재경험하도록 요구한다. 하지만 이러한 개입은 내담자가 직접적으로 외상적 자극을 경험하도록 한다기 보다는 이완 상태에서 외상 사건을 의도적으로 기억하도록 하는 것에 가깝다. 치료 초기 회기에서는 실제 외상과 관련된 주변적인 기억 그리고 외상 사건 이후 사건과 관련해 가지게 된 신념에 대한 논의를 한다. 결과적으로, 심리적 외상을 완화시키는 회기(trauma reduction sessions)에서는 불안을 느끼지 않으면서 (이완의 조건 하에서) 해당 사건에 대한 직접적인 기억과 사건을 묘사하는 작업을 한다. 마침내 인지적 재구조화 회기에서는 이전에 안전감을 유지하기 위해 학습하고 사용했던 왜곡된 믿음과 행동을 다룬다.

외상 후 돌봄(posttrauma care)을 통해 외상 사건이 뇌 기능에 미친 영향을 다루기 위해서, 치료자는 내담자가 오래된 감정을 촉발시키는 외상 자극에 노출되었을 때 점화되는 높은 반응성을 낮출 수 있도록 도와야 한다. 외상 경험을 상기시키는 자극에 노출되는 것과 그에 대한 반응 사이의 간격을 늘리는 것이 변화를 위한 시작점이다. 그 간격에서 멈춰 차분하게 되돌아보면 우리의 반응을 알아차리고 개선할 수 있다. 그리고 이 치료 작업은 외상 기억을 더 반성적이고(reflective), 덜 반응적(reactive)이며, 정서적으로 덜 긴장된 반응과 연합해 저장하게 해준다. 심리적 외상 치료의 목적은 신체, 마음, 감정과 함께 뇌를 다시 훈련시키는 길을 찾는 것이다.

6. 3단계 치료 모형(Tri - Phasic Model of treatment)

보스톤의 정신과 의사인 Judith Herman은 외상 전문가 Bessel van der Kolk와 많은 작업을 함께 하였다. Herman은 *Father Daughter Incest*(1981)와 *Trauma and Recovery*(1992)라는 두 권의 책과 만성적 외상의 지속적 영향에 대한 많은 글을 쓴 저자이다. *Trauma and Recovery*라는 책은 만성적인 외상인 유형 2 외상(type Ⅱ trauma)의 역사와 치료를 다룬 기념비적인 저서로 여겨진다. Herman에 따르면 외상의 회복 과정은 다음의 세 단계로 진행된다.

1. 안전과 안정화(safety and stabilization)
2. 기억과 추모, 앞으로는 심리적 외상 기억 처리(trauma memory processing) 라고 칭함
3. 재연합(reconnection)

안전과 안정화(Safety and Stabilization)

외상으로부터의 회복에서 가장 중요한 과제는 안전감을 되찾는 것이다. 만성 외상의 피해자들은 외상 경험뿐만 아니라 자신의 신체로부터도 기만 당했다고 느낀다. 증상이 재 외상화를 촉발시키는 원인이 되는 것이다. 임상가의 주요 목표는 내담자가 내·외적 통제감을 되찾도록 돕는 것이다. 이 목표는 정밀한 진단, 교육, 그리고 치료 기법의 개발을 통해 이룰 수 있다. 이 책

의 안전과 안정화에 관련한 부분은 외상 생존자가 정서적 및 행동적 안정감을 높이기 위해 자기를 달래고 돌볼 수 있는 기술(자기-진정과 자기-돌봄 기술, self-soothing and self-care skills)을 개발하고 활용하도록 하는 데 초점을 두고 있다. 내담자가 안전하지 않은 환경에 계속 노출되어 있는 경우, 치료의 초점은 심리적 외상 기억의 처리 작업을 하기에 앞서 개인적, 현실적 안전을 확보하기 위한 계획을 세우는 것이다. 제일 우선시 하는 목표는 내담자가 자신의 환경과 자기 내부에 있는 '예측 불가능한 위험'에서 '안전하다고 믿을 수 있는 상태'로 점진적으로 이동할 수 있도록 하는 것이다. 이 목표는 내담자가 외상 상황과 기억에 노출됐을 때 대처할 수 있는 내적 능력을 가짐으로써 달성된다. 이 능력을 갖추기 위해서는 며칠, 몇 주, 또는 몇 달이 걸릴 수도 있다.

외상 기억 처리(Trauma Memory Processing)

회복의 두 번째 단계에서는 내담자가 견디기 힘든 기억을 해결하기 위해 외상 기억을 떠올린다. 그리고 외상 기억을 처리하기 위한 한층 더 깊은 작업을 진행한다. 외상 기억의 특성으로 인해 이 과정은 선형적인 경우가 거의 없다. 외상 사건이 파편적으로 드러나 처리되기 때문이다. 이 단계의 목적은 내담자가 외상 사건을 가지고 안전하게 작업할 수 있는 공간을 만들고, 자신의 삶에 영향을 준 충격적인 경험을 이해하도록 하는 것이다. 이 단계에서 치료자는 내담자의 경험을 듣고, 그 경험에 대한 증인이 되어주어, 내담자가 치유될 수 있다는 용기를 얻도록 돕는 역할을 한다.

외상 기억 처리 단계에서 활용하기에 적합한 CBT 기법이 많이 존재한다. 더불어, 안구 운동 둔감화 및 재처리 기법(Eye Movement Desensitization and Reprocessing, EMDR), 시간제한적 트라우마 치료(Time-Limited Trauma Therapy, TLTT), 그리고 외상적 사건 감소(Traumatic Incident Reduction, TIR)와 같은 새로운 접근법도 개발되었다. 이 책에서 다루지는 않지만, 이러한 접근법들도 CBT의 외상 치료적 틀 안에서 적절히 활용할 수 있으며 추가적으로 탐색해 볼 가치가 있다.

재연합(Reconnection)

회복의 마지막 단계는 내담자가 의미 있는 관계와 일상적으로 참여하는 활동의 맥락 안에서 자신을 재정의하는 것이다. 외상 생존자는 외상 사건 경험이 자신이 누구인지를 정의하지는 않는다는 사실을 바탕으로 자기에게 일어났던 일을 이해할 수 있을 때, 비로소 그 경험에 접근할 수 있다. 외상 생존자는 자신에게 어떤 일이 일어나도 자신이 누구인지 자체는 변하지 않는다는 확신을 가지기 시작하면서 해방된 느낌을 받는다. 억압된 공포에서 벗어날 수 있다는 강한 믿음을 가짐으로써 버텨나가기도 한다. 대부분의 생존자는 지속적으로 치유되고 성장할 수 있는 '도전 과제'를 찾고자 한다. 자신과 비슷하게 학대나 방치를 당한 경험이 있는 타인을 돕기도 한다. 생존자가 외상의 영향에서 성공적으로 벗어날 수 있다는 사실은 인간의 정신이 얼마나 강인한지를 보여주는 강력한 증거이다. 외상 치료의 두 번째 단계가 끝나면, 외상의 영향을 받아 형성된 성격을 가진 내담자는 더 넓은 인간 관계와 광범위한 관심사를 탐색할 수 있는 기회, 즉 새로운 성장 경험을 할 수 있는 기회를 가져야 한다.

7. 필수 요소 - 치료 코드(Necessary Ingredients - Treatment Codes) (R, RE, CR)

외상을 효과적으로 치료하기 위해서는 이완, 노출(상호 억제) 그리고 인지적 재구성이라는 세 가지 적극적이고 필수적인 치료 요소가 요구된다. 어떠한 요소도 그 한 가지만으로는 내담자가 회복하기에 충분하지 않다는 점에 주목해야 한다. 이 책에서 소개하는 각 기법은 세 가지 중 적어도 한 가지를 포함하고 있다. 치료적 개입의 시기 역시 중요하다. 치료 기법 중 일부는 안전과 안정화 단계에서 활용하는 것이 가장 적절할 수 있으며, 외상 기억 처리 단계나 재연합 단계에 더 적합한 기법도 있다.

우리는 다음과 같은 코딩 체계를 활용해서 앞으로 제시하는 치료 기법이 세 가지 필수 요소 중 어떤 요소를 가지고 있는지를 나타낼 것이다.

R = 이완, 자기 – 진정(Relaxation, self – soothing)

RE = 이완과 노출(Relaxation and exposure)

CR = 인지적 재구성(Cognitive restructuring)

내담자의 배경 또는 경험 유형에 따라 효과적으로 작용하는 기법이 다르기 때문에 이 책에서는 되도록 많은 개입방법을 소개하고자 한다. 물론 현존하는 모든 개입방법을 다루는 것은 아니다.

각 내담자에게 어떤 유형의 개입방법을 적용할 것인지는 치료자의 창의적인 재량에 달려있다. 훌륭한 심치료자가 외상 경험과 외상 회복 과정에서 필요한 요인에 대한 이해를 바탕으로, 여러 개입방법을 통합하고 새로운 개입방법을 창조해냄으로써 내담자의 구체적인 요구를 만족시킬 수 있길 바란다.

8. 신체, 인지, 행동 및 정서/관계(Body, Cognition, Behavior, and Emotion/Relation)

이 책은 외상으로부터의 회복을 돕기 위해 신체, 인지, 행동, 그리고 정서/관계의 측면에서 접근한다. 우리는 다양한 경로를 통해 상황에 대한 정보를 처리하므로, 신체(예, 심리생리학, 심장 박동, 호흡), 마음/인지(예, 사고, 지각, 신념), 행동(예, 능동적 vs 제한적) 그리고 정서/관계(예, 다양성, 깊이, 합리성 지지 수준)의 각 측면에서 평화롭게 사는 능력을 회복할 필요가 있다. 이 책은 이러한 요인을 염두에 두면서 모든 경로에서 회복을 다루는 개입방법을 찾고자 했다. 내담자의 필요에 따라 다양한 경로를 다룸으로써 각 내담자에게 적합한 맞춤형 치료를 제시하는 한편, 외상 후 증후군의 복잡한 특성을 실제로 치료하기에는 한계가 있는 '일률적인' 방법론은 배제한다.

9. 외상 후 반응(Posttrauma Response)

정신장애의 진단 및 통계 편람 4판 개정판(Diagnostic and Statistical Manual of Mental Disorder, Fourth Edition, Text Revision, DSM-IV-TR)(APA, 2000)에 따르면, 신체, 인지, 행동 그리고 정서/관계의 측면에서의 외상 후 스트레스요인은 특정 외상 증상을 발달시킨다. 이 증상은 개인이 건강과 안녕을 위협하는 엄청난 외상에 노출된 결과라고 할 수 있다. 외상 후 스트레스는 종종 외상 생존자 자신이나 가까운 사람(예, 친구, 가족, 동료)의 죽음 또는 상해로까지 이어질 수 있는 것으로 보인다. 외상 후 스트레스 장애 진단을 받으려면 6가지 진단 기준을 일부 또는 전부 만족시켜야 한다. 외상 후 스트레스 장애의 진단 기준은 다음과 같다(APA, 2000).

- A1, 개인이 자신이나 친구, 동료, 또는 가족의 안전을 위협하는, 생사가 걸린 사건에 개입(직접 경험, 목격 등)
- A2, 스트레스 요인에 공포, 무력감 또는 큰 두려움으로 반응
- B, 외상 사건에 대한 반복적이고 침습적인 정신적 재경험
- C, 외상에 관련된 자극에 대한 회피와 정서적 무감각
- D, 과잉 각성
- E, 외상 후 스트레스로 인한 장해의 기간이 1개월 이상
- F, 장해가 일상 생활 기능 영역에서의 심각한 손상을 초래

진단 가능성을 고려해볼 수 있는 그 외 다른 장애에는 급성 스트레스 장애, 범 불안장애, 주요우울장애, 공황장애, 적응장애, 해리장애 또는 기분 부전 장애(지속성 우울장애)가 있다.

DSM−IV−TR의 외상 후 스트레스 장애 진단 기준은 외상성 사건에 대한 개인의 주관적 반응이 사건 자체의 심각도나 그 사건이 외상을 초래할 정도의 수준이라는 객관적 평가 만큼이나 중요하다는 점을 인정하고 있다. 개인적 반응의 중요성을 고려해 본다면, 왜 어떤 이들은 무해한 것처럼 보이는 사건을 경험한 뒤에도 약해지고, 또 다른 이들은 잔혹한 상황 속에서도 부정적인 영향을 받지 않고 긴 시간을 견딜 수 있는지를 이해할 수 있다.

요약하자면 핵심적인 외상 후 증상은 다음을 포함한다.
- 공포, 무력감 또는 두려운 감정
- 외상성 사건의 반복적이고 침습적인 재경험(예, 악몽, 플래시백, 침습적인 기억 재생)
- 외상과 관련된 자극에 대한 회피(예, 외상과 관련된 또는 외상을 상기시키는 장소, 사람 또는 활동을 피함)
- 긴장성 각성(예, 심장박동과 호흡량의 증가, 예민함, 두려움, 초조함, 쉽게 점화되는 놀람 반응)
- 일상 기능의 손상(예, 사회 활동, 직업 활동, 학교 다니기 또는 가족 안에서의 역할을 해내는 능력)

표 4. 외상 후 반응의 특징

감정표현 불능증	슬픔과 우울
행동화(행함) 혹은 누락(행하지 않음)에 대한 죄의식	압도당한 느낌
생존에 대한 죄책감	세상에 대한 예측 불가
자살/살인 사고/행동	행동 재현
권위에 대한 환멸	자기파괴적인 진정 행동
절망감/무력감	신체화
기억 손상과 건망증	대인관계 문제

Rothbaum 등(2000) 참고.

더불어 외상 전문의가 치료 초기 단계에서 외상을 두 가지 유형으로 구분하는 것이 치료 계획을 세우는 데 도움이 된다.

유형 I 외상(Type I trauma). 외상 후 스트레스 장애로 이어지는 사건에 대한 스트레스, 두려움, 위협, 그리고/또는 공포가 이에 대처하는 개인의 능력을 압도한다. 외상 사건이 개인이 예상치 못한 일반적이지 않은 경험(예, 자동차 사고, 자연 재해)이다. 외상은 어떤 사건을 직접 경험하는 것뿐만 아니라 사건을 목격하는 형태일 수도 있다(이차적 외상성 스트레스). 외상 후 증상이 발병한 이후 적절한 기간 즉, 몇 개월 내에 증상에 개입했다면 유형 II 외상보다는 치료 효과가 빨리 나타나는 경향이 있다.

유형 II 외상(Type II trauma). 사건이 이를 소화하는 개인의 능력을 압도한다. 사건이 발생할 것이라 예상할 수 있지만 피할 수는 없는 지속적인 경험(예, 아동 성적 학대, 전투 외상)이다. 이 유형의 외상은 달리 분류되지 않은 극단적 스트레스로 인한 장애(DES-NOS)(Disorders of Extreme Stress Not Otherwise Specified)와 해리장애의 병인이기도 하다.

안전과 안정화

Safety and Stabilization

당신의 적은 건강하거나 강하지 않으며,
당신에 대한 집착으로 인해, 올바로 생각하거나 보지도 못합니다.
더 이상 이 불쌍하고 연약한 존재가
당신의 마음을 상하게 할 힘을 갖도록 두지마세요.

Susan Trott, The Holy Man(1995)에서

재연합
Reconnection

외상 기억의 처리
Trauma Memory Processing

안전과 안정화
Safety and Stabilization

외상 치료의 이론적 기초
Foundations of the Trauma Practice Model

5. 정서/관계 | *Emotion/Relation*

중간 대상 | Transitional Objects (R)

지지 체계 | Support Systems (R – CR)

상징 그리기와 봉투 기법(정서적 담아두기) | Drawing Icon and Envelope (Emotional Containment) (R – RE – CR)

내적 금고(정서적 담아두기) | Internal Vault (Emotional Containment) (R – RE – CR)

긍정적 희망 상자 | Positive Hope Box (R – RE – CR)

외상은 오랜 시간, 그리고 다양한 삶의 영역에 그 여파를 미친다. 경우에 따라 외상은 심신을 쇠약하게 만드는 부적절한 행동으로도 이어질 수 있다. 내담자는 나름대로 불안을 줄이기 위해 시작했던 행동이 더 이상 건강하지도 또 불안을 줄여주지도 못해도 이를 지속하기 때문이다. 즉, 내담자는 건강하지 않은 방식으로 자기를 위로하려고 한다. 삶으로부터 뒤로 한발 물러나 있거나, 술이나 마약에 의존하거나, 자기 패배적 성격 특성 혹은 습관을 발달시킬 수도 있다. 실제로 내담자는 삶에서 더 나은 선택을 할 수 있는 기술이나 정서적 안정성이 부족해서 오히려 혼란스럽고 불안한 상황에 스스로를 계속 노출시킨다. 외상 생존자는 외상후 스트레스 장애외에 정신 장애의 진단 및 통계 편람(DSM)에 포함된 거의 모든 진단명을 이미 가진채로 치료자를 찾아온다. 사실, 대부분의 숙련된 치료자는 치료 장면에서 볼 수 있는 거의 모든 증상이 외상과 관련된 것이라고 생각한다. 외상 증상을 경감시키기 위해서는 내담자가 반드시 이완 상태를 경험할 수 있어야 한다는 점을 명심해야 한다. 내담자가 혼돈에 빠져 있거나, 유용하지 않은 방식으로 자기를 달래려(self–soothe)하는 경우, 이완 상태를 경험하는 것은 불가능하다. 이번 장에서는 안전하다는 것은 어떤 의미인지 정의하고, 전문가가 내담자와 심리적 외상 관련 치료 작업을 할수 있을 만큼 안전한 환경을 조성하는 데 유용한 기술을 제공한다. 외상으로부터 회복하기 위해서 신체, 인지, 행동 및 정서/관계의 요소를 다루는 기술을 포함한다.

1. 안전하다는 것의 의미(What is Safety?)

1996년 미국 버지니아 주 Morgantown에 위치한 웨스트 버지니아 대학
(West Virginia University)의 정신 외상학(psychotraumatology) 특별 연구원이었던
J. Eric Gentry는 외상 생존자의 안전감을 향상시키고 유지하는 것에 관한 논
문을 썼다. 나중에 *죽음과 외상*(*Death and Trauma*, Figley, Bride, & Mazza, 1997)이
란 저서의 일부(chapter)로 출간된 본 논문은 안정화(stabilization)를 유도하고
평가하기 위한 프로토콜을 제공했다. 구체적으로 Gentry는 외상 생존자의 치
료와 관련하여 안전(Safety)의 개념을 세 가지 수준으로 정의하고, "조작적 정
의(operationalize)"를 하려는 시도를 했다. Gentry가 제시한 세 가지 안전 수준
은 다음과 같다.

- 다음과 같은 임박한 환경적(주변의, 대인 간, 개인 내)/신체적 위험 해결
  하기
  - '전쟁 지역(war zone)'(예, 가정 폭력, 싸움, 약물이나 알코올 남용)으로부
    터 벗어나기
  - 최대한 안전해지기 위해 행동차원에서 개입하기
  - 자해를 다루고 해결하기
- 자기-파괴적 사고(self-destructive thoughts)와 행동 제거하기(예, 자살/
  살인에 대한 상상/행동, 섭식 장애, 박해 변환/자아 상태(persecutory alters/
  ego-states), 중독, 외상-유대(trauma-bonding), 위험한 행동, 고립)
- 삶을 긍정적으로 바라볼 수 있는 자기-돌봄(self-care) 기술을 개발하

고 습관화해, 내담자가 자신을 외상 사건의 희생자라고 생각하는 신화(mythology)에서 벗어나 사전 대책을 강구하는 적극적인 생존자라는 정체성을 갖도록 재구성하기(예, 자기-돌봄 기술을 확인해주기(affirming self-care skills, 일상 생활, 이완 기법(relaxation skills), 그라운딩/담아두기(grounding/containment) 기술, 자기 주장(assertiveness), 기본적 욕구 충족 보장하기(secure provision of basic needs), 자기 양육(self-parenting))

치료자가 대답하기 가장 어려운 질문 중 하나는, 세 단계 외상 치료의 두 번째 단계(외상 기억의 처리)로 나아가기 위해 필요한 수준의 안전감/안정성은 어느 정도인가이다. 우리는 치료자로서 수련을 시작할 때부터 "그 무엇보다도, 내담자에게 해(harm)를 가하지 마라"라고 배운다. 그렇기에 유능한 치료자라면 내담자가 삶 속에서 안전감과 안전성을 추구할 수 있게 해줘야 한다고 생각할지도 모른다. 그런데 과연 그런가?

이 질문에 대한 대답은 양날의 검이 될 수 있다. Gentry도 외상 치료자로서 활동한 초기에는 내담자와 함께 안전과 안정성을 확립하는 데 많은 시간을 할애했다고 한다. 그러나 더 면밀히 조사한 결과, 치료를 지연시키면서까지 안전과 안정성을 확립시키는 데 시간을 할애한 이유는 사실 본인이 "내담자의 위기를 악화시킨" 외상의 내용에 접근하는 것에 불안을 느꼈기 때문이었다고 고백했다. 안전(safety)은 내담자뿐만 아니라 치료자에게도 중요한 문제였던 것이다. 그렇다면 얼마나 안전해야 안전한 것이며, 또 어떻게 하면 안전해 질 수 있는가? 안전에 대한 절대적인 기준은 없지만, 안전과 안정을 확립하는 데 도움이 되는 다양한 기술을 배우고 현명한 선택을 할 수 있도록 돕기 위해 다음에서는 안전하다고 생각하는 기준을 논의하고자 한다.

외상 치료자들이 가지는 공통된 가설 하나는, 효과적인 안정화(establishment of stabilization)와 치료 성과를 이끌어내는 가장 중요한 요소가 바로 치료자의 따뜻한 신뢰라는 것이다. 물론 내담자를 안정시키기 위한 가장 강력한 개입방법은 예후에 대한 확고한 낙관주의와 불안하지 않은 상태를 만들어주는 것일 수 있다. 그러나 내담자가 불안정해 하고 안전함을 느끼지 못하는 것은 침투적 증상(intrusive symptoms)(예, 악몽, 플래시백, 심리/생리적 반응성

(reactivity))의 충격에 대한 자연스러운 반응으로, 내담자의 행동 및 사고에 의해 유발되는 경우가 많다. 불안정한 내담자의 안전을 지나치게 향상시키려는 지속적인 시도는 오히려 도움이 되지 않는다. 최소한의(또는 '충분히 좋은(good enough)') 안전과 안정 수준을 확립한 이후에는 내담자가 외상 경험에 대해 이야기 할 수 있도록 함으로써 침투적 증상을 해결하는 것이 중요하다. 이러한 접근 방식은 치료자의 직관과는 다를 수 있고, 치료자를 불안하게 할 수도 있다. 하지만 이 과정을 통해서 내담자는 자기침투적 증상에 동반되는 자기파괴적 행동양식(예, 중독, 섭식 장애, 학대 관계)을 스스로 개선할 수 있는 능력을 키울 것이다.

치료의 2 단계로 나아가는 데 필요한 최소 기준
(Minimum Criterion Required for Transition to Phase II Treatment)

외상 치료의 두 번째 단계를 시작하기 위해 필요한 최소한의 안전 기준은 무엇인가? 대부분 이 질문에 정확히 답하지 못하고 이 질문을 자세히 다룬 문헌조차 찾기 어려우므로 다음의 기준을 제안하고자 한다.

1. *임박한 환경 및 신체적 위험(다시 말해, 주변환경 속, 대인 간 혹은 개인 내 위험) 해결하기.*

앞서 논의한 바와 같이, 우선 안전 수준 1(Level One of Safety)을 달성해야 한다. 내담자가 지금 당장 위험(active danger)에 노출된 상태에서는 치료자가 외상 기억의 해로운 영향을 막으려는 인지/행동적 조치를 취해도 외상 기억이 해결되지 않는다(아래 'Am Safe vs. Feel Safe' 논의 참조).

2. *'(실제로) 안전하다(Am Safe)'와 '안전하다고 느낀다(Feel Safe)'를 구별할 수 있는 능력 키우기.*

많은 외상 생존자가 자기 주변에는 언제나 위험이 도사리고 있다고 느낀다. 사실 '각성(arousal)'과 관련된 증상군은 대부분 이 왜곡 현상과 관련이 있다. 치료자는 내담자가 객관적으로 '외부 위험(outside danger)'과 '내부 위험(inside danger)'을 구분하고, 자신의 왜곡에 대처할 수 있도록 도와야 한다. 외부 위험 또는 '실제' 환경적 위협을 해결하려면 생존자가 이 위험으로부터 자신을 벗어나게 하거나 보호할 수 있도록 돕는 행동적 개입을 해야 한다. 내부 위험 또는 과거 외상 경험의 침투적 증상으로 인한 두려움을 해결하기 위해서는 각성 반응을 줄이고 두려움의 근원(기억)에 대한 인식과 통찰력을 키우는 개입방법을 활용해야 한다(그림 4 참조).

3. *자기-진정(self-soothing), 그라운딩(grounding), 담아두기(containment) 및 표현 전략, 그리고 침투 증상으로부터 자기를 구조하기(self-rescue) 등의 전략을 활용하는 능력.*

이러한 기술은 치료의 2단계를 시작하기에 앞서 치료 초기에 가르쳐야 한다. 내담자는 적어도 다음의 기술을 습득해야 한다.

- 3-2-1 감각적 그라운딩 기법(3-2-1 sensory grounding technique)
- "안전한 장소"의 시각화
- 점진적 이완법(및/또는 다른 불안 감소 기법)
- 자기-진정 방법(self-soothing discipline)(예를 들어, 운동, 음악, 미술, 정원 가꾸기 등) 개발
- 담아두기 전략(containment)
- 표현 전략(expression strategy)

이 책 전반에 걸쳐 이러한 기술에 대해 자세하게 설명한다.

4. *자기-구조를 연습할 수 있는 능력(ability to practice-demonstrate self-rescue).*

내담자가 외상 경험에 대해 이야기하기 시작할 수 있도록 하는 데 유용하다. 내담자가 격렬한 정서를 경험하기 시작하면, 치료자는 앞서 언급한 기술을 활용해 내담자가 완전한(full-blown) 플래시백을 전체적으로 직면하게 도움으로써, 자신의 자기-구조 능력을 증명하는 경험을 할 수 있도록 해야 한다. 성공적인 자기-구조 경험은 치료 후반부에 내담자가 압도적인 외상 기억에서 벗어날 수 있도록 도울 때에도 활용할 수 있다. 또한 이 경험은 치료를 지속하거나 외상 기억에 직면하는 것에 대한 선택권이 내담자 자신에게 있음을 보여주는 증거가 되기도 한다. 출항에 앞서 초보 선원에게 항해 역학 절차를 가르친다면, 그 선원은 거친 바다에서도 골칫거리가 되지 않고 배를 조종할 수 있다. 이는 치료 작업 기술에도 적용되는 유용한 비유적 설명이다.

내부 위험	외부 위험
지각된 두려움, 실재하는 위험은 없음 외상 작업 시작 가능 불안 감소 인지 재구성(Congnitive restructuring) 자기 위로(Self-soothing)	실제 존재하는 위험 외상 작업 시작할 수 없음 행동적 개입 위협 해결

그림 4. 내부 위험과 외부 위험 다루기

5. *내담자와 긍정적인 예후 그리고 외상 소재(traumatic material)를 다루기 위해 맺는 계약.*

심리적 외상 치료의 안전과 안정화 단계에서 중요한 마지막 요소는 2단계 (외상 기억 처리(trauma memory processing) 단계)로 넘어가기 위해 내담자와 계약을 맺는 것이다. 치료적 동맹(therapeutic alliance)을 확립하고 유지하기 위해서는 앞서 상호적인 목표(mutual goals)가 중요하다고 언급했던 것을 기억하라. 치료자는 다음 단계로 나아가기 전에 외상 기억을 해결하고자 하는 내담자의 의지가 얼마나 강한지 확인하고 이를 행해야 한다. 긍정적인 예후는 내담자 자신에게 달려있다는 이야기를 해주면서 내담자가 치료의 첫 단계인 안전 확립의 단계를 성공적으로 끝냈다고 인정해주는 것이 가장 도움이 된다(예, "저는 당신이 이 끔찍한 기억을 마주하면서도 안전하고 안정된 상태를 유지할 수 있는 아주 좋은 기술을 배워나가는 것을 지켜 보았습니다. 당신이 이 첫 작업을 굉장히 잘 해냈다고 생각하고, 외상 기억을 풀어내는 앞으로의 과정 역시 잘 해낼 수 있을 거라고 기대합니다. 외상 기억을 풀어내는 과정을 시작하려면 무엇이 더 필요할까요?").

물론 내담자가 앞서 언급한 기준을 모두 충족시켜야지만 심리적 외상 기억의 처리 단계인 2단계로 니아갈 수 있다는 것은 아니다. 그러나 치료자는 치료의 두 번째 단계를 진행해도 위험하지 않다는 것을 확인하기 위해 치료를 진행하기 어려운 위험 신호가 존재하는지 확인하고, 해석할 수 있어야 한다. '위험 신호(Red flags)' 또는 해리 증상(dissociative symptoms)이나 잠재적 퇴행의 가능성은 치료자에게 다음 단계로 넘어가는 것이 시기 상조일 수 있다는 것을 알려주는 경고이다.

다음에 소개할 것은 자기－진정(self－soothing), 그라운딩(grounding), 담아두기(containment) 및 자기－구조(self－rescue)에 유용한 기술들이다. 이 기술은 반드시 따라야 하는 방법이 아니라 활용할 수 있는 다양한 기술의 일부 예시일 뿐이다. 이들이 상호 억제(reciprocal inhibition) (이완과 노출(relaxation and exposure))의 원칙을 절묘하게 포함하고 있거나, 인지적인 경험에 대해 서술하거나 또는 그 둘 다를 다루고 있다는 점에 주목하기 바란다.

해리, 퇴행 및 만성 복합 외상 후 스트레스 평가 훈련에 대한 최신 정보는 외상학 연구소의 수련교과과정(Traumatology Institute Training Curriculum)에서 얻을 수 있다. 훈련 프로그램은 http://www.psychink.com과 http://www.ticlearn.com 사이트를 통해서 온라인과 오프라인(face to face)으로 이용할 수 있다. 외상학 연구소(Traumatology Institute)의 TI－202 과정은 심리적 외상 치료를 준비하는 치료자를 지원하기 위해서 체계적인 외상 평가 방법을 제공한다.

2. 신체(Body)

외상 사건은 교감신경계(Sympathetic Nervous System, SNS)라고 부르는 자율신경계(Autonomic Nervous System, ANS)의 하위 시스템을 촉발시킨다. 교감신경계는 일종의 생존 체계로, 위험한 상황에서 화학 물질을 체내로 분비하고, 위험에 맞서 싸우거나, 달아나거나 혹은 꼼짝 못하도록 신체를 준비시킨다. 교감신경계의 각성은 위험 자극에 노출됨에 따른 정상적인 결과이긴 하지만, 두려움, 불안 등 매우 높은 각성 수준을 동반하기 때문에 우리에게는 불쾌한 경험이다. 외상 사건 생존자가 외상 사건을 떠올리면 교감신경계와 관련된 화학 물질이 연쇄 반응을 일으키고, 그 결과 생존자는 외상 사건을 겪었던 당시와 동일한 경험을 하게 된다. 제대로 처리되지 않은 채 남아있는 생존/두려움의 반응은 치료 과정에 도움이 되지 않는다. 다행히 이 연속적인 생존 반응을 관리할 수 있는 다양한 방법이 있다. 이 장에서는 두려움 반응 관리에 유용한 신체 기반 기법(body-based techniques)을 제공하고자 한다.

불안하지 않은 상태 만들기(Creating a Nonanxious Presence) (R-RE-CR)

소요 시간(Time required)

몇 초, 하지만 숙달할 때까지 이 기술을 자주 반복할 것.

준비물(Materials required)

당신 자신.

활용 지침(Indications for use)

두려움 반응(fear response)을 우선적으로 관리해야 할 때 사용. 불안하지 않은 상태 만들기(R-RE-CR) 기술은 다른 신체 기반 기술을 실시할 때 필요한 자기-진정 기술 (self-soothing skills)로서 활용될 수 있음.

유의사항(Counterindications)

없음.

이 기법은 D. Franklin Schultz 박사의 *심장의 언어: 치유하는 치료 이야기 (A Language of the Heart: Therapy Stories that Heal, 2005)에서 발췌했다.* 이 기법은 내담자가 불안하지 않은 존재감을 만들고 유지할 수 있도록 설계되었으며, 스트레스를 관리하는 가장 쉬운 방법 중 하나이다. 신체를 사용해 부교감신경계(Parasympathetic Nervous System, PNS)를 의도적으로 자극하여 두려움 반응에서 벗어난다. 한번 배우고 나면 심리적 외상 회복 과정 전반에 걸쳐 활용할 수 있다. 내담자와 치료자 모두가 두려움, 분노, 그리고 슬픔과 같은 즉각적인 감정을 관리할 수 있도록 돕는 강력하고 효과적인 방법이다. 생존 반응에서 벗어나기 위해 생리적 및 인지적 자원을 결합해 활용한다.

불안하지 않은 상태 만들기 기법의 첫 번째 파트는 주로 내담자를 위한 심리교육적인 개입이다. 내담자가 뇌에서 생존 반응이 일어나는 과정을 인지적으로 이해하는 것은 그 반응 과정을 정상화시키는 데 도움이 된다. 다시 말해, 심리교육을 통해 내담자는 생존 반응이 나타나더라도 이상한 것이 아니며 자연스러운 반응임을 알게 된다. 그리고 외상 사건을 다루기 위해 사용할 수 있는 다른 적응적인 개입도 있다는 것을 배운다. 그러나 새로운 기술을 활용하기 위해서는 새로 학습한 기술이 제 2의 천성이 될 때까지 매일 연습해야한다. 내담자와 치료자는 기술의 필요성에 대해 확신하지 않더라도 자주 이기술을 연습해야 한다. 연습을 하면 할수록 효과는 더 커질 것이다.

실시 방법(Delivery of Approach)

1. 다음은 내담자가 겪는 대부분의 어려움과 관련된 뇌의 메커니즘을 간단한 용어로 설명하기 위한 스크립트(script)이다. 단지 몇 초 만에 완수할 수있는 3단계 운동법도 포함한다. 3단계 운동법이 효과를 내기 위해서는 실제로 사용하기 전에 자주 연습하는 것이 좋다. 이 유용한 연습법은 스크립트 뒤에 제공할 것이다.

불안하지 않은 존재감 스크립트(Nonanxious Presence Script)

사전 스크립트 심리교육(Pre-script Psychoeducation)

두뇌는 여러 겹의 층으로 되어 있고, 각 층은 다양한 기능과 관련되어 있다. 두뇌의 중간 영역(중뇌)은 동물의 신체에 있어 가장 오래된 부분 중 하나로, 원시 동물 조차 이 영역을 어느 정도 가지고 있다. 중뇌는 모든 감각 정보가 먼저 거치는 곳이다. 보고, 냄새 맡고, 맛보고, 만지고, 들을 수 있는 모든것은 중뇌(midbrain)를 통과하여 지나간다. 이 영역은 우리의 감정(슬픔, 두려움, 분노 등)이 존재하는 곳이다. 또한 생존 루틴(survival routines)(투쟁, 도피 또는 얼어붙음)이 촉발되는 곳이기도 하다.

중뇌의 가장 위쪽에 겹쳐진 부분은 대부분의 사람들이 인간의 두뇌로 떠올리는 부분, 즉 구불구불한 선들이 서로 교차해 있는 부분이다. 이 부분은 신피질(neocortex)이라고 한다. 신피질은 인간을 다른 동물과는 다른 독특한존재로 만드는 뇌 기능이 일어나는 영역이다. 신피질은 언어 영역이 위치한 곳으로, 경험을 말로 표현하게 한다. 또한 논리 영역이 있는 곳이기 때문에 사실적인 정보를 연결하고, 경험의 의미를 형성하고, 사건에 의미를 부여한다. 감정을 조절하는 기능도 한다.

일반적인 환경에서, 중뇌는 유입된 정보를 기반으로 우리가 위험한 상황에 처했는지를 신속하게 평가한다. 위험한 상황이 아니라면, 정보는 신피질로 보내지는데, 신피질에서는 유입된 정보에 의미 단어를 붙이고, 감각 반응을 만들며, 나중에 참고하기 위해 정보를 기억으로 저장한다. 그러나 위험을 감지하거나 강한 감정에 압도당하면, 중뇌는 생존 루틴을 시작하고 싸움, 도피 또는 얼어붙음(fight, flight, or freeze)을 위해 몸을 준비시키기 시작한다. 생존 준비 과정은 빠르게 달리거나, 열심히 싸우거나, 살아남기 위해 꼼짝않고 있도록 준비시키는 화학적 신호전달화학물질(chemical messengers)에 의해 수행된다. 생존 준비가 시작되면 신체는 화학전달물질을 분비한다는 것이다. 생존을 위한 화학 물질 중 일부는 이미 우리에게 익숙한 것들이다. 아드레날린, 노르아드레날린, 알도스테론 및 코르티솔(adrenaline, noradrenaline, aldosterone, cortisol)이 생존을 위한 화학 물질에 해당한다. 생존을 위한 준비는 '아드레날린 분출(adrenaline rush)' 경험을 하게 한다.

다음은 생존을 위해 교감신경계 화학전달물질이 분비될 때 신체에서 일어나는 현상이다.

1. 소화 과정이 진행되지 않는다(살아남기 위해 달리고 있는 와중에 음식을 소화하는 데까지 에너지를 낭비할 수는 없다).
2. 면역 체계가 작동하지 않는다(목표가 생존이라면 면역은 에너지 낭비이다).
3. 싸우거나 도망가거나 얼어붙어 살아남기 위해서는 에너지(산소와 음식)를 대근육에 제공해야 하기 때문에, 혈액은 몸의 말초 부분(outer part)에서 이동해 대근육(large muscle groups)으로 몰린다.
4. 근육에 에너지를 공급하기 위해 당과 콜레스테롤이 혈액으로 들어간다.

이 반응은 모두 장기적인 스트레스 증상과도 관련되어 있어 우리가 익히 알고 있는 것이다. "스트레스(stress)"라는 것은 반복적으로 촉발되는 생존 과정을 생리적으로 경험하는 것일 뿐이다. 신체가 반복해서 생존 모드로 바뀌면서 나타나는 일련의 반응은 장기적인 스트레스 증상을 유발한다. 예를 들어, 소화 체계가 반복적으로 손상되면 궤양, 과민성 장 증후군, 위염, 변비 등과 같은 증상이 나타난다. 면역 체계가 반복적으로 손상되면 감기, 독감과 같은 전염성 질병에 걸린다. 심지어 암과 궤양 조차도 손상된 면역 체계와 관련이 있다. 스트레스를 많이 받는 사람은 결국 고혈압, 높은 심박수, 높은 수준의 콜레스테롤을 갖게 된다. 게다가 최신 연구는 당뇨병도 당을 끊임없이 방출하게 만드는 스트레스와 관련된다는 점을 시사한다.

신체가 생존 모드에 들어가면 또 다른 중요한 반응이 나타난다. 바로 신피질을 통해 넘쳐나는 코르티솔이 우리를 독창적인 인간으로 만드는 사고 기능을 근본적으로 차단하는 것이다. 그 결과 우리는 명확하게 사고하지 못하고, 자신을 정확하게 표현하는 단어를 찾는 능력을 잃어버린다. 그리고 무엇보다도 감정을 조절하는 능력을 상실한다. 분노하고, 얼굴이 빨개져서 소리치고, 욕설을 하는 사람을 본 적이 있을 것이다. "(예: 도로에서 운전 중) 분통 터뜨리기"와 같은 현상은 바로 이 과정을 통해 설명할 수 있다. 도로에서 운전 중에 생존 모드에 들어간 사람은 신피질의 기능이 저하되기 시작하고, 실제로 자신의 내면 경험을 표현하거나, 자신이 원하는 대로 의사 소통하는 데 필요한 단어를 찾거나, 뇌의 논리 영역을 활용하거나, 자신의 감정을 관리할 수 있는 능력을 잃기 때문에, 분통을 터뜨리는 분노 반응을 보인다. 생존 모드에 있을 때에는 실제로 무엇이 일어나고 있는지에 대해 먼저 생각한 후 반응을 선택하기 힘들다. 다시 말해, 신피질의 기능이 멈췄을 때에는, 의도적으로 생각하고 행동하기가 매우 어렵다.

그러나 스트레스를 받으면서 동시에 이완할 수는 없다. 위험 모드에 있을 때에는 교감신경계(SNS)가 활성화된다. 교감신경계는 화학전달물질을 방출하고, 심장 박동수와 혈압을 높이고, 근육을 긴장시키고, 호흡을 가쁘게 만들고, 소화계와 면역체계의 활동을 정지시킨다. 반면, 부교감신경계(PNS)는 교감신경계(SNS)의 기능과 반대로 작용한다. 부교감신경계(PNS)는 생존 반응을 멈추고, 심박수와 혈압 등을 낮춘다. 부교감신경계(PNS)를 의도적으로 활성화시키면, 본질적으로 교감신경계(SNS)는 작용을 멈출 수밖에 없다. 그러므로 이완하면서 동시에 스트레스를 받을 수 없다는 것은 사실이다.

스크립트(Script)

다음은 부교감 신경계(PNS)를 활성화하는 데 도움이 되는 3단계 훈련 방법이다. 1단계는 당신이 속상해 할 때 주변 사람들로부터 반복적으로 들었던 사항이기 때문에 익숙하게 들릴 것이다. 그러나 1단계가 효과를 보이기 위해서 필요한 2단계와 3단계에 대해서는 좀처럼 가르치지 않는다.

1 단계(step 1)

먼저, 천천히 그리고 깊게 심호흡하라. 당신이 느리고 깊게 심호흡할 때, 신체 어느 부분이 움직였는가? 가슴이 움직였다면 아마도 폐의 가장 윗부분을 통해 숨쉬고 있는 것이다. 깊은 심호흡을 하면 횡격막이 아래로 내려와 배를 밀어낸다. 이것이 정상적인 호흡 방법이다. 아기가 숨을 쉬는 것을 보면 배로 호흡하라고 하지 않아도 숨쉴 때마다 배가 움직인다. 폐의 맨 윗 부분으로 숨을 쉴 때는 폐에서 나오는 일부공기만 이동한다. 아랫배로 숨을 쉬어야 많은 공기가 이동하고, 혈류에 더 많은 산소를 전달한다. 3단계 훈련의 첫 단계는 느리고 깊은 복식 호흡을 한번 하는 것이다.

2단계로 가기 전에, 당신의 몸속으로 들어갔다고 상상해보자. 이 작업은 신체적인 긴장에 대해 내부 점검을 한번 해보는 것이다. 머리에서 시작해서 발가락까지 느끼고, 등으로 다시 이동하라. 목표는 당신이 긴장하고 있는 곳을 살펴보는 것이다. 긴장한 곳을 보면서, 당장 무언가를 하지는 말고 그저 편안함을 유지하라. 어떤 사람은 어깨나 목 근육이 단단하다. 또 어떤 이는 가슴, 팔 또는 위장에 긴장감을 가지고 있다. 발이 긴장하고 있는 경우도 있다. 몸이 어떻게 긴장을 느끼고 있는지에 관심을 기울여라.

다음으로, 배꼽 아래쪽에 튀어나와 있는 골반 앞 부분을 찾고, 엉덩이 뼈(앉을 때 쓰는 부위)가 어디에 있는지도 확인하라. 당신이 서있다고 생각하고, 몸 바로 앞에 골반 뼈 높이에서 엉덩이 뼈 높이까지 이어져 내려가는 수직 선을 그려라. 그 선을 몸 뒤 쪽 엉덩이 뼈까지 이은 후, 다시 골반 뼈 높이까지 수직으로 올라가라. 그리고 선이 시작되었던 앞 쪽 골반 뼈 높이의 지점으로 돌아가라. 배꼽 바로 아래 골반에서 시작하여 아래쪽 몸통으로 확장되는 상상의 상자를 만든 것이다. 의료 전문가들은 이 상자를 골반 저(pelvic floor)라고 부른다. 무술가, 특히 합기도를 하는 사람들은 이것을 원-포인트(one-point)라고 한다. 이 곳은 몸의 균형과 힘의 중심이다.

2 단계(step 2)

이제 깊게 숨을 들이마셔라. 천천히 내쉬면서, 의식적으로 원-포인트(one-point) 부위의 긴장을 풀어라. 배꼽에서 5센티미터 아래에 있는 모든 근육의 긴장을 풀어라. 정말로 긴장을 풀어라! 몸 앞쪽 근육이 척추에 닿을 정도로 부드러워져야 한다. 무언가 느껴지는 것이 있는가? 성공적으로 원-포인트의 긴장을 풀었다면, 긴장하고 있던 부위를 포함한 몸 전체가 즉시 이완되는 것을 느낄 것이다.

천천히 다시 연습해보자. 이번에는 원-포인트 부분을 이완할 때 무슨 생각이 드는지에 집중해보라. 대부분의 사람은 머릿속이 맑아지는 것 같다고 한다. 어떤 사람은 모든 곳의 긴장이 풀어지는 것 같다고 한다. 더 명석해지고 사고능력이 증진되었다고 느낄 수도 있다. 이것은 굉장히 간단한 훈련이다. 가장 중요한 것은 심호흡을 하고 배꼽에서 5센티미터 아래에 있는 복부 근육인 원-포인트의 긴장을 푸는 것이다.

이 훈련을 하면 아주 안정된 상태가 된다. 원-포인트가 이완된 상태에서는 실제로 무언가를 하지 않고도 슬픔, 공포, 불안, 분노와 같은 강렬한 감정을 경험할 수 있다. 자신의 감정을 느끼고, 마치 물이 관을 통해 흐르듯이 이 감정을 내면에서 흘러가게 할 수 있다. 그리고 자의에 따라 이 다음에 무엇을 할지 결정할 수 있다.

이 훈련은 굉장히 간단해 보일지라도 훈련 효과를 뒷받침하는 타당한 생리적인 근거를 가지고 있다. 의도적으로 몸을 이완시키는 것은 굉장히 중요한 결과를 가져온다. 바로 교감신경계(SNS)를 차단하는 부교감신경계(PNS)가 활성화 되는 것이다. 스트레스 상태와 이완 상태는 공존할 수 없다는 사실을 기억하라. 신체가 이완되었을 때, 중뇌(midbrain)는 더 이상 위험에 대한 메시지를 전달하지 않는다.

　얼룩말이 궤양(ulcers)에 걸리지 않는다는 사실(Sapolsky, 2004)을 알고 있는가? 궤양은 인간이 끊임없는 스트레스를 경험할 때 자주 나타나는 증상 중하나다. 궤양은 중뇌가 신체에게 '지금 위험한 상태에 처해 있으니 생존 준비를 하라'고 끊임없이 말하는 신체 반응으로 인해 생겨난다. 중뇌가 생존을 위해 몸을 대비시키는 방법 중 하나는, 화학적으로 소화 과정을 억제하는 것인데, 위험에서 도망칠 때는 음식을 소화하기 위해 에너지 소모를 할 필요가 없기 때문이다. 이런 과정이 반복적으로 일어날 때, 궤양과 같은 증상이 생긴다(또한 과민성 대장 증후군(irritable bowel syndrome), 위염(gastritis), 변비 등이 생기기도한다). 얼룩말이 사바나에서 거대한 사자에게 쫓겨 다니는 것도 궤양이 생길정도의 스트레스를 일으킨다고 생각할 수 있다. 그러나 얼룩말들은 궤양에 걸리지 않는다(실제로 연구가 있었다!). 그 이유는 바로 얼룩말들은 사자에게 쫓겨다닌 다음에 밥을 먹기 때문이다. 다시 말하자면, 사자가 없으면 스트레스도없는 것이다. 얼룩말은 지금-여기의 순간에 충실하게(here and now) 산다. 얼룩말의 중뇌는 사자가 없을 때는 생존에 대비하지 않는다.

　반면에 사람은 어제 쫓아왔던 사자를 기억하고 내일 쫓아올 사자에 대해서 생각한다. 사실 많은 사람은 오히려 걱정거리가 될만한 사자를 찾아 다닌다. 위험에 빠진 것 같은 감정이 정상적인 감정이라고 여기기 때문이다. 중뇌가 위험을 경고하지 않는 순간이 없어, '위험'에 빠져있을 때의 신체적 반응이지속적으로 나타나 궤양과 같은 증상을 야기한다. 이 사실을 이해한다면, 이제 3단계(step 3) 훈련으로 넘어가라.

3 단계(step 3)

　심호흡을 하고 복부 근육들을 이완했다면, 머릿속에서 무슨 일이 일어나는지 잠시 동안 생각해보고, 스스로에게 "나는 안전한가?"라는 질문을 해보자. 지금 이 순간, 이곳에서 당신은 안전한가? 사자도 없고, 스트레스도 없이…

이 훈련은 자주, 그리고 실제로 필요해지기 전에 미리 연습하는 것이 가장 효과적이다. 다음의 규칙적인 방법(routine)은 불안해하지 않는 기술을 습득하는 데 가장 도움이 된다고 알려져 있다. 명함의 뒷면에 "복부를 이완하라"라고 적어라. 이 명함을 하루에 10～15번은 볼 수 있는 곳(예, 컴퓨터 화면 위, 주머니 속, 신용카드 옆)에 놔둬라. 이 명함을 보거나 생각하거나 만질 때마다 훈련을 하겠다고 스스로 다짐하라. 잠시 시간을 들여 천천히 심호흡하고, 복부의 긴장을 풀면서 천천히 내쉬고, 머릿속 생각을 의식하면서 "나는 안전한가?"라고 질문하라는 것이다.

그러면 다음과 같은 일이 일어난다는 것을 알게 된다. 처음 며칠 동안은, 훈련을 할 때마다 점점 더 편안해질 것이다. 지금까지와는 다르게 신체를 명령에 의해 이완하도록 훈련시키기 때문이다. 하루에 훈련을 10～15번씩 일주일 이상 하고 난 후에는 신체가 긴장 상태를 좋아하지 않는다는 것을 알게 된다. 신체가 스스로 이완하는 방법을 알게 된다면, 자발적으로 이완하기 시작한다. 자발적으로 심호흡을 하고 이완하는 것을 느낄 것이다. 그리고 이런 일이 발생하면, 많은 사람은 또 다른 사실을 발견한다. 강렬한 감정(공포, 분노, 슬픔 등)을 느낄 때 이 훈련을 하면 흥미로운 일이 생기는데, 그 감정이 사라지지는 않는다는 것이다. 그러나 그 감정을 다룰 필요는 없다. 물이 관을 통해 흐르는 것처럼 감정이 자신의 안에서 흘러가는 것을 볼 수 있게 될 것이고, 이 감정에 대해 어떤 조치를 취할 필요가 없다는 것을 알게 될 것이다. 신피질(neocortex)이 작용하면서 압도적인 감정은 자연스레 진정되는데, 이 때가 바로 회복(recovery) 과정을 지속할 수 있는 효과적이고 치유적인 상태다.

적정화 파트 I: 제동 및 가속을 활용한 촉발요인 목록
(Titration Part I: Trigger List Using Braking and Acceleration) (R-RE-CR)

소요 시간(Time required)

심리적 외상의 강도(extensiveness)에 따라 1회기 또는 그 이상.

준비물(Materials required)

연필과 종이(또는 아래의 촉발 요인 목록).

활용 지침(Indications for use)

심리적 외상 회복의 안전과 안정화(safety and stabilization) 단계에서 신체적, 인지적, 정서적 대처 능력을 우선적으로 향상시킬 필요가 있는 경우에 활용. 촉발요인 목록(trigger list)을 만드는 과정에서 활용할 수 있는 자기 진정(self-soothing) 기술을 배웠거나 가지고 있는 내담자에게 활용.

유의사항(Counterindications)

내담자가 불안정하거나, 해리 상태이거나, 활동 중에 해리 증상을 보이는 경우에는 활용을 금함.

*The body remembers*의 저자인 Rothschild(2000)는 심리적 외상 치료 초기에 내담자에게 '제동(braking)'거는 방법을 가르치라고 권한다. Rothschild는 이를 초보운전자에게 가속하기 전에 먼저 차의 제동시스템에 익숙해지도록 가르치는 것에 비유한다. 본격적인 외상 치료를 시작하기 전에 내담자에게 '제동(braking)'을 거는 법에 대해 가르치면 내담자는 외상 치료 과정에서 느끼는 불편감을 완화할 수 있다. 공포 상태에 영원히 머무를 필요가 없다는 것을 배우기 때문에, 치료 과정에서 마주할지도 모르는 불편감을 두려워하지 않고 치료를 시작할 수 있다. 내담자가 자신의 외상 경험의 표면만 살짝 건드리고 다시 안전하거나 중립적인 영역으로 돌아올 수 있다는 것을 알면, 스스로 불편함을 제어할 수 있다는 자신감이 생긴다.

외상 치료에서는 이완 과정을 조정(titration)하기 위해 다양한 제동(braking) 방법을 활용한다. 이 장에서는 심호흡, 근육 이완, 한 부분에서의 편안함

(comfort in one part), 안전한 장소 상상하기(safe-place visualization), 앵커링(anchoring), 중간 대상/기억/형상(transitional objects/memories/figures) 등을 포함한 여러 제동 방법을 살펴볼 것이다. 내담자에 따라 적용할 수 있는 개입방법이 다르기 때문에 치료자는 여러 개입방법을 알고 있어야 한다. 다음 장에서 배울 레이어링(층 쌓기, layering)(Baranowsky, 1997)은 임상 장면이나 외상/재난 상황에서 굉장히 유용한 제동(braking) 및 가속(acceleration) 훈련이다. 레이어링의 비결은 심리적 외상에 대한 검토를 시작했다가 멈추는 것인데, 검토 과정이 내담자에게 지나치게 격정적이거나 극단적이지 않게 하기 위한 방법이다.

실시 방법(Delivery of Approach)

다음은 살면서 발생할 수 있는 중요한 외상 사건에 대한 적정화(titration)의 예시이다. 내담자는 자신의 인생을 시간순서대로 돌아보고, 출생부터 현재까지의 충격적으로 느껴지는 주요 인생 경험에 대해 짧고 간단하게 서술한다.

1. **휴식**(time-out)

내담자와 휴식 또는 중단 신호를 의논한다. 간단하게 손을 드는 것으로도 휴식이 필요하다고 알릴 수 있다. 휴식은 내담자가 편안함을 되찾기 위해 일시적으로 주제를 바꾸거나 토론을 잠시 멈추는 것을 의미한다.

2. **촉발요인 목록**(trigger list)

내담자와 함께 지속적으로 해결되지 않거나, 화나거나, 심리적 외상을 초래할 정도로 충격적인 인생 경험을 적은 촉발요인 목록을 만든다.

3. **분류**(break-down)

촉발요인 목록을 내담자의 나이와 경험에 따라 유아기(early childhood), 유년기에서 청소년기(middle childhood to adolescence), 초기 성인기(young adulthood), 성인기부터 현재(adulthood to the present)까지로 나눈다.

4. 제동(braking) 걸기

목록 작성을 시작하고 난 후에, 내담자에게 압도되는 기분이 들면 언제든 멈추고 제동을 걸라고 상기시켜 준다. 이 '제동 걸기'는 내담자에게 자기-진정 기술(self-soothing skills)을 연습할 기회와 회기(session) 진행 도중 증상에 압도되기 전에 이를 제어할 수 있다는 것을 스스로 증명할 기회를 준다.

5. 가드레일 만들기(create guardrails)

심리적 외상 경험에 대해 한 문장 정도(최대 10단어)로 간단히 설명하게 한다(예, 난 12살이었고, 집 앞에 있었다. 그 날은 내가 길을 건너다가 차에 치인 날이다). 이 과정에서 내담자는 기억을 상기할 수 있을 정도만 이야기하면 된다. 외상 경험에 대해 자세히 말하는 것은 가드레일 만들기와는 다른 과정이다. 처음에는 사건의 시점과 맥락만 설명한다. 그 다음에 심리적 외상 기억에 대한 내용을 이야기하는 데, 이는 7～10 단어를 넘어서는 안 된다.

6. 주관적 불편감 척도(SUD ratings)

목록이 완성되고 난 후, 작성한 기억을 내담자에게 읽어주면, 내담자가 이에 대해 숙고하고 주관적 불편감 척도(Subjective Units of Distress scales, SUD)상의 점수를 매긴다. 주관적 불편감 척도(SUD)는 1에서 10점까지 불편감을 평정하는 척도이다. 1점이 차분하고 긴장을 푼 상태이고, 5점은 견딜 수 있을 정도의 불편감이며, 10점은 개인이 떠올릴 수 있는 최악의 고통이다. SUD 척도를 설명하고, 내담자가 지금, 현재, 과거의 힘들었던 순간을 떠올렸을 때 드는 불편함의 정도를 반영해 점수를 매기도록 한다. 점수는 개인이 지금 현재의 순간에서 과거를 돌아볼 때 느끼는 감정을 기준으로 작성한다.

7. 완성할 때까지 추가하기

내담자가 목록을 완성했다고 생각할 때까지 다른 기억을 원하는 만큼 목록에 추가한다.

8. 주제 찾기(identify themes)

촉발요인 목록을 완성한 다음에, 목록에 있는 모든 항목을 다시 숙고하고, 중요한 인생 경험에서 두드러지거나 여러 형태로 계속 나타나는 '기본 원칙(guiding principles)' 또는 핵심 신념을 찾는다. 기본 원칙이나 핵심 신념은 부정적인 신념의 형태로 나타날 수 있다(예, '나는 사랑 받을 수 없어', '모두 나를 실망 시켜', '인생은 위험해'). 삶의 기본 원칙은 세상에 대한 자신만의 신념을 만드는 작동 원리로, 세상을 살아가는 방식에 근본적인 영향을 미친다.

아래의 간략한 촉발요인 목록 예시를 참조하라.

도구 사용하기(USING THE TOOLS): 예시

촉발요인 목록 연습 (하나 이상의 사건) (Trigger-List Exercise (Multiple Events))

인생 단계	촉발요인 목록	SUD
유아기*		
1. 10살	몸무게 때문에 학교에서 놀림을 당했다.	8
2. 12살	하교 길에 남자애들 3명에게 성추행 당했다.	10
3. 12살	경찰이 가고 난 후에, 부모님이 나와 무슨 일이 있었는지에 대해 얘기하고 싶지 않아 했다.	10
4. 27살	다이어트 관리 의사가 식단을 지키지 않는 것에 대해 수치심을 줬다.	7

내담자가 촉발요인 목록을 검토하고 각 기억에 대한 불편감 점수를 매긴 후에, 이 기억들과 관련된 핵심주제에 대해 생각해보도록한다. 아래의 목록은 내담자가 위의 촉발요인 목록에 근거해서 확인한 주제이다.

- 있는 그대로의 나는 사람들에게 수용 받을 수 없다.
- 나는 사랑 받을 수 없다.
- 사람들이 나에 대해 알게 되면, 나를 받아주지 않을 것이다.
- 사람들은 잔혹하다.

위와 같이 주요 인생 경험에 의해 만들어진 기억과 핵심 신념을 가지고 내담자와 같이 작업할 수 있다.

참고: 이 접근법은 이후 심리적 외상 기억 처리(trauma memory processing) 단계의 연대표 접근법(time-line approach)과 비슷하지만, 지금 단계에서는 기억을 처리하지 않고 기록하기만 한다.

도구 사용하기(USING THE TOOLS)

촉발요인 목록 연습 (하나 이상의 사건) (Trigger-List Exercise (Multiple Events))

인생 단계	촉발요인 목록	SUD
유아기*		
1.		
2.		
3.		
유년기부터 청소년기*		
1.		
2.		
3.		
성인기*		
1.		
2.		
3.		
성인기부터 현재*		
1.		
2.		
3.		

주제 목록(또는 핵심 신념들):

1. _____

2. _____

3. _____

출처: Anna B. Baranowsky, J. Erin Gentry, & D. Franklin Schultz, *Trauma Practice: Tools for Stabilization and Recovery.* ⓒ 2011. Hogrefe Publishing

도구 사용하기(USING THE TOOLS)
촉발요인 목록 연습 (단일 사건-중요한 순간들) (One Event-Multiple Hot Points)

오랜 기간에 거쳐 발생한 단일 사건에 관련한 여러 '중요한 순간(hot points)' 또는 충격적인 순간이 있을 때에는 이 촉발요인 목록을 활용하라.

예시:

```
                    1    2    3    4    5    6    7    8    9    10
```

시작

눈보라 속에서 운전했음   _____ •

차가 끼어들어서 미끄러졌
지만 괜찮았음   _____ •

눈발이 약해졌음   _____ •

도로가 빙판이어서 차를 통
제할 수 없었음   _____ •

차가 배수로에서 뒤집혔음   _____ •

살아있고, 심하게 다치지
않았음   _____ •

구급차와 경찰이 도착했음   _____ •

병원에서 내상이 있다고
했음   _____ •

가족이 도착했음   _____ •

의사가 수술이 성공적이라
고 알려줬음   _____ •

출처: Anna B. Baranowsky, J. Erin Gentry, & D. Franklin Schultz, *Trauma Practice: Tools for Stabilization and Recovery.* © 2011. Hogrefe Publishing

점진적 이완법

(Progressive Relaxation) (R)

소요 시간(Time required)

스크립트(script)에 따라 5 ~ 30분.

준비물(Materials required)

없음.

활용 지침(Indications for use)

외상 회복의 안전과 안정화(safety and stabilization) 단계에서 신체적 대처 능력을 우선적으로 향상시킬 필요가 있는 경우에 활용. 이 기법은 신경계가 심리적 외상으로부터 회복하는 비결임. 신체가 평온함을 느끼는 법을 가르침으로써, 스트레스를 받은 몸이 과도한 경계와 지나친 불안 반응으로부터 해방되도록 함. 신체 재훈련(body retraining)을 위한 단계임.

유의사항(Counterindications)

내담자가 해리 상태이거나 활동 중에 해리 증상을 보이는 경우에는 활용을 금함.

실시 방법(Delivery of Approach)

Ehrenreich(1999)는 적은 노력으로도 몸 전체를 이완시킬 수 있는 점진적 이완법을 실시하기 위한 간단한 스크립트를 제공한다. 내담자에게 길고 깊게 호흡하는 것에 집중하라고 지시하면서 이 훈련을 시작하라. 들이쉬고 내쉬는 것에 집중해서 호흡을 부드럽고 깊게 하도록 하라.

주먹을 꽉 쥐고, 팔뚝과 이두박근에 힘을 줘라… 이 긴장감을 5 ~ 6초 정도 유지하라… 이제 근육을 이완하라… 긴장을 풀 때에는 불을 끄듯이 갑작스럽게 하라… 팔의 이완감에 15 ~ 20초 정도 집중하라… 이제 얼굴 근육을 긴장시키고, 턱을 꽉 다물어라… 5 ~ 6초 정도 유지하라… 이제 긴장을 풀고, 이완 상태에 15 ~ 20초 정도 집중하라… 등을 구부리고 깊게 숨을 들이쉴 것처럼 배를 누르고… 멈추고… 그리고 이완하고… 이제 허벅지, 종아리, 엉덩이에 힘을 줘라… 멈추고… 다시 이완하라. 온몸에 퍼지는 이완감에 집중하고, 천천히 깊게 호흡하라(Ehrenreich, 1999, Appendix B).

위에서 간략하게 설명한 것처럼, 치료자는 내담자가 머리끝부터 발끝까지 선호하는 순서대로 온몸을 긴장시키고 이완하도록 격려할 수 있다. 몸의 긴장이 점차적으로 풀리고 모든 부분이 완전히 이완된다.

자발적 요법(Autogenics) (R-CR)

소요 시간(Time required)
스크립트(script)에 따라 10~20분.

준비물(Materials required)
스크립트.

활용 지침(Indications for use)
심리적 외상 회복의 안전과 안정화(safety and stabilization) 단계에서 신체적 대처 능력을 우선적으로 향상시킬 필요가 있는 경우에 활용.

유의사항(Counterindications)
내담자가 해리 상태이거나 활동 중에 해리 증상을 보이는 경우에는 활용을 금함.

자발적 요법은 점진적 이완법과는 약간 다른 유형의 자기유도적 이완법 (self-induced relaxation)이다. 자발적 요법은 근육을 직접 사용해서 긴장하고 이완하는 대신에, 신체와 관련된 자기 대화(self-talk)에 집중해서 깊은 이완감을 느낀다. 자발적 요법의 이완을 위한 마음에 드는 스크립트는 *Mastering Chronic Pain*(Jamison, 1996)에서 발췌했다. 해당 저서는 외상 치료를 위해 쓴 책이 아니기는 하지만, 훌륭하고 깊은 수준의 이완을 하기 위한 스크립트를 제공한다.

자발적 요법은 최면과는 다른데, 훈련의 명칭에서 알 수 있듯이, 내담자에 의해 자율적으로 효과가 발생한다. 사실 자발적 요법의 스크립트는 내면 세계를 진정시키는 내면의 대화를 사용하는 방법을 배울 수 있는 이상적인 과정이다. 내담자가 이 전체 과정을 통제할 수 있다고 해서 효과가 미비한 것은 아니다. 그러나 자발적 요법은 굉장히 강력한 자기유도적(self-induced) 기법으로, 마치 꿈처럼 차분한 상태가 될 수 있도록 한다.

이 스크립트를 내담자에게 읽어줄 때에는 숨을 완전히 들이마시고, 내쉬면서 대사를 하라. 치료자가 호흡을 조절하며 읽으면 내담자에게 이완 메시지를 전달하는 데 도움이 되고, 내담자의 이완 경험을 향상시키기도 한다. 또한 치료자가 천천히 숨을 들이마시는 동안 내담자가 조용히 대사를 스스로 따라 할 수 있는 시간을 준다. 이 기법은 이미 해리 상태에 있거나 해리 증상을 경험할 가능성이 있는 내담자에게는 적합하지 않을 수 있다. 치료자나 상담자가 해리 장애에 대한 충분한 훈련을 받지 않은 경우에는 자발적 요법의 사용 여부를 신중하게 결정해야 한다.

실시 방법(Delivery of Approach)

처음에 스크립트를 사용할 때에는 내담자에게 전체적인 과정을 설명하는 것이 도움이 되고, 이후에는 내담자가 스스로 기법을 활용할 수 있도록 대본을 건네줘도 된다. 내담자에게 이완 훈련을 시작하기 전에 먼저 편한 장소와 자세를 찾으라고 한다. 눈을 감는 것이 편안함을 증가시키는 데 도움이 되기는 하지만 반드시 감아야 하는 것은 아니다. 호흡에 집중하는 것으로 시작하라. 부드럽게, 길게, 깊게 숨쉬기 시작하라. 숨쉬기가 주의(attention)의 중심이 되도록 하라. 이완은 과정(process)이므로, 내담자가 긴장을 풀면 점차적으로 이완된다는 것을 알려 주어라.

스크립트를 다 읽으면 내담자가 주의(attention)를 방으로 되돌리도록 한다. 내담자에게 이 훈련에서 했던 것처럼 집중한다면, 일상에도 이런 이완감을 느낄 수 있다고 격려한다. 천천히 시간을 들여 주의가 되돌아오게 하는 것으로 마무리한다. 이 기법을 사용할 때는 굉장히 이완될 것이라고 미리 알려 주는 것이 중요하다. 운전과 같이 복잡한 과제를 시도하기 전에는 다시 현실 감각에 적응할 수 있도록 충분한 시간을 가져야 한다.

도구 사용하기(USING THE TOOLS)
자발적 이완요법(Autogenic Relaxation)

아래는 원저자 R. N. Jamison의 허락을 받아 *Mastering Chronic Pain: A Professional's Guide to Behavior Treatment*(pp.73 - 74)(1996)로 부터 가져온 자발적 이완요법 대본이다. 이에 따르면 Jamison는 다음과 같이 이야기하며 이완활동을 시작한다. "이제 제가 말하는 구절들을 천천히 마음 속으로 따라 해주세요. 따라 하면서 각 구절에 집중해 주세요."

나는 차분하고 침착한 기분이 들기 시작한다.

나는 편안한 기분이 들기 시작한다.

내 오른발이 무겁고 편안하게 느껴진다.

내 왼발 이 무겁고 편안하게 느껴진다.

내 발목, 무릎, 허리는 무겁고 편안하게 느껴진다.

내 배, 가슴, 등은 무겁고 편안하다.

내 목, 턱, 그리고 이마는 완전히 편안하다.

내 모든 근육이 편안하고 부드럽게 느껴진다.

내 오른팔은 무겁고 편안하게 느껴진다.

내 왼팔은 무겁고 편안하게 느껴진다.

내 오른손은 무겁고 편안하게 느껴진다.

내 왼손은 무겁고 편안하게 느껴진다.

내 양손은 무겁고 편안하게 느껴진다.

내 호흡은 느리고 규칙적이다.

나는 조용함을 느낀다.

내 온몸은 이완되어 있고 편안하다.

내 심박수는 차분하고 규칙적이다.

나는 온기가 내 오른손으로 퍼지는 것을 느낄 수 있다.

따뜻하고 편안하다.

내 양손은 따뜻하고 무겁다.

지금 이 순간, 내 양손을 들어올리기가 어려운 것 같다.

나는 무겁게 느껴진다.

내 호흡은 느리고 깊다.

내 호흡은 점점 더 깊어진다.

나는 차분함을 느낀다.

내 온몸은 무겁고, 따뜻하고, 편안하다.

내 온몸은 고요하고 편안하게 느껴진다.

내 마음은 고요하고, 차분하고, 침착하다.

내 몸은 따뜻하고 편안하다.

내 호흡은 점점 더 깊어진다.

나는 안정감과 고요함을 느낀다.

나는 매우 편안하다.

나는 마음안의 평화를 느낀다.

나는 점점 더 깊게 호흡한다.

출처: Anna B. Baranowsky, J. Erin Gentry, & D. Franklin Schultz, *Trauma Practice: Tools for Stabilization and Recovery.* ⓒ 2011, Hogrefe Publishing

복식 호흡법(Diaphragmatic Breathing) (R)

소요 시간(Time required)

5분.

준비물(Materials required)

없음.

활용 지침(Indications for use)

내담자가 심리적 외상 회복의 안전과 안정화(safety and stabilization) 단계에서 신체적 대처 능력을 우선적으로 향상시킬 필요가 있는 경우에 활용.

유의사항(Counterindications)

내담자가 호흡기 질환 및 합병증을 가지고 있을 경우에는 활용을 금함.

아기가 자는 모습을 보면, 깊은 복식 호흡이 주기적으로 이루어지는 것을 관찰할 수 있다. 깊은 복식 호흡이 이완하기 위한 이상적인 호흡법이며, 이 깊은 호흡을 통해 몸에 영양분을 공급할 수 있다.

어떤 것에 화가 나거나 불안할 때에는 호흡이 가장 먼저 변한다. 호흡이 얕고, 빠르며, 들쭉날쭉하거나 거칠어질 가능성이 높다. 반면에, 의도적으로 복식 호흡을 연습하면, 화가 났을 때에도 의식적으로 호흡을 조절할 수 있다.

실시 방법(Delivery of Approach)

앉거나 누울 수 있는, 편안하고 방해 받지 않는 자리를 찾아라. 호흡을 리드하기 위해 손을 배에 얹는다. 의식적으로 호흡을 천천히 그리고 매끄럽게 하기 시작하라. 내쉬고 들이쉬고를 반복하면서 호흡의 리듬을 알아차려라. 호흡이 부드럽고, 깊고, 완전한가? 아니면 들쭉날쭉하고, 얕고, 가냘픈가? 복부로 더 깊게 호흡 하는 것에 집중한다. 내쉴 때에는 숨을 끝까지 내보낸다. 숨을 멈추지 않고 완전히 들이쉰다. 다시 한번 내쉴 때에는 완전하게 내쉬다가 내쉬기가 끝나면 잠시 멈추고 셋까지 센다. 그리고 다시 천천히, 완전히, 깊게, 들이쉰다. 이런 방식으로 호흡하는 것에 계속 집중한다.

Gentry(2011)는 깍지 낀 손을 목 뒤에 갖다 대라고 말한다. 양쪽 팔꿈치를 들고 펴면서 가슴을 쫙 편다. 이렇게 하면, 공기가 훨씬 더 자유롭고 깊게 복부로 들어간다. 처음으로 심호흡 훈련을 배우는 사람들에게는 이 방법이 배에 손을 올리는 방법보다 활용하기 쉽다.

처음에는 5번 심호흡 하는 것을 한 세트로 배운다. 그러다가 10번 들이쉬고 내쉬는 것을 한 세트로 횟수를 늘린다. 궁극적으로는 하루에 두 번씩 5분 동안 연습한다. 이런 식으로 깊은 심호흡을 통해서 이완하는 법을 배울 수 있다.

3-6 호흡법(3-6 Breathing) (R)

소요 시간(Time required)

20분.

준비물(Materials required)

EmWave® Coherence System과 같은 바이오피드백(biofeedback) 시스템과 함께 사용할 수 있음(http://www.heartmath.com에서 이용 가능). 바이오피드백 시스템은 호흡 훈련 전후에 즉각적인 피드백을 제공해, 내담자가 훈련의 진전과 성과를 확인할 수 있음. 바이오피드백이 훌륭한 활용 자원이기는 하지만, 이 시스템이 없어도 3-6 호흡법을 효과적으로 가르칠 수 있음.

활용 지침(Indications for use)

내담자가 외상 회복의 안전과 안정화(safety and stabilization) 단계에서 신체적 대처 능력을 우선적으로 향상시킬 필요가 있는 경우에 활용.

유의사항(Counterindications)

내담자가 호흡기 합병증을 가지고 있는 경우에는 활용을 금함.

실시 방법(Delivery of Approach)

모든 주의(attention)를 내면에 집중하면서 훈련을 시작하는 것이 좋고, 가능하다면 눈을 감고 시작하면 더 좋다. 호흡에 집중할 때에는, 편안하고 방해받지 않을 장소에서 편안한 자세로 앉거나 서 있으라. 완전한 호흡은 들이쉬기와 내쉬기 둘 다를 하는 것임을 기억하라.

도구 사용하기(USING THE TOOLS)

3-6 호흡법(3-6 Breathing)

1. *알아차리기(noticing):* 내담자에게 다음과 같이 안내한다. "들어쉬고 내쉬기(호흡)를 세 번 반복하면서 호흡의 속도, 깊이, 움직임을 알아차려 보세요. 호흡이 깊은지, 얕은지, 부드러운지, 혹은 거친지를 느끼고, 호흡이 몸에서 어떻게 들어가고 나가는지 느껴보세요." 세 번 호흡하고 나면 호흡한 후에, 내담자에게 호흡 경험에 대해 보고하라고 한다.

내담자의 반응을 기록하라.

_____

_____

_____

2. *더 깊게 하기(deepening):* 내담자에게 다음과 같이 안내한다. "호흡을 더 깊게, 더 부드럽게, 더 느리게 하는 것에 집중하세요. 다시 3번의 호흡을 하고, 도중에 호흡을 멈추지 않도록 주의하세요. 몸에 무리가 가지 않도록 완전히 들어쉬기가 끝나는 순간에 바로 내쉬기를 시작하세요. 들이쉬면서 호흡을 배의 깊은 곳으로 들여보내고, 내쉬면서 숨을 완전히 내보내고, 내쉬기가 끝나고 다시 들이쉬기 전에 몸을 잠깐 동안 쉬게 하세요. 3번째 내쉬기가 끝나면, 호흡을 깊게, 천천히, 부드럽게 한 것과 이 활동이 끝난 것에 대해 어떻게 느끼는지 알려 주세요."

내담자의 반응을 기록하라.

_____

_____

_____

3. *조금씩 들이쉬기(sipping):* 이제 내담자가 조금씩 들이쉬는 호흡을 하도록 준비시킨다. "입에 빨대가 있다고 생각해보시고, 그 빨대를 통해서 아주 천천히 부드럽게 숨을 들이쉰다고 생각해보세요. 호흡을 배로 깊게 보내면서 느껴보세요. 들이쉬기의 마지막 순간에 코로 내쉬기를 시작하세요. 호흡을 멈추거나 강제하지 마세요. 3번 반복하고, 끝나면 어땠는지 말해주세요."

내담자의 반응을 기록하라.

_____
_____
_____

4. *숫자 세기(counting):* 이제 다른 지시를 추가하라. 들이쉬면서 3까지 세는 법과 내쉬면서 6까지 세는 법을 내담자에게 시연하라. 내쉬는 시간이 들이쉬는 시간보다 두 배 더 길도록, 손가락으로 숫자를 세라. 치료자는 내담자에게 시연하기 쉽도록 미리 연습해 이 리듬에 익속해져라. "제가 보여드린 방식대로, 3까지 세면서 천천히, 완전히, 깊게 배 안으로 들이쉬기 시작하고, 6까지 세면서 천천히, 완전히 내보내세요(마음속으로 세세요). 느리고 완전한 호흡 리듬에 집중하면서 5번 들이쉬고 내쉬기를 반복하시고, 끝나면 말해주세요."

내담자의 반응을 기록하라.

_____
_____
_____

5. *EmWave®를 이용한 바이오피드백(biofeedback):* EmWave® 시스템이나 다른 바이오피드백 시스템을 사용하려 한다면, 회기 시작과 함께 3분간 조용한 상태에서 바이오 정보를 측정하라. 그리고 그 정보를 바이오피드백 비교의 기준점으로 삼으라. 내담자가 호흡 훈련을 한 후 3분간의 바이오 정보를 수행 성과로 측정해서 비교하고 대조하도록 한다. 호흡 훈련을 통해서 단시간 안에 놀라운 진척을 보인다는 것을 알게 될 것이다.

출처: Anna B. Baranowsky, J. Erin Gentry, & D. Franklin Schultz, *Trauma Practice: Tools for Stabilization and Recovery.* ⓒ 2011. Hogrefe Publishing

5-4-3-2-1 감각적 그라운딩과 담아두기(5-4-3-2-1 Sensory Grounding and Containment) (R)

소요 시간(Time required)

7분.

준비물(Materials required)

없음.

활용 지침(Indications for use)

내담자가 심리적 외상 회복의 안전과 안정화(safety and stabilization) 단계에서 신체적 능력을 우선적으로 향상시킬 필요가 있는 경우에 활용.

유의사항(Counterindications)

없음.

감각적 그라운딩과 담아두기 기법은 심리적 외상 생존자가 강박적이고 (obsessive) 마치 최면을 거는 듯이, 신비한(numinous) 영향력을 가진 심리적 외상의 침투적 증상(intrusion)과 플래시백(flashback)으로부터 자신을 지키는 '자기-구조(self-rescue)' 능력을 갖도록 한다. 이 기법은 생존자가 감각을 통해서 지금-여기(here and now)에서의 외부 환경과 연결되고, 내면의 심리적 외상 이미지, 생각, 감정 등에 몰두시키고 있는 주의를 끊을 수 있다면, 이에 동반되었던 투쟁-도피의 각성도 사라질 것이라는 가정에 기반한다. 이 기법은 생존자가 이전에는 위험했지만 지금 현재 상황에서는 온전히 안전하다는 점을 이해하고, 감각 기술(시각, 촉각, 후각, 청각, 그리고 미각)을 사용해서 현재 현실에서 느끼는 안전감에 '그라운딩(안착, grounding)'하도록 돕는다.

실시 방법(Delivery of Approach)

1. 내담자가 외상에 대해 이야기하도록 질문하고, 감정을 경험하도록 한다 (예, 눈 충혈, 정신운동성 초조(psychomotor agitation), 수축된 자세 등으로 경험).

2. 내담자가 감정을 경험할 때(SUD 척도의 1~5점), "그 불편한 이미지, 생

각, 감정에서 벗어나기 위해 도움이 필요하신가요?"라고 묻는다.

3. 그렇다고 대답한다면, 방에서 보이는 물건 다섯 가지를 소리 내어 묘사하라고 한다. 이 물건들은 상상의 물건이 아닌 실제 물건이어야 한다.

4. 지금 방 안에서 들리는 '현실에서의' 실제 소리 다섯 가지를 소리 내어 말해 보라고 한다(소리는 방 밖에서 들리는 것이어도 되지만, 외상과 관련된 것이 아닌 실제 소리여야 한다).

5. 어떤 물건(예, 펜, 노트, 휴지 등)이든 건네주고, 이를 완전하게 느낀 다음에 물건의 촉감을 소리 내어 묘사하도록 한다. 같은 과정을 다른 4개의 물건을 가지고도 반복한다.

6. 방에서 본 물건으로 돌아가서, 방에서 보이는 물건 4개를 말하라고 한다. 듣거나 만질 수 있는 물건에 대해서도 같은 과정을 반복한다(물건을 내담자에게 건네주는 대신, 물건 2개를 잡고, 만지고, 촉감을 설명하도록 한다). 내담자가 시각, 청각, 촉각을 모두 한번씩 경험할 수 있을 때까지 위 과정을 반복한다.

7. 위의 과정을 완료하면, 내담자에게 "외상 기억은 어떻게 되었습니까?"라고 묻는다. 대부분의 경우, 내담자는 외상의 소재(material)에 대한 부정적 정서, 생각, 이미지가 상당히 감소했다고 보고할 것이다.

참고: 대부분의 생존자의 경우, 이 기법이 플래시백이나 외상 경험 관련 소재로부터 스스로를 구해낸 첫 번째 경험이 될 것이다. 때로는 생존자가 굉장한 자신감을 얻는데, 이 자기-구조 경험이 "희생화(victimization)를 끝내는 새로운 시작"을 의미하기 때문이다. 치료자는 내담자에게 이 자기-구조 과정을 충분히 탐색할 기회를 주고, 이 과정에 내재하는 "깨달음을 얻을 수 있는 순간(teachable moment)"을 활용해 작업한다.

자세의 그라운딩(Postural Grounding) (R)

소요 시간(Time required)

5분.

준비물(Materials required)

없음.

활용 지침(Indications for use)

내담자가 외상 회복의 안전과 안정화(safety and stabilization) 단계에서 신체적 대처 능력을 우선적으로 향상시킬 필요가 있는 경우에 활용.

유의사항(Counterindications)

내담자가 심각한 신체적 부상, 장애(disability), 손상(impairment)을 가진 경우에는 활용을 금함.

자세 그라운딩 기법은 해리 증상이 있는 내담자와의 훈련 과정에서 개발한 기법이다. 외상 생존자는 플래시백과 관련된 이미지나 감정을 경험할 때, 때때로 몸을 웅크리거나 태아 같은 자세를 취해 자기자신을 구조(self-rescue)하려는 것을 관찰할 수 있다. 더불어, 다리나 몸을 떨거나, 한 곳을 응시하거나 살피는 것, 얕은 호흡과 같은 정신운동성 초조함(psychomotor agitation)도 보인다.

실시 방법(Delivery of Approach)

내담자가 재경험과 각성의 징조를 보일 때, 그들에게 "그 곳(그 이미지들와 감정)에서 빠져 나오기 위한 도움이 필요한가요?"라고 물어라. 내담자가 그렇다고 대답한다면, 아래의 스크립트에 따라 내담자가 플래시백에 대처하는 자기-구조 능력을 발달시키도록 돕는다.

1. 내담자가 웅크리거나 태아같은 자세를 보이거나 또는 투쟁-도피-얼어붙음의 반응을 보이는 신체적 자세를 취할 때, 그들에게 "지금 그 자세로 있으면서 자신이 어느정도로 취약하다고 느끼나요?"라고 묻는

다. 대부분의 경우 "매우"라고 대답할 것이다.

2. 내담자에게 웅크림과 보호의 자세를 더 과장해서(더 태아 같이) 취하라고 하고, 지금 근육에서 느껴지는 감정을 경험하고 기억하라고 한다.

3. 그 다음 "일어섰다가, 돌아섰다가, 통제감이 느껴지는 성인의 자세로 다시 앉으라"고 한다(치료자가 시연하듯이 내담자와 함께 하면 도움이 된다).

4. 통제감이 느껴지는 자세를 과장해서 하고, 근육에서의 느낌을 기억하라고 한다.

5. 두 자세의 차이점을 설명해 보라고 한다.

6. 두 자세를 몇 번 번갈아 가며 해보고, 반대되는 두 자세에 관련된 감정, 생각, 이미지를 느껴 보라고 한다.

7. 내담자에게 이제 언제든 외상 후 증상에 압도될 때(특히, 공공장소에서), 이 기법을 사용할 수 있다는 것을 알려준다.

8. 이 기법을 연습할 수 있는 장소와 기회에 대해 이야기하고, 활용 방법에 대한 계획을 세운다.

앵커링/무게중심잡기 파트 1: 무게중심 한 데 모으기(Anchoring Part I: Collapsing anchors) (R)

소요 시간(Time required)

10~20분.

준비물(Materials required)

없음.

활용 지침(Indications for use)

내담자가 외상 회복의 안전과 안정화(safety and stabilization) 단계에서 신체적, 인지적, 정서적 대처 능력을 우선적으로 향상시킬 필요가 있는 경우에 활용.

유의사항(Counterindications)

내담자가 해리 상태이거나 훈련 중에 해리 증상을 보이는 경우에는 활용을 금함.

NLP 안전감과 자신감을 위한 앵커링 스크립트 (NLP Anchoring Script for Safety and Confidence)

(Bandler & Grinder, 1979; Reprint from Gentry & Baranowsky, 1998를 바탕으로 재구성함)

이 훈련은 내담자가 신체의 긍정적 자원 상태를 '닻(anchor)'으로 활용하도록 돕는다. 내담자는 간단한 손동작으로 기억을 포착해서 이 긍정적 상태에 더 손쉽게 접근하는 법을 배운다. 다른 신체 부위도 다양한 자원 상태나 기억에 닻을 내리는 데 활용할 수 있다.

실시 방법(Delivery of Approach)

이완 유도(relaxation induction)

당신이 느끼는 모든 긴장을 풀 수 있는 안전한 장소가 존재한다고 가정하고, 조용히 이완할 수 있는 편안한 장소를 찾아라. 눈의 힘을 부드럽게 풀고, 눈꺼풀을 눈 위에 가볍게 올려두어라. 당신의 호흡 리듬에 집중하기 시작하라. 호흡이 어떻게 몸 안으s로 흘러 들어오고 나가는지에 집중하라. 조금만 노력해도 숨을 길게 들이쉬어 매끄럽게 하고 부드럽게 할 수 있다는 것을 느껴라. 호흡이 배 아래쪽을 천천히 채우는 시원한 개울물이라고 상상하면서 완전히 채워라. 숨을 내쉬면서 모든 긴장을 함께 내보내라. 침착하게 진정하면서 숨을 들이쉬고, 공기로 배를 천천히 채워라. 배가 부풀어오르는 것을 느껴라. 완전히 내쉬는 호흡과 함께 모든 긴장을 풀어라. 눈을 감고 있지 않았다면, 이번에는 눈을 완전히 감아라. 다음 들이쉬기 전에 잠깐 멈추고 더 많이, 끝까지 내쉬면서 긴장과 독소도 몸에서 함께 내보내라. 들이쉬고 내쉬는 것만으로도 몸이 얼마나 이완되는지 보라. 깊게 호흡하는 것이 우리를 얼마나 행복하게 하는지 느껴라. 당신이 하루 중 어느 때나 이 방법을 사용해서, 행복감, 명확성, 그리고 집중력을 향상시킬 수 있다는 것을 명심하라. 매번 숨을 내쉴 때마다 당신은 더 강한 내면의 평화와 차분함을 느낀다는 것을 기억하라. 이 기법은 당신이 언제 어디서든 사용할 수 있는 도구이다. 들이쉬기와 내쉬기는 그저 부수적인 요소가 되게 하라. 즉, 여전히 부드럽고 깊게 호흡하지만, 더 이상은 호흡이 관심 집중의 대상이 아니게 하라.

안전감에 앵커링하기(safety anchor)

당신의 기억 속에서 안전감과 안도감 느꼈던 때를 찾아보라. 인생에서 실제로 경험했던 편안하고 안전한 장소를 찾을 수도 있고, 상상에 기반해 안전하고 편하다고 느끼는 곳을 선택할 수도 있다. 보이는 것, 냄새, 소리, 공기 온도, 물건의 촉감을 포함해 의식할 수 있는 모든 맥락적 단서(contextual cues)를 떠올려라. 가장 안전하다고 느꼈던 상황속에서도 "정확한 순간"을 찾으라. 그 안전한 순간에 일어난 내면의 대화를 자각하라. 마음이 안심하고 안도할 때, 당신은 어떤 말을 하는가? 신체가 안전감, 기쁨, 편안함의 자유를 느꼈을 때, 당신은 어떤 감각을 느꼈는가? 안전감에 관련된 감각 경험이 최대치에 도달했을 때, 당신이 자주 쓰는 손의 엄지와 검지를 맞붙이고 그 안전한 경험에 닻을 내려 중심을 잡아라.

유능감 또는 자신감에 앵커링 하기(competency or confidence anchor)

과거에 자신감있고 유능했던 때를 떠올려보라. 보이는 것, 냄새, 소리, 공기 온도, 물건의 촉감이나 다른 맥락적 단서를 떠올려라. 자신감과 유능감을 가장 크게 느꼈던 '정확한 순간'을 찾으라. 자신감과 유능감을 즐겼던 그 순간에 마음에서 느껴지는 것을 경험하고 확인하라. 긍정적인 자신감과 유능감을 느꼈을 때 신체 감각은 어땠는가? 그러한 힘을 가진 느낌이 어떤가? 자신감과 유능감에 관련된 감각이 최대치에 도달했을 때, 자주 쓰는 손의 엄지와 중지를 맞붙여서 자신감과 유능감의 경험에 닻을 내리고 중심을 잡아라.

마무리(closure)

일상에서 스트레스 받거나 화가 났을 때마다 긍정적인 자원이나 기억에 중심을 두는 앵커링 기법(anchor)을 사용할 수 있다는 것을 기억하라. 이 기법을 활용해 내담자의 안전감과 자신감을 이끌어내고 자원과 탄력성 기술을 향상시킬 수 있다. 잠시 후에 의식을 다시 방 안으로 가져올 때에는 생기를 회복한 상태일 것이고, 내면의 자원을 기반으로 더 현명하고, 강하고, 내면적으로 차분해진 상태로 남은 하루를 계속할 수 있게 될 것이다. 주의가 방으로 돌아오면서, 손과 발… 팔과 다리… 가슴과 배에서 감각을 느끼기 시작한다. 팔, 손, 다리, 발을 뻗고 기지개를 펴라. 눈을 감고 있어도 현재를 느낄 수 있을 것이다. 심호흡을 하고, 준비가 되면, 맑게 깨어있는 의식 상태로 눈을 떠라.

3. 인지(Cognition)

뇌(brain)와 마음(mind)은 복잡하게 연결되어 있지만, 완전히 같은 것은 아니다. 우리는 아직 뇌와 마음이 서로 영향을 주고받는 복잡한 방식을 전부 알지는 못한다. 우리 몸의 뇌가 위험을 감지하고 생존 모드에 돌입해 이성적인 생각과 행동을 하기 힘들어지면, 우리는 압도당했다고 느낀다. 하지만, 인지적인 마음(생각, 현실을 해석하는 방식, 그리고 우리가 스스로에게 말하는 방식)은 이 과정을 피할 수 있다. 생각의 과정을 잘 통제하면 생존 모드에서의 반응(survival routine)을 피할 수 있다. 정신적인 심상(mental images)과 이야기(stories), 세계와 우리 자신에 대해 설명하는 언어(language), 그리고 사건에 부여하는 의미(meaning)는 모두 공포 반응(fear response)을 변화시키는 힘을 갖는다. 이 장에서는 공포 반응을 다루는 인지적인 기법을 제시한다.

앵커링/무게중심잡기 파트 II: 안전감 제공하기(Anchoring Part II: Safety) (R)

소요 시간(Time required)
10분.
준비물(Material required)
없음.

활용 지침(Indication for use)

외상 회복의 안전과 안정화(Safety and Stabilization) 단계에서 신체적, 인지적, 정서적 대처 능력을 우선적으로 향상시킬 필요가 있는 경우에 활용.

유의사항(Counterindications)

내담자가 해리 상태에 있거나, 활동 중에 해리 증상을 보이는 경우에는 활용을 금함.

　이 활동은 최면 같은 활동 없이도 안전한 상태에 접근해 안착할 수 있도록 해주는 그라운딩 과정이다.

도구 사용하기(USING THE TOOLS)

앵커링/무게중심잡기 파트 II: 안전감 제공하기(Anchoring Part II: Safety)

안전감 앵커/중심점(Safety anchors)

1. 당신이 바라는 상태, 즉 자원(예, 안전, 용기, 만족감)을 가진 상태(resource state)는 어떤 상태인지 생각해봐라.

_____

_____

_____

2. 자원을 가지고 있었던 과거의 경험을 떠올리도록 하라.

a. 먼저 과거 경험의 맥락을 기술하라(예, 방을 따뜻하게 해주는 벽난로가 있는 작은 집에서).

_____

_____

_____

b. 자원이 있음을 알 수 있는 순간을 포착하라. 그 순간(예, 장소, 시간, 대상, 사람의 존재 등)을 기술하라.

_____

_____

_____

c. "눈을 감고, 그 때를 재경험하라"(10-15초).

3. 자원의 힘이 가장 강력했던 때를 적어 놓아라.

_____

_____

_____

4. 행동(Behavioral)

a. "눈을 감고 그 순간을 영상으로 보고 있다고 상상하라."

b. "당신이 무엇을 하는 것을 볼 수 있나? 구체적으로?"

c. "당신은 어떤 표정을 짓는가?"

d. 적어 놓아라.

_____

_____

_____

5. 인지(Cognitive)

a. "이 순간, 당신의 생각을 들을 수 있는 작은 마이크가 있다고 상상하라."

b. "_____ (자원)이 가장 강력한 힘을 발휘하는 이 순간 당신의 마음속에 있는 소리를 들을 수 있다면, 어떤 얘기를 들을 수 있을까?"

c. 적어 놓아라.

_____

_____

_____

6. 정서/감각(Affective/Sensory)

a. "_____ (자원)의 힘이 가장 강한 순간에."

b. "당신의 몸이 어떻게 느끼는가?"

c. "어떤 감각적 경험을 하는가?" 아래에 자세히 기술하라.

_____

_____

_____

7. 앵커/무게중심 설정하기(Establish anchor)

a. "눈을 감고, 자원의 힘의 강도가 '절정'에 도달하기 15초 전의 _____(자원)을 경험하라."

b. 어떤 상황이었는지 이야기하라.

c. 어떤 행동을 했는가?

d. 무슨 생각을 했는가?

e. 어떤 감정/감각을 느꼈는가?

f. "_____(자원)의 힘이 더 강해지도록 하고… 가슴으로… 마음으로 더 확장되는 것을 느껴라."

8. 촉발요인(Trigger)

a. 이제 당신이 주로 사용하는 오른손 혹은 왼손의 엄지와 검지를 맞붙여 보아라(5초간)… 맞붙인 손가락에 모든 _____(자원)을 얹어보라.

9. 정상적인 의식으로 돌아와라.

a. 촉발 요인을 시험해보라. 엄지와 검지를 맞붙이고 있을 때, 촉발 요인이 일으켰던 감정이 얼만큼 다시 느껴지는가?_____%

출처: Anna B. Baranowsky, J. Erin Gentry, & D. Franklin Schultz, *Trauma Practice: Tools for Stabilization and Recovery.* ⓒ 2011. Hogrefe Publishing

제2장 - 안전과 안정화

안전한 장소 상상하기(Safe-Place Visualization) (R)

다음의 활동은 '최면기법'과 유사한 요소를 활용하긴 하지만 최면술은 아니다. 따라서 정식 훈련을 받고, 적절한 교육경험을 겸비한 치료자만이 제공할수 있도록 제한되어 있다. 이 활동은 *연민 피로감으로부터의 빠른 회복을 위한 치료 매뉴얼*(Treatment Manual for Accelerated Recovery from Compassion Fatigue(Gentry & Baranowsky, 1998))에서 발췌했다.

실시 방법(Delivery of Approach)

소요 시간(Time required)

5~30분.

준비물(Materials required)

스크립트(scripts).

활용 지침(Indications for use)

외상 회복의 안전과 안정화(Safety and Stabilization) 단계에서 인지적, 정서적 대처 능력을 우선적으로 향상시키고자 할 때 활용.

유의사항(Counterindications)

내담자가 해리 상태에 있거나, 활동 중에 해리 증상을 보이는 경우에는 활용을 금함.

사전 시각화 정보(Previsualization Information)

이완할 수 있는 장소와 자세를 찾아라. 가장 방해받지 않는 장소여야 한다. 최대한의 이익을 얻을 수 있는 장소를 준비하는 데 시간을 할애하라. 주변 환경에 만족하고 그 장소가 안전하고 편안하다고 느껴진다면, 시작할 준비가 된 것이다.

앞서 지시한 활동을 함으로써 깊은 이완 감각을 즐길 수 있을 것이다. 이 활동을 하면서는 안전한 장소에 대한 내적 상상을 하게 된다. 활동에서 활용하는 장소는 이전에 가본 곳일 수도 있고, 완전히 당신의 상상 속에서 만들어진 곳일 수도 있다.

다음의 활동에서는 깊이 이완된 상태에서 통제감을 느끼면서 이완 기법과 상상 기법을 활용한다. 필요하다면 언제든 멈출 수 있지만, 보다 큰 도움과 통찰을 얻기 위해서는 활동을 전체적으로 경험할 것을 추천한다.

눈 안쪽 근육이 이완되는 느낌에 집중하고, 이 이완 감각이 어떻게 퍼져나가는지 알아차려라. 당신의 눈꺼풀이 눈을 덮을 때, 얼굴 근육을 부드럽게 해보라. 먼저, 눈에서 가장 가까운 근육이 이완된다. 점점 부드러워지고, 진정되고, 따뜻해지는 느낌이 얼굴 전체로 퍼져 나간다. 이 따뜻하고 위로가 되는 감각이 당신의 이마… 눈… 이마라인을 따라 부드럽게 퍼져나가는 것에 집중하라. 이 과정 속에서 얼굴이 따뜻해지고 얼굴선이 부드러워지는 것에 주목하라. 그저 이 과정에 집중하면서 부드러운 온기가 당신의 얼굴을 위로하듯이 감싸도록 하라. 이 진정되는 느낌은 눈, 입, 턱, 그리고 얼굴 전체가 감각 없는 이완된 덩어리가 될 때까지 얼굴을 따라 내려간다. 마음도 매우 조용하다고 느껴질 때까지 차분하고 부드러운 태도를 취한다. 아무것도 하지 않은 채로 치료자의 목소리를 포함한 다양한 소리를 들어 보아라. 들려오는 소리가 여기 이 방에서 당신이 안전하다는 것을 깨닫게 해주게 하고, 내면 세계에 더 집중할 수 있게 해주는 신호가 될 수 있게 하라. 이 소리들은 단순히 당신이 이 방이라는 안전한 공간에 있다는 것을 나타내는 것임을 기억하라. 안전함을 느끼면 이완되고, 진정된 온기가 목 근육을 따라 퍼지면서 모든 긴장감을 내보낼 수 있다. 온기는 팔을 따라 내려가 손가락으로 퍼진다. 긴장감이 손가락 끝을 통해 바닥으로 쏟아져 나갈 것이라고 상상함으로써 상체의 긴장감을 내보낼 수 있다. 온기가 가슴을 따라 퍼지고, 폐를 가득 채워, 근육과 복부를 이완시키고, 등 근육을 부드럽고 따뜻하게 하고, 모든 긴장을 내보내 보도록 하라. 계속해서 치료자의 목소리에 주의를 기울여라. 긴장이 느껴지는 부분에 집중하고, 이 부분으로 진정된 온기를 가져와 부드러워지고 이완될 수 있도록 하라. 온기를 당신의 등 아랫부분, 허벅지, 종아리, 발, 발가락으로 가져와라. 긴장감을 발가락을 통해 바닥으로 전부 쏟아낸다고 상상함으로써, 하체의 긴장감까지 내보낼 수 있다는 것을 알아차려라. 몸이 원하는 만큼 충분히 이완될 수 있도록 하고 의식적인 마음도 자유롭게 하라. 몸이 이완되면서, 차분히 감정으로부터 거리를 두는 느낌, 그리고 시간은 중요하지 않고 문제가 되지 않는다는 느낌이 생긴다. 당신은 차분함을 느끼고 감정으로부터 자유롭다.

안전한 장소 상상하기(Safe-Place Imagery)

이제 당신의 마음을 이완하고 진정시킬 수 있는 안전한 장소를 찾아봐라. 안전한 장소는 과거에 가본 적 있는 공간일 수도 있고 상상 속의 공간일 수도 있다. 가본 적 있는 곳이든지 아니면 상상 속의 공간이든지 모두 당신의 것이기 때문에 괜찮다. 폴라로이드 필름에 사진이 현상되는 것처럼 장면을 현상하기 시작하라. 안전한 장소가 당신 앞에 펼쳐지는 것을 주시하라. 주변의 빛, 색, 재질이 어떻게 당신을 위안하는지에 주목하라. 무엇이 당신의 위, 아래에 있는지 주목하라. 가깝거나 먼 거리에서 들려오는 이완시켜 주는 소리(sounds of relaxation)에 주목하면서 안전한 장소 주위를 걸어보라. 안전한 장소에서 당신을 진정시키는 향기에 주목하라. 미묘하게 서로 다른 향기에 주목하라. 안전하다고 느끼게 하는 모든 향기를 알아차려라. 공기의 온도와 특성(quality)에 주목하라. 안전한 장소에 있는 물건에 다가가 만져보고, 재질에 주목하라. 당신은 이 안전한 곳에 안전한 모든 것을 가져올 수 있다. 무언가 안전하지 않거나 위협적으로 보이는 것은 당신 스스로 이 장소 밖으로 내보낼 수 있다. 어떻게 내보낼 것인지에 집중하라. 모든 이완감을 주는 소리, 확신을 주는 냄새, 안전하다고 여겨지는 장면을 느끼고 감상하라. 이 모두를 받아들이고 기억하라. 만약 누군가가 나중에 이 장면을 그림으로 그려달라고 요청하면, 매우 자세하게 그릴 수 있거나 언제든(5-10초 만에) 떠올릴 수 있도록 하라. 또한 자연스럽게 이완되는 즐거운 기분을 느끼며 안전한 장소 안을 돌아다녀봐라. 이완되고 즐거운 느낌을 기억하라. 이제 평화롭게 이완된 편안한 상태를 즐기는 시간을 가져라.

곧 눈을 뜰 것이라는 것을 인지하며, 천천히 이 방으로 의식을 가져오기 시작하라. 눈을 뜨기 전, 그리고 눈을 뜬 후에도 계속 이완하라. 남은 하루를 잘 지낼 수 있다는 것을 기억하자. 손가락과 발가락, 그리고 팔과 다리를 조금씩 움직여 보아라. 언제든 준비가 되었을 때, 천천히 그리고 완전히 의식을 이 방으로 가져오고, 준비가 되면 눈을 뜨라.

긍정적 자기대화와 사고 대치/변화(Positive Self-Talk and Thought Replacement/Transformation)

소요 시간(Time required)
1회기 이상, 계속해서 반복.

준비물(Material required)
사고의 오류 목록(list of thinking errors).

활용 지침(Indication for use)
외상 회복의 안전과 안정화(Safety and Stabilization) 단계에서 인지적 대처 능력을 우선적으로 향상시킬 필요가 있는 경우에 활용.

유의사항(Counterindications)
내담자가 혼란스럽거나 불안정한 것이 분명한 경우에는 활용을 금함.

이 기법은 Albert Ellis 박사와 Aaron Beck 박사로부터 영향을 받아 개발되었다. 이 두 전문가는 사고의 오류와 생각이 어떻게 우리로 하여금 길을 잃게 하는지, 그 방식을 이해하는데 혁신적 공헌을 했다. 내적 사고는 우리를 비교적 침착한 상태에서 심각한 고통의 상태가 되도록 만드는 힘을 가지고 있다. 생각을 활용하기 시작하고 생각이 이끄는 방향에 도전하면 불안정한 내적 스트레스는 줄고, 마음의 평화가 찾아온다. 의도적으로 우리의 자동적 사고에 대해 배우려 노력하고, 믿음의 힘과 근원에 도전하면, 우리는 더 안정되고 차분한 내적 세계로 나아갈 수 있는 길을 찾을 수 있다.

실시 방법(Delivery of Approach)

10가지 사고의 오류와 긍정적 도전(Ten Errors of Thinking and Positive Challenges to Errors in Thinking)

10개의 사고의 오류와 긍정적인 자기 대화를 통해, 사고의 오류를 어떻게 바꿀 수 있을지 검토하라. 이 장의 뒷부분에서는 부정적인 생각에 도전하고 대치하는 작업을 통해 내담자를 돕는다. 내담자와 함께 문항을 소리 내어 읽거나 혹은 내담자 혼자 읽게 할 수 있다. 내담자에게 "당신 스스로 자각할 수 있는 사고의 오류가 있나요? 있다면 어떻게 알아차렸나요?"라고 질문함으로써 10가지 사고의 오류에 대해 깊이 생각하고 코멘트를 달 수 있는 시간을 주어라.

도구 사용하기(USING THE TOOLS)
10가지 사고의 오류 (Ten Errors of Thinking)

1. *과장(Exaggeration) 혹은 최소화(Minimization)*

   생각을 과장하면 작은 오류도 중요한 것처럼 보일 수 있다(예, "버스표를 잃어버리다니, 나는 세상에서 가장 멍청하다!"). 또는 생각을 최소화하면 우리의 성취와 능력을 깎아 내린다(예, "나는 시험에서 A를 받았지만 단지 운이 좋았을 뿐이다"). 당신은 이러한 오류를 범하는가? 어떤 식으로 범하는가?

   _____

   _____

2. *흑백논리(All-or-nothing thinking)*

   흑백논리의 오류는 인생 경험을 차원상의 일이 아니라 양극의 두 가지로만 구분할 때 일어난다. 예를 들어, 따뜻하지 않고 미지근하게 나온 식사 때문에 저녁 시간을 전부 망쳤다고 불평을 할 수 있다. 이러한 오류를 범하는가? 어떤 식으로 범하는가?

   _____

   _____

3. *과잉일반화(Overgeneralization)*

   한 번 발생한 사건에 기반해서 부정적 패턴이나 파국이 지속될 것이라 예언하는 것이다(예, 어떤 남자가 한 번의 이별을 경험하고 나서, 미래에 맺을 모든 관계도 결국 실패할 운명이라고 결론 내린다). 이러한 오류를 범하는가? 어떤 식으로 범하는가?

   _____

   _____

4. 독심술(Mind reading)

어떤 상황에 대한 다른 사람의 해석을 충분히 확인해보지 않고, 자신의 해석이 정확하다고 믿는다(예, 대화 중에 친구가 하품하는 것을 보고, 친구가 자신을 지루하다고 생각하는 것이 분명하다고 결론내린다. 하지만 사실 그 친구는 아픈 아이와 밤을 새워 피곤한 것이다). 이러한 오류를 범하는가? 어떤 식으로 범하는가?

_____

_____

5. 예언자 오류(Fortune-teller error)

이 오류는 안 좋은 결과를 예상하는 불행한 경향이다. 불길한 예상이 이미 실제가 된 것처럼 행동한다(예, 면접 보는 상상을 할 때 절대 선발되지 못할 것이라 예상하고 그 결과 실제로는 매우 훌륭함에도 불구하고, 형편없이 면접을 본다). 이러한 오류를 범하는가? 어떤 식으로 범하는가?

_____

_____

6. 당위적 진술(Should statements)

어떤 사람은 스스로나 다른 사람에게 죄책감을 주입해서 무언가를 성취해야 한다는 압박을 가한다(예, "만약 내가 새로운 직업을 갖지 못하면 모두를 실망시킬 것이다"). 반대로 어떤 사람은 다른 사람을 조종하기 위해서 죄책감을 사용한다(예, "내 차를 세차해주지 않으면 너는 나를 사랑하지 않는 거야"). 이러한 오류를 범하는가? 어떤 식으로 범하는가?

_____

_____

7. **명명하기**(*Labeling*)

어떤 사람은 자기나 다른 사람의 실수를 단순한 실수라고 보지 않고, 그 실수에 부정적인 이름을 붙인다(예, "머핀을 오븐에서 제 시간에 꺼내야 하는 것을 잊어버리다니 나는 완전히 쓸모 없는 존재야"). 이러한 오류를 범하는가? 어떤 식으로 범하는가?

_____

_____

8. **개인화**(*Personalization*)

자신의 전적인 책임이 아닌 부정적인 결과에 대해 자신이 개인적으로 책임을 진다(예, 단지 팀 내 한 명의 선수로서 경기를 했을 뿐인데도, "나 때문에 게임에서 졌어" 라고 말한다). 이러한 오류를 범하는가? 어떤 식으로 범하는가?

_____

_____

9. **정서적 추론**(*Emotional reasoning*)

이 오류는 당신이 어떤 것에 대해 매우 나쁘게 느끼기 때문에 다른 사람도 그럴 거라 믿는 행동이다. 다른 모든 사람도 어떤 사건에 대해 똑같이 절망감과 혐오감을 느낄 것이라 믿는다(예, "나는 우리팀의 유니폼을 잃어버려 끔찍한 기분이다. 내 행동으로 모든 이들을 실망시켰고, 다른 사람들도 분명 이 사건에 대해 절망적으로 느낄 것이다."). 이러한 오류를 범하는가? 어떤 식으로 범하는가?

_____

_____

10.   *긍정 격하(Disqualifying the positive)*

어떤 사람은 부정적인 사건의 의미는 크게 보는 반면, 긍정적인 결과, 성취, 경험의 가치는 무시한다(예, 많은 긍정적인 피드백보다 하나의 부정적인 코멘트를 훨씬 더 심각하게 받아들인다). 긍정적인 피드백은 빨리 잊는 반면, 건설적인 비판은 매우 중요한 것으로 여긴다. 이러한 오류를 범하는가? 어떤 식으로 범하는가?

_____

_____

출처: Anna B. Baranowsky, J. Erin Gentry, & D. Franklin Schultz, *Trauma Practice: Tools for Stabilization and Recovery.* ⓒ 2011. Hogrefe Publishing

영어 약자 CHANGES의 각 알파벳은 위에서 간단히 설명한 10가지 사고의 오류에 도전하는 것을 의미한다. 이 장에서는 부정적인 생각에 도전하고 내면의 대화를 개선하도록 돕는 7개의 항목을 제시한다. 당신의 내담자와 함께 아래의 모든 항목을 검토하고 '숙고 활동지(reflection sheet)' 1과 2를 과제로 내주어라.

도구 사용하기(USING THE TOOLS)

변화(CHANGES) – 사고의 오류에 대한 긍정적 도전(Positive Challenges to Errors in Thinking)

1. *C-구체화(Concretize)*:

과장이나 과잉일반화 같은 사고의 오류의 결과로, 어떤 사건에 대해 "절대 나아지지 않을 거야" 또는 "절망적이야"와 같은 과장된 진술을 하곤 한다. 이러한 신념적 진술에 의문을 제기하면, 어느 정도 있는 그대로의 현실을 바라볼 수 있게 된다. 위에서 제시한 것과 같은 과장된 진술은 다음과 같이 도전할 수 있다. "정말로 절대 나아지지 않을 것인가?" 혹은 "너무 절망적이어서 구급대나 경찰을 불러야 하는 정도인가?"

2. *H-유머(Humor)*

사고의 오류를 줄이기 위해 유머를 사용하는 것이 효과적일 수 있다. 익숙한 사건을 묘사하는 코미디 쇼를 보고 웃을 수는 있지만, 자신과 직접 관련된 사건에 대해서는 유머라고는 찾아볼 수가 없다. 발생한 사건에서 목표는 한 발 물러서서 자신과 상황을 분리시켜서 보고 그 사건에서 유머를 찾는 것을 목표로 하라.

3. *A-대안(Alternatives)*

대안을 사용하면, 현재 우리가 사건에 대해 갖는 시각을 넓혀 준다. 이 접근법을 사용하면 실제로 거의 모든 사고의 오류에 도전할 수 있다. 처음에는 간단히 현재 생각에 대한 대안을 찾는 것을 목표로 한다. 그 대안을 믿지 못할 수도 있지만, 생각의 폭은 넓어지기 시작할 것이다. 생각의 범위들 넓히는 것이 바로 이 접근법의 목표이다. "내 룸메이트는 나를 싫어해"라고 생각하는 대신에, "내 룸메이트와 나는 다른 사람이고 다른 것을 좋아한다"고 도전할 수 있다.

4. *N-보편적 타인(Normal others)*

존경하거나 삶을 잘 살고 있는 것 같다고 생각되는 사람을 찾아본다. 당신이 다음번에 사고의 오류에 부딪히면, 스스로에게 "X는 이것에 대해 어떻게 말할 것인가?" 혹은 "X는 이것을 어떻게 다룰 것인가?"라고 물어봐라.

5. *G-나에게 도움이 되는 생각(Good for me)*

당신의 생각이 부정적이거나 도움이 되지 않을 때마다 이 기법을 사용하라. 예를 들어, 당신이 검토해야 할 서류가 있는데 "나는 절대 이걸 다 해낼 수 없다"는 결론을 내리고 있다고 가정하면, 이에 도전하는 질문은 "이 생각이 서류를 다 검토하려는 나의 목표를 달성하는 데 도움이 되는가?"가 될 것이다. 당연히 그 도전적인 질문에 대한 답은 '아니다'일 것이다. 다음으로 "어떤 생각이 당신의 목표를 달성하는 데 도움이 되는가?"라고 질문해보라. "내가 이번 주에 시간을 따로 떼어 놓으면 이 일을 끝낼 수 있을 것이다"라고 답할 것이다. 이런 식으로, 우리에게 좋으면서 원하는 결과에 도달하는 데 도움이 되는 생각을 찾는다.

6. *E-증거(Evidence)*

충분한 증거 없이 결론으로 치닫는 생각을 해서 어려움을 겪을 때(예, 긴장해서 심장이 빨리 뛸 때, "나는 죽을 것이다."로 반응), 이 방법을 사용할 수 있다. "과거에 이러한 느낌이 들었을 때 진짜 죽었는가?"와 같이 증거를 찾는 질문으로 당신 스스로에게 의문을 제기하라.

7. *S-그래서 뭐?(So what?)*:

어떤 생각으로 인해 속상했지만 당신이 범한 사고의 오류가 무엇인지 확실하지 않을 때에는, 이 방법을 이용하라. 부정적인 생각이나 결론에 대해 "그래서 뭐?"로 도전하라. 예를 들어, 당신은 다가오는 미팅에 대해 걱정하면서 "나는 나를 바보로 만들거야"라고 결론 내릴 수 있다. "그래서 뭐?"라고 말하여 당신의 믿음에 도전하라. "매우 당황스러울 것이다"와 같은 또 다른 부정적인 생각이 든다면, 다시 "그래서 뭐?"라고 반박하라. 부정적인 생각이 사라질 때까지 "그래서 뭐?"로 계속 스스로에게 도전하여라.

생각에 대한 일곱 가지 도전은 생각 패턴을 넓히고 발전시켜, 더 유용하고, 영양가 있고, 지속 가능한 내적 대화를 할 수 있게 고안되었다. 사고의 오류가 있을 때마다 위에서 제시한 하나 이상의 도전을 연습하라. 오류가 줄어들거나, 최소한 오류가 드러날 때까지 이 과정을 계속하라.

부정적인 생각을 표면화시키고 도전하는 것을 돕기 위해, 숙고 활동지(reflection sheet) 1과 2를 사용하라.

도구 사용하기(USING THE TOOLS)

숙고 활동지 1(Reflection Sheet #1)

날짜	장소	자동적 사고	감정	오류 유형
예시 05/08/02	면접	나는 이 기회를 날려버릴 것이다. 그들은 내가 우스꽝스럽다고 생각할 것이다.	극심한 공포 (Panic), 절망감 (hopelessness)	점쟁이(fortune teller), 독심술 (mind reading)

숙고 활동지 2(Reflection Sheet #2)

날짜 :_____

장소	(무엇을 하고 있었나요?) 예시: 면접을 준비하고 있다.
감정	(기술하고 1~10점으로 평가하여라. 1=공포를 느끼지 않음 ~ 10=극심한 공포) 예시: 극심한 공포, 무망감, 무서움. 평가=8
촉발 사고 (이미지)	(안 좋은 감정을 느끼기 직전에 어떤 마음이 드는가? 어떤 생각이나 이미지가 떠오르는가?) 예시: 나는 이 기회를 날려버릴 것이다. 사람들은 내가 우스꽝스럽다고 생각할 것이다.
촉발 사고를 바꾸는 방법	구체화: "구급대를 부를 정도인가?" 유머: "여기서 어떻게 유머를 발휘할 수 있는가?" 대안: "이것을 좀 더 긍정적인 관점에서 볼 수 있는가?" 보편적 타인: "X는 이것에 대해 어떻게 생각할 것인가?" 혹은 "X는 이것을 어떻게 다룰 것인가?" 나에게 도움이 되는 생각: "이 생각이 나에게 좋거나 유용한가?" 증거: "이 생각이 100% 사실이라는 것을 믿을 만한 충분한 증거가 있는가? 어떻게 그런가? 어떻게 그렇지 않은가?" 결과: 그리고 위의 도전이 모두 실패하면, "그래서 뭐?"
사고의 균형 맞추기	(사고의 오류를 대치하는 "중립적 혹은 균형 잡힌" 진술을 하라.) (그 다음, 새로운 진술을 얼마나 믿는지 0%에서 100%로 평가하라.) 예시: 나는 이 면접에 최선을 다 할 것이고 이 경험을 통해 배울 것이다. 평가=75%
현재 감정 평가	(감정을 묘사하고 1~10점으로 평가하여라. 1=공포를 느끼지 않음 ~ 10=극심한 공포) 예시: 극심한 공포, 무망감, 무서움. 평가=3

출처: Anna B. Baranowsky, J. Erin Gentry, & D. Franklin Schultz, *Trauma Practice: Tools for Stabilization and Recovery*. ⓒ 2011. Hogrefe Publishing

플래시백 일지(Flashback Journal) (R-RE)

소요 시간(Time required)

대략 10-20분, 계속해서 반복.

준비물(Materials required)

일기장.

활용 지침(Indications for use)

외상 회복의 안전과 안정화(Safety and Stabilization) 단계에서 인지적, 행동적 대처 능력을 우선적으로 향상시킬 필요가 있는 경우에 활용.

유의사항(Counterindications)

내담자가 외상 사건에 압도되었거나 자기-진정 능력이 없는 경우에는 활용을 금함.

실시 방법(Delivery of Approach)

다음의 일기 형식은 촉발요인과 증상의 기능적인 분석에 유용하다. 여기서는 각 열의 명명에 대한 자세한 설명을 하지는 않겠다. 특정 증상이 발생했을 때 내담자가 증상을 기록하도록 하라. 그리고 그 시점에 증상을 유발할 수 있는 것이 무엇인지 확인하도록 하라. 증상과 관련된 사건을 찾고, 그 사건/기억에 대해 느끼는 주관적 불편감의 수준(SUDs level)을 이야기해보도록 하라. 내담자가 자기－진정 기술을 사용한 다음, 다시 주관적 불편감의 수준을 이야기하도록 하라.

도구 사용하기(USING THE TOOLS)

플래시백 일지(Flashback Journal)

증상	촉발 요인	기억	SUDs	사용된 자기 진정 기술	SUDs

출처: Anna B. Baranowsky, J. Erin Gentry, & D. Franklin Schultz, *Trauma Practice: Tools for Stabilization and Recovery.* ⓒ 2011. Hogrefe Publishing

사고 중지(Thought-Stopping) (R-RE-CR)

소요 시간(Time required)

5분.

준비물(Materials required)

없음.

활용 지침(Indications for use)

외상 회복의 안전과 안정화(Safety and Stabilization) 단계에서 인지적 대처 능력을 우선적으로 향상시킬 필요가 있는 경우에 활용.

유의사항(Counterindications)

내담자가 자기-진정 능력이 없거나, 성공에 대한 기대가 낮거나, 불안정하거나, 자존감이 낮은 경우에는 활용을 금함.

사고 중지는 많은 사람이 효과를 본 활동이다. 이 활동은 흔히 사용되고 배울만한 가치가 있기 때문에, 익숙해질 수 있도록 간단하게 다룰 것이다. 사고 중지 기법은 크고 지속적인 효과를 내기도 하는 유용한 활동이다. 유감스러운 부분은 이 활동이 때때로 불편감이나 스트레스, 실패감을 느끼게 할 수도 있다는 점이다. 그렇지만 오랫동안 증명되어온 사고 중지 기법의 가치와 효율성을 열린 마음으로 확인하고자 한다.

실시 방법(Delivery of Approach)

사고 중지 기법은 여러 가지 방법으로 익힐 수 있다. 이 장에서는 가장 대중적인 두 가지 방법에 대해 설명하고자 한다. 이 두 가지 방법은 부정적인 생각이나 이미지에 대해 신속히 반응할 것을 요구한다. 일시적으로라도 부정적인 이미지나 생각을 줄이고 멈추는 것이 목적이다. 내담자의 마음에 침투한 부정적인 생각이나 이미지를 알아차리는 것부터 시작한다. 내담자는 부정적인 생각이나 이미지에 집중하는 것을 멈추기 위해, 부정적인 생각이나 이미지가 떠올랐을 때 "멈춰!"라고 소리치면서 마음에 메세지를 전달하도록 지시받는다. 이 활동을 반복하면 결과적으로 큰 소리의 멈춤 메세지가 내담자 자신의 마음 안에서 "들리게 된다". 이 방법 대신에 손목에 고무 밴드를 착용할 수도 있다. 부정적인 생각이나 이미지가 침투할 때마다, 내담자는 그 밴드를 탁 튕기도록 지시받는다. 두 방법 모두 시간이 흐르면 부정적인 생각이나 이미지가 감소할 것이라 가정한다. 어떤 이에게는 사고 중지 기법이 효과가 있다. 하지만, 피드백이 대부분 일관적이지 않다. 많은 이들이 사고 중지 기법의 효과는 일시적일 뿐이고, 마음이 가라앉지 않고 심란한 상태가 지속된다고 보고한다. 이후 장에서, 사고 중지 기법의 효과가 일관적이지 않은 이유와 부정적인 신념에 보다 온화하게 도전할 수 있는 방법에 대해 살펴보고자 한다.

부처님의 속임수(Budda's Trick) (R-CR)

소요 시간(Time required)

5분.

준비물(Materials required)

없음.

활용 지침(Indications for use)

외상 회복의 안전과 안정화(Safety and Stabilization) 단계에서 인지적 대처 능력을 우선적으로 향상시킬 필요가 있는 경우에 활용

유의사항(Counterindications)

내담자가 혼란스럽고, 집중할 수 없고, 해리 증상이 활발히 나타나는 것이 분명한 경우에는 활용을 금함.

부처님의 속임수 기법은 내담자가 사고를 억압(suppression)하기 위해서 시간과 에너지를 들이고 있다는 것을 이해하도록 돕는 알아차림(awareness) 기법이다. 외상 경험에 노출된 사람들은 대부분 "나쁜 생각을 마음에서 밀어내고자 하는" 시도를 한다. 많은 경우 이러한 시도는 외상 후 증상(예, 침투적 사고, 수면 부족, 불안한 감정, 회피)이라는 불행한 결과로 이어진다. 힘든 사건에 대

해 생각하는 것을 거부하면, 우리의 경험에 대해 완전히 설명하거나, 이해할 수 없다. 그리고 경험에 노출됨으로써 둔감화 되거나 현재에는 우리가 안전하다는 것을 깨달을 기회도 갖지 못한다. Baer(2001)은 *The Imp of the Mind: Exploring the Silent Epidemic of Obsessive Bad Thoughts*(pp.95-99)에서 부처님의 속임수 기법에 대해 훌륭하게 설명한다.

이미 일어났거나 일어날 일에 대한 걱정이 들 때, 우리는 걱정과 관련된 불편한 기억이나 생각, 감정, 기억을 억압하기 위해 노력하곤 한다. 많은 연구가 이런 식으로 사고를 억압해봤자 효과가 없다고 말한다. 생각을 억압하려면 많은 에너지가 들고 결국 지치게 된다. 또 무언가를 생각하지 않고자 숨기는 것은 공포 요인(fear factor)을 증가시키고, 감정을 돌아보고 해소하는 능력을 저해해, 걱정하는 일이 실제보다 훨씬 더 견디기 힘든 것으로 느껴진다. 누군가 당신에게 끔찍한 일이 발생했다고 말하고 그것이 무엇인지 바로 말해주지 않았다고 생각해보라. 대부분의 경우에 마음속에서는 실제 현실보다 훨씬 더 안 좋은 결론에 도달해 있을 것이다.

실시 방법(Delivery of Approach)

생각 연습(Thought Exercise)

1. 내담자에게 '돌부처(Stone Buddha)'나 불안을 유발하지 않는 다른 대상(예, 분홍 코끼리, 강아지 인형)을 1분 동안 생각하고, 이 시간 동안 최대한 마음을 그 대상에 집중하라고 하라. 내담자는 언제든 집중력을 잃으면, 손가락을 들어 자신과 치료자에게 집중을 놓쳤다고 알려야 한다. 그리고 나서 이 활동이 어떤지, 내담자가 활동 중에 무엇을 관찰했는지, 그리고 마음을 집중하기 위해 얼마나 많은 에너지를 사용했는지에 대해 논의한다.

2. 그 다음 내담자에게 1분 동안 '돌부처' 생각을 하지 말라고 지시한다. 이번에는 '돌부처'가 생각날 때마다 손가락을 들어올려야 한다. 그리고 나서 이 활동을 하며 느낀 어려움과 마음을 집중하기 위해 얼마나 많은 에너지를 쏟았는지 생각해보는 시간을 갖는다.

3. 사고를 억제(suppress)하면 그 전에 비해서 오히려 '돌부처' 생각을 더 많이 하게 된다는 것을 알아차리게 한다. 이 현상을 반동효과(rebound effect)라 하는데, 많은 연구가 이 효과에 주목한다. 여러 연구 결과 외상적 기억을 억제하면 억제하기 전에 비해 기억이 오히려 더 자주, 더 격렬하게 표면화된다고 밝혀졌다. 따라서 이 활동은 내담자로 하여금 외상 기억을 억제할수록 침투적인 외상적 기억을 없애는 것이 오히려 더 어려워진다는 것과, 억압(suppressions)은 과거의 외상 경험(historical trauma)을 다루는 효과적인 방법이 아니라는 것을 깨닫게 해준다.

4. 내담자에게 이 현상에 대해 설명함으로써, 부정적인 생각, 감정, 기억, 공포를 억제하는 것보다 오히려 반대로 그것들에 대해 생각(reflection)하고 해결(resolution)하는 것이 중요하다는 점을 이해시키도록 하라.

이와 같은 작업은 내담자로 하여금 외상에 대해 돌아보게(review)하고 외상에 대한 저항을 줄일 수 있도록 하는 굉장히 유용한 접근이다. 억제하는 것은 효과가 없기 때문에 계속적으로 두려워하는 사건에 대해 생각하게 되는데, 바로 이 점이 내담자가 지속적으로 스트레스를 받는 원인이라는 것을 인식할 수 있게 해준다. 또한 이 활동은 사고 중지 기법(thought-stopping)이 심리적 외상에 대한 생각을 줄이고자 하는 사람에게 종종 만족스러운 효과를 가져다 주지 못하는 이유를 명확하게 보여준다.

4. 행동(Behavior)

우리는 행동(Behaviors)이란 몸과 마음이 어떤 목적을 달성하기 위해 함께 작동해 나타난 최종 결과에 불과하다고 믿는 경향이 있다. 그래서 정보는 안에서 밖으로 흐르는, 일방적인(one-way) 흐름을 가진다고 여긴다. 그러나 사실 정보는 양방향으로 흐른다. 내담자가 어떻게 행동하는지는 내담자가 자신을 어떻게 바라보고 이해할 것인지를 보여준다. 내담자가 안전하지 않은 방식으로 행동하거나 불안을 다루는 데 도움이 되지 않는 행동을 한다면, 모든 면에서 무력하다고 느끼게 될 수 있다. 하지만 안전하고 긴장하지 않을 수 있는 방식으로 행동한다면, 자신에게 변화를 가져올 힘이 있다고 믿을 수 있다. 대부분의 내담자는 유용한 행동을 할 능력이나 경험이 부족하다. 이 장은 새로운 대안을 찾는 데 도움이 되는 기술을 제시한다.

다양한 의식(Rituals) (R-CR)

소요 시간(Time required)
1회기 또는 그 이상.

준비물(Material required)
종이와 연필, 계약서.

활용 지침(Indications for use)

외상 회복의 안전과 안정화(Safety and Stabilization) 단계에서 행동적 대처 능력을 우선적으로 향상시킬 필요가 있는 경우에 활용.

유의사항(Counterindications)

활용하는 의식(ritual)에 따라 다름.

안전과 안정화(Safety and Stabilization)를 도모하기 위해 활용할 수 있는 의식 기법은 다양하다. 하지만 핵심은 기법들이 모두 내담자를 안심시키고, 안전감이나 안정감을 강화시키는 활동이거나 의식이란 점이다. 자신과의 '결혼(marriage)' 의식은 이런 차원에서 매우 의미 있는 의식이다. 이 의식의 목표는 책임에 대한 헌신(commitment)을 확인함으로써 내적 유대감을 효과적으로 강화하고, 자신을 위해 최선의 행동을 할 수 있는 힘을 부여하는(empower) 것이다. 목표를 새로 정했거나 세워둔 목표가 계획대로 진행되지 않을 때, 내담자는 자신이 원하는 방향으로 나아가기 위해서 자기 자신을 들여다 봐야 한다. 이 작업은 하려는 의지(act of will)가 있어야 가능하다. 자신이 꿈꾸는 멋진 희망과 꿈이 이루어지려면, 목표와 관련된 책임 역시 자신이 온전히 지겠다는 각오가 필요하다. 사실 본인 말고 그 누가 당신이 삶에서 이루고픈 소망에 대해 진정으로 알 수나 있겠는가.

실시 방법(Delivery of Approach)

본 의식은 내담자의 시각에서 진행(orchestrated)되어야 한다. 내담자는 혼자 이 기법을 수행할 수도 있고 신뢰하는 상담가, 친구, 가족 등과 함께 할 수도 있다. 예를 들어, 의식을 혼자 치르기로 했다고 가정해보자. 초가 켜져 있고, 창의적인 의식을 치르기 위해 페인트와 종이가 준비되어 있다. 고운 실크 가운을 입고 있고, 좋아하는 노래가 들린다. 미래의 소원과 자신에 대한 약속을 적는다. "내면의 욕구, 희망, 꿈을 마주하면서 자신을 보살필 것"에 대한 강하고 진심 어린 맹세인, '자기 – 결혼(self – marriage)' 기념지를 작성한다. 사실상이 의식은 미래와 자립에 대한 개인의 약속을 기념하는 것이다. 자신을 약속한 방식대로 대하면, 결코 어떤 일에도 실망하지 않을 것이고, 그렇지 않으면 다른 사람이 아닌 자기 자신을 비난하게 될 지도 모른다.

다음은 미국 전역 뿐만 아니라 전세계에서 개최되는 심리적 외상 치료 워크샵에서 소개하는 다양한 의식 관련 기법의 예시다. 이 목록은 개인이나 집단이 참여할 수 있는 의식 기법 활동에 대해 간략히 설명한다. 자신에게 의미 있는 의식이 될 수 있을 때까지 상상력을 펼치는 것이 공통된 목표이다.

- 과거의 삶을 기념하기 위해 혼자 혹은 다른 사람과 함께 의식을 수행하라. 그리고 새롭고 더 건강한 선택과 기회를 가져올 새로운 삶의 방식이 탄생한 것을 축하하면서 의식을 수행하라.
- 해로운 심리적 외상 기억 목록은 태워버려라.
- 새로운 삶으로 나아갈 때 참고하기 위해 이전 삶의 모습을 담은 사진은 모아두어라.
- 내적 경험을 표현하기 위해서 콜라주를 만들어라.
- 헬륨 풍선에 치료에 도움이 되는 문장이나 생존자의 이름을 붙이고 날려보내라. 그 대상이나 사람을 상징적으로 자유롭게 보내주는 것이다.
- 죽은 사람과의 관계를 유지하기 위해 신성한 장소와 슬픈 기억 모음집을 준비해라.
- 죽은 사람이나 관계를 마무리하지 못한 사람에게 편지를 써라(편지를 보낼 필요는 없다).
- 감사와 화해의 의식을 수행하라.
- 일기를 꾸준히 써라.
- 매일 긍정적인 확언(positive daily affirmation)을 하라.
- 미래의 외상경험 생존자와 공유하기 위해, 생존자인 자신의 "생존 그리고 회복" 경험을 녹화하라
- 생존자의 경험을 엮어 희망 문집을 만들어라. 안심되고 편안한 이미지로 가득한 안전 콜라주(safety collage)를 만들어라.

- 다른 사람의 긍정적인 코멘트가 담긴 성공 확인서를 준비하라.
- 돌에 의미 있는 상징을 부여하라. 그리고 회복을 상기시키는 물건으로 생각하고 중요한 장소에 전시하라.
- 기분이 좋아지게 하는 물건들로 가득한 자기-돌봄 상자(self-care box)를 만들어라. 기분이 좋지 않을 때, 상자에서 무언가를 꺼내 활용하라.

도구 사용하기(USING THE TOOLS)

다양한 의식(Rituals)

다양한 의식 기법을 활용해 안전과 안정을 가져올 수 있다. 이 책에서 제공하는 다양한 의식 활동에 대한 정보를 참고해서, 치료자와 내담자는 자신만의 의미 있는 의식을 만들어 낼 수 있다. 아래의 여백에 당신이 미래에 활용해보고 싶은 의식을 설명해봐라.

_____

_____

_____

_____

_____

_____

_____

출처: Anna B. Baranowsky, J. Erin Gentry, & D. Franklin Schultz, *Trauma Practice: Tools for Stabilization and Recovery.* © 2011. Hogrefe Publishing

안전과 자기-돌봄을 위한 계약(Contract for Safety and Self-Care) (R-CR)

소요 시간(Time required)

1회기 또는 그 이상.

준비물(Materials required)

종이와 연필, 계약서(contract).

활용 지침(Indications for use)

외상 회복의 안전과 안정화(Safety and Stabilization) 단계에서 행동적 대처 능력을 우선적으로 향상시킬 필요가 있는 경우에 활용.

유의사항(Counterindications)

없음.

실시 방법(Delivery of Approach)

치유로 나아가기 위해 구체적인 약속과 계약서를 쓰는 의식 기법 역시 활용할 수 있다. 예시는 다음과 같다.

도구 사용하기(USING THE TOOLS)

안전과 자기-돌봄을 위한 계약서(Contract for Safety and Self-Care)

이름:_____ 날짜:_____

목표: _____(나의 목표)

나는 나 자신을 보살피고 치유하기 위해 노력할 것이다. 나아지기 위해서는 내 삶과 내가 삶을 사는 방식이 변해야 한다는 것을 안다. 변화를 통해, 조금씩 내가 원하는 사람이 되기 위한 선택을 해나갈 것임을 선언한다.

나는_____

_____(나의 목표)원한다.

다음의 행동 목표를 달성함으로써, 내가 원하는 나 자신이 되고자 하는 노력을 스스로에게 증명해 보일 것이다.

자기 – 돌봄:

_____

_____

_____

타인과의 관계:

_____

_____

_____

자기 – 진정 기술 습득:

_____
_____
_____

나는 이러한 스스로의 약속을 (_____)전까지 이행할 것이다.

서명:_____ 날짜:_____

증인:_____ 날짜:_____

출처: Anna B. Baranowsky, J. Erin Gentry, & D. Franklin Schultz, *Trauma Practice: Tools for Stabilization and Recovery.* ⓒ 2011. Hogrefe Publishing

안전망에 대한 계획(Safety Net Plan) (R-CR)

소요 시간(Time required)

1회기.

준비물(Materials required)

종이와 연필.

활용 지침(Indications for use)

외상 회복의 안전과 안정화(Safety and Stabilization) 단계에서 행동적 대처 능력을 우선적으로 향상시킬 필요가 있는 경우에 활용.

유의사항(Counterindications)

없음.

실시 방법(Delivery of Approach)

안전망에 대한 계획(safety net plan)은 심리적으로 압도되는 느낌이거나 통제력을 잃거나 무력하다고 느끼는 경우, 그리고/또는 필요한 것을 잃었을 때 다시 안전해지기 위해 할 수 있는 최선책을 찾는 것이다. 위기 상황에서는 계획 없이 행동하는 것보다 미리 계획하는 것이 항상 더 낫다는 것을 기억하라.

도구 사용하기(USING THE TOOLS)
안전망에 대한 계획 (Safety Net Plan)

안전망에 대한 계획서는 치료 과정 중에 찾아올 수 있는 어려운 시기를 미리 대비할 수 있도록 돕는다. 또한 생존자로서 마주하는 일상의 스트레스 요인에 대한 자립성과 회복력을 가질 수 있도록 돕는다.

자기-조력(자조) 능력(Self-help capacities)

당신은 이미 다양한 능력과 기법을 사용해 과거의 많은 어려운 상황을 이겨 내 왔다. 어려운 상황을 헤쳐나가는 데 도움이 되는 능력과 자기-진정 기법 (self-soothing techniques)(진정하는 데 도움이 되는 활동) 목록을 만들어 필요할 때 참고할 수 있다. 가장 효과적인 방법을 찾을 때까지 여러 기법을 사용해보는 것이 중요하다.

자기-진정 기법(예, 스스로에게 긍정적으로 이야기하기, 목욕, 글쓰기, 읽기)

1.＿＿＿＿＿＿＿＿＿＿＿＿＿＿＿＿＿＿＿＿＿＿＿＿＿＿＿＿＿＿＿

2.＿＿＿＿＿＿＿＿＿＿＿＿＿＿＿＿＿＿＿＿＿＿＿＿＿＿＿＿＿＿＿

3.＿＿＿＿＿＿＿＿＿＿＿＿＿＿＿＿＿＿＿＿＿＿＿＿＿＿＿＿＿＿＿

어려운 상황을 헤쳐나가기 위해 과거에 사용했던 능력(예, 창의력, 도움 받아들이기, 용기, 끈기)

1.＿＿＿＿＿＿＿＿＿＿＿＿＿＿＿＿＿＿＿＿＿＿＿＿＿＿＿＿＿＿＿

2.＿＿＿＿＿＿＿＿＿＿＿＿＿＿＿＿＿＿＿＿＿＿＿＿＿＿＿＿＿＿＿

3.＿＿＿＿＿＿＿＿＿＿＿＿＿＿＿＿＿＿＿＿＿＿＿＿＿＿＿＿＿＿＿

비공식적 도움(Informal support)

도움이 필요할 때 거리낌 없이 연락할 수 있는 친구와 가족(조력자)의 목록을 작성하라. 목록에 적은 이들에게 위기상황에서 기꺼이 당신을 돕겠다고 확실히 약속하라고 하고, 위기에 처했을 때 조력자가 당신을 어떻게 도와줄 수 있는지 알려줘라. 조력자에게 어떻게 도와주는 게 좋을지 구체적으로 이야기하지 않으면, 당신이 무엇을 필요로 하는지 모를 것이다. 조력자가 기꺼이 도와주겠다고 이야기하면, 그 사람의 이름 옆에 체크하라. 조력자마다 다양한 힘을 가지고 있을 것이고, 각자 서로 다른 상황에서 도움이 될 수 있다. 조력자의 수가 많은 것이 중요한 게 아니라 조력자의 자질이 중요하다는 점을 기억하라.

이름	핸드폰 번호	도움을 줄 수 있는 부분
1._____		
2._____		
3._____		

출처: Anna B. Baranowsky, J. Erin Gentry, & D. Franklin Schultz, *Trauma Practice: Tools for Stabilization and Recovery.* ⓒ 2011. Hogrefe Publishing

시간 제한적, 계량화된 표현 전략(Timed and Metered Expression Strategies) (R-RE)

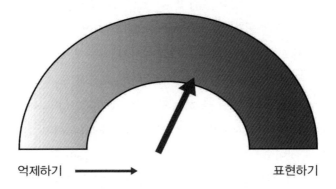

억제하기 ⟶   표현하기

그림 5. 정서적 에너지 억제와 표현 사이의 균형

소요 시간(Time required)

5~30분.

준비물(Materials required)

없음(혹은 베개, 종이).

활용 지침(Indications for use)

외상 회복의 안전과 안정화(Safety and Stabilization) 단계에서 인지적, 정서적, 행동적 대처 능력을 우선적으로 향상시킬 필요가 있는 경우에 활용.

유의사항(Counterindications)

내담자가 정서적으로 불안정하고, 해리 증상이 활발히 나타나거나, 활동 중에 해리 경험을 할 경우에는 활용을 금함.

외상 생존자는 외상 경험에 대해 다룰 때, 플래시백(flashback)이나 해제 반응(abreaction)과 관련된 정서적 에너지에 압도당하고, 자신을 진정시키거나 정서적 에너지를 억누를 수 없는 경우가 있다. 이러한 상황에서는 내담자에게 해제 반응과 관련된 감정 에너지를 표현하거나 해소할 수 있는 매우 구조화된 활동을 안내하는 것이 도움이 된다. 이 과정은 압력밥솥에서 김이 빠져나가도록 하는 것에 비유할 수 있다.

이러한 표현 전략은 내담자가 성공적으로 자신을 진정시키고 그라운딩(grounding)할 수 있게 한다. 내담자가 정서적 에너지를 스스로 조절하지 못할 때나, 부정적인 감정을 표현하고자 하는 욕구를 분명하게 내비쳤을 때만 사용한다.

실시 방법(Delivery of Approach)

이 작업의 목적은 활동을 하기 위한 안전한 틀을 구축하고, 부정적인 감정을 통제된 상태에서 표현하고 해소하는 것이며, 압도적인 해제(abreaction) 반응을 초래하지 않도록 하는 것이다. 이 활동은 시작부터 끝까지 통제된 상태에서 해야 한다. 이 작업을 수행하는 몇 가지 방법이 있다.

소리(Sounds)

1. 내담자가 주관적 불편감(SUD)의 점수(0~10점)를 매기게 하라. 이 활동은 내담자가 정서에 압도되었을 때만 실시하기 때문에 내담자의 주관적 불편감은 아마도 8~10점 범위에 있을 것이다.
2. 내담자에게 "지금 당신의 복부와 가슴에서 '들리는' 모든 소리와 단어에 주목하세요"라고 지시하라.
3. "이제, 1분 동안 그 소리와 단어를 표현해보세요"라고 지시하라.
4. 내담자가 소리와 단어를 표현하는 동안 치료자는 그저 바라보고 과하지 않은 격려를 하며 지지하라.
5. 1분이 지나면 내담자의 활동을 중단시켜라. 주관적 불편감(SUDs)의 수준을 다시 물어라. 활동을 하며 어땠는지, 그 경험에 대해 설명해달라고 요청하라.
6. 내담자가 치료 작업을 계속할 수 있을 정도로 충분히 안도됐는지 아니면 아직 감정을 더 표현해야 하는지 물어라. 내담자가 더 많이 표현하길 원한다면, 다시 한번 표현 활동에 참여할 시간(예, 1, 2, 5분)을 함께 정하고, 언제 시작할지 지시하라.

7. 약속한 시간만큼 표현 활동을 하면, 내담자가 여전히 표현을 하고 있더라도 멈춰라! 주관적 불편감(SUDs)의 수준을 다시 매겨라. 표현 활동 동안 내담자가 경험한 것에 대해 이야기하라. 필요하다면, 내담자가 압도적인 수준의 해체 반응으로부터 안심할 수 있을 때까지 시간을 재협상해 실시하라.

8. 치료자는 내담자에게 멈추라고 요구해야 하는 어려움을 감수해야 하며, 내담자가 강렬한 감정 속으로 들어갔다가 나와도 압도되지 않도록 해야 한다. 이 활동은 내담자가 강한 정서에 대해 공포를 느끼지 않도록 돕는 중요한 경험적 학습이다.

9. 내담자가 자기 – 진정 기법으로 스스로를 진정시키고 남아 있는 감정을 완화시킬 수 있도록 도와라.

손으로 베개(Pillows) 치기

1. 큰 베개를 준비해 내담자의 무릎에 올려두어라.

2. 주관적 불편감(SUDs)의 수준을 물어라. 내담자에게 베개를 몇 번(5부터 10 사이의 횟수) 쳐야 감정의 부정적인 에너지를 해소하고 주관적 불편감이 레벨 5까지 내려갈 수 있을지 물어봐라.

3. 내담자에게 "이제부터 양 손을 모아 머리 위로 들어, 있는 힘껏 베개를 내리치세요. 내리칠 때마다 배에서부터 소리를 지르세요"라고 지시하라.

4. 합의된 횟수만큼 베개를 손으로 내리치면 멈춘다. 주관적 불편감(SUD)의 수준을 알아봐라.

5. 방금 한 경험에 대해서 논의해봐라. 정서를 다루기 위해 자기 – 진정 기법을 사용해도 될 정도로 충분히 괜찮아졌는지, 아니면 아직도 더 표출되어야 할 부정적 정서가 있는지 물어보라.

6. 더 표출해야 할 부정적 정서가 남아있다고 하면, 주관적 불편감(SUD) 수준을 물어보고 그 수준에 따라 '내리칠' 횟수를 논의하라. 그리고 앞서 설명한 3~5단계를 반복하라.

7. 치료자는 내담자가 강렬한 정서에 접근했다가 벗어날 수 있었고, 잘 견

딜 수 있었으며, 압도당하지 않았다는 사실을 알려주도록 하라. 이는 강렬한 정서에 대한 내담자의 두려움을 없애는 중요한 경험적 학습이 된다.

8. 남아있는 정서를 진정시키고 완화시키기 위해, 자기-진정 기법을 활용할 수 있도록 도와라.

종이 찢기(Tearing paper)

베개를 손으로 치는 행동을 종이를 찢는 행동으로 대치해 앞서 소개한 방법과 동일하게 할 수 있다. 내담자가 종이를 찢는 동안 '강한 감정을 표현하는(visceral)' 소리를 내도록 격려하는 것이 중요하다.

울기(Crying)

대부분의 내담자는 우는 것을 두려워하지만, 정서를 표출하고 싶어하는 내담자에게는 시간을 정해두고 우는 경험이 도움이 될 수 있다. 앞서 설명한 단계를 활용하여, 내담자에게 자신의 비탄, 상실, 슬픔을 완전히 표현할 수 있는 시간을 정하도록 한다(첫 시도에는 2~5분을 권한다). 활동 내내 치료자는 내담자를 격려하는 증인이 되어주어야 하며, 약속한 시간이 다 되었을 때는 활동을 멈추어야 한다. 추가 시간이 필요하다면 다시 논의한다. 감정 처리, 논의, 그리고 자기-진정 시간을 충분히 줘야 하는 것을 명심해야 한다.

주의: Richard Kluft(personal communication, 1994)는 표현과 해제 반응(expression and abreaction)을 다룰 때 '3분할의 원칙(rule of thirds)'을 활용해야 한다고 했다. 이 법칙은 내담자와 치료자가 회기 시작 후 2/3의 시간 내에 다루지 못한 어려운 자료(내용 혹은 이야기)는 남은 1/3의 시간에도 다루거나 다루려고 노력하면 안 된다고 제안했다. 회기가 끝나갈 때쯤 어려운 자료를 다루기 시작해 미완성된 채로 끝내면 내담자는 다시 한번 트라우마를 겪을 위험이 있다. 회기의 남은 1/3의 시간 동안 내담자의 고통스러운 정서가 드러나면, 그라운딩(grounding) 교육, 불안 감소 활동(자기-진정 활동), 또는 담아두기(containment) 전략을 활용해 진정시키고 회기를 마무리하라.

5. 정서/관계(Emotion/Relation)

외상의 해롭고 장기적인 영향 중 하나는 다양한 감정을 느끼는 능력과 다른 사람과 관계 맺는 능력을 제한한다는 것이다. 외상이 다른 사람 때문에 일어났든지 혹은 사고나 자연 재해로 인해 일어났든지 간에 이러한 결과가 나타난다. 두려움과 불안은 아주 높은 수준의 각성을 일으켜, 내담자의 정서 경험을 차단(shut down)한다. 이러한 현상이 나타나는 이유는 정서를 관리하는 뇌의 영역이 생존 반응(survival routines)과 직접적으로 관련되어 있기 때문이다. 학대를 당한 심리적 외상이 있는 사람은 다른 사람과의 관계에서 신뢰가 깨지면 자신이 다칠 수 있다는 두려움 때문에 관계 맺기를 꺼린다. 심리적 외상 경험이 압도적인 공포감을 초래하는 것이다. 외상 경험은 정서적 위축(constriction) 및 무기력감과 함께 궁극적으로 관계에서의 철수(withdrawal)로 이어질 수 있으며, 다른 사람들과 관계를 맺는 것을 어렵게 만든다. 감정을 느끼고 다른 사람들과 연결되는 법을 배우는 것은, 외상의 영향을 완화시킬 수 있는 강력한 치유 요소이다. 내담자의 정서와 관계를 다루는 과정은 압도적인 감정을 유발할 수 있기에 자기 – 진정 기법과 함께 실시해야 한다. 이번 장에서는 이를 달성하는 데 유용한 기법을 제시한다.

제2장 - 안전과 안정화

중간 대상(Transitional Objects) (R)

소요 시간(Time required)

최소 시간.

준비물(Materials required)

경우에 따라 다름.

활용 지침(Indications for use)

외상 회복의 안전과 안정화(safety and stabilization) 단계에서 정서적 대처 능력을 우선적으로 향상시킬 필요가 있는 경우에 활용.

유의사항(Counterindicaions)

없음.

중간 대상(Transitional Objects)은 힘이 되는 지지적인(supportive) 인물, 장소, 사물, 또는 기억에 대한 표상(representations)이다. 중간 대상은 양육자의 애정 어린 품 속에서 느꼈던 안전한 순간을 떠올리게 하는 이불이나 오래된 친구에게 선물 받은 봉제 인형일 수 있다. 또는 바닷가에서 오랜만에 휴식을 즐기면서 주웠던 조약돌과 같이 위안이 되는 물건일 수도 있다.

실시 방법(Delivery of Approach)

중간 대상은 무엇이든 될 수 있다. 내담자에게 그 대상이 무엇을 상징하는지, 그리고 내담자가 그 대상을 통해 안전감, 안심, 편안함 그리고 휴식을 느낄 수 있는지가 중요하다. 내담자에게 편안함을 줄 수 있는 사물은 하나로 충분할 수도 있고, 여러 사물을 함께 또는 각각 활용하는 것일 수도 있다. 중간 대상이 될 사물은 앞서 소개한 안전한 장소 상상하기 연습(safe-place visualization exercise)과 유사한 방법으로 찾아내거나 "당신에게 편안함을 상징하는 것은 무엇인가요?"라는 단순한 질문으로 자기-자각(self-awareness)을 촉진시켜 찾을 수도 있다. 내담자가 아무것도 생각해내지 못하면 안전한 장소 상상하기(safe-place visualization) 활동을 하며, 안전감, 안심과 편안함을 주는 사물을 찾는 활동을 추가할 수도 있다. 이를 통해 내담자가 의미를 부여하는 사물을 찾아 낼 수 있다.

지지 체계(Support Systems) (R-CR)

소요 시간(Time required)

30분.

준비물(Materials required)

종이와 연필.

활용 지침(Indications for use)

외상 회복의 안전과 안정화(safety and stabilization) 단계에서 정서적 대처 능력을 우선적으로 향상시킬 필요가 있는 경우에 활용.

유의사항(Counterindications)

내담자가 해리 상태이거나 활동 중에 해리 증상을 보이는 경우에는 금함.

관련 연구에 따르면 사회적 지지는 일상 생활에서의 어려움을 완충하는 역할을 한다. 사회적 지지는 힘든 시간을 겪거나 외상에 직면했을 때 더 중요하다. 다음에서 설명할 활동은 강력한 완충 기반인 사회적 지지 체계를 확보하는 데 도움이 되는 상상적 활동이다. 이 활동에서는 내담자가 각자의 '위안과 지지 위원회(committee of comfort and support)'를 찾을 수 있도록 격려한다.

실시 방법(Delivery of Approach)

위안과 지지 위원회(Committee of Comfort and Support)

내담자가 편안한 자리를 찾아 앉아, 긴장을 풀고, 눈을 감고, 마음에 집중하도록 한다. 내담자가 앞서 안전(safety) 제공 활동을 하며 찾은 "안전한 장소와 안전한 사물"을 떠올리게 한다(아직 하지 않았다면 이전 활동 과제를 먼저 마친다). 안전한 사물을 떠올리고, 묘사하도록 하며, 안전한 사물을 활용해 안전한 장소로 내담자 자신을 데려가도록 격려한다. 안전한 장소에서 볼 수 있는 모든 것을 보고, 듣고, 냄새 맡고, 느끼도록 한다.

내담자에게 안전한 사물 및 장소와 관련된 안전한, 편안한, 안심되는 느낌을 어떤 방식으로든 다시 한번 의미 있게 느껴보라고 한다.

그 다음 내담자에게 "이제부터 당신의 위안과 지지 위원회(committee of comfort and support)의 좋은 구성원이 될만한 사람을 초대하세요. 이 사람들은 현재 당신의 삶에 존재하거나 관여하는 사람들일 수도 있고, 어떠한 이유로 인해 지금은 당신의 삶에 없지만 과거에 도움을 주었던 사람들일 수도 있습니다. 상상 속 인물이거나 상상 속에만 존재하는 사람일 수도 있고, 알고 지냈었지만 이제는 더 이상 만날 수 없는 사람일 수도 있습니다. 이 사람들은 당신을 평가하지 않고, 같이 있으면 안전하다고 느껴지며, 당신을 지지하는 사람들입니다. 한 명씩 떠올리면서 그들이 누구인지, 어떻게 생겼는지, 이름은 무엇인지 생각해보세요"라고 지시한다.

내담자에게 위원회의 구성원이 될 만한 사람들을 구체적으로 떠올리도록 격려한다. "당신이 일상 생활에서 지원군이 필요할 때 부를 수 있는 사람들을 떠올려 보세요. 지혜를 주고, 정서적 자원이 되어주며, 즐거운 시간을 함께할 수 있는 사람들입니다. 위원회의 구성원으로 떠올린 사람들에 대해 다시 잘 생각해보고, 당신을 완전히 지지하는 사람이 아니면 떠나라고 이야기합니다. 정중하지만 단호하게 이제는 떠날 때라고 말하면서, 그 사람이 위원회를 떠나는 것을 지켜봅니다. 떠난 사람의 자리를 채우기 위해 새로운 구성원을 초대합니다"라고 한다.

내담자에게 위원회가 다 구성되면, 한 손가락을 들어 알려달라고 부탁한다.

이제 내담자가 다시 마음에 집중하도록 한다. 위원회의 한 구성원이 내담자에게 다가와 지지적인 대화와 진정한 보살핌을 나누는 장면을 떠올려 보라고 제안한다. 긍정적이고 지지적인 내적 대화가 오갈 수 있도록 해준다.

치료자는 내담자가 긍정적인 내적 대화를 하는 1분간 침묵할 것이라고 미리 알려준다.

1분이 지나면, 내담자의 주의를 다시 방 안으로 천천히 돌린다. 내담자에게 준비가 되면 눈을 뜨라고 한다.

내담자에게 종이를 주며 "위원회 구성원의 이름을 모두 적으세요"라고 지시한다.

내담자의 경험에 대해 이야기할 시간을 갖는다. "이 활동이 당신에게 어떤 영향을 주었나요?"라고 물어본다.

도구 사용하기(USING THE TOOLS)
안전한 장소 형상화: 나의 위안과 지지 위원회(Safe Place Imagery: My Committee of Comfort and Support)

이 활동은 마음 속으로 끊임없는 잔소리, 비판, 그리고 자기비하를 하게 만드는 '부정적 성향 위원회(negativity committee)'를 '해고'하는 데 도움이 된다. 내면의 '부정성(negativity)'을 지지, 편안함, 긍정성으로 대치시키는 것이라 할 수 있다.

당신에게 건강함과 자존감을 가질 수 있도록 도움을 준 사람들, 그리고/또는 존경하는 사람들의 이름을 모두 적어라. 과거에 당신과 관계를 맺었던 실제 사람일 수도 있고, 더 이상 연락하지는 않지만 인생에서 중요한 사람일 수도 있다. 당신의 가치관에 영향을 준 역사적 위인 또는 현재의 인물이거나, 공인일 수도 있다. 종교 지도자이거나 우상인 경우도 있다. 또 상상 속 인물이거나 실제 인물일 수도 있다. 당신의 위원회가 될 수 있는 사람이 누구여야하는지 또 몇 명이어야 하는지에 대한 제한은 없다. 다음의 활동지에 위원회 구성원을 적어라.

목록에 있는 사람들의 수가 얼마나 많으냐가 아니라 그 사람들이 얼마나 도움이 되는가가 더 중요하다는 것을 명심하라.

나의 위원회

1.	11.
2.	12.
3.	13.
4.	14.
5.	15.
6.	16.
7.	17.
8.	18.
9.	19.
10.	20.

상징 그리기와 봉투(Drawing Icon and Envelope) 기법(정서적 담아두기 (Emotional Containment)) (R-RE-CR)

소요 시간(Time required)

10~30분.

준비물(Materials required)

종이, 컬러 마카, 봉투, 스테이플러.

활용 지침(Indications for use)

외상 회복의 안전과 안정화(safety and stabilization) 단계에서 정서적 대처 능력을 우선적으로 향상시킬 필요가 있는 경우에 활용.

유의사항(Counterindications)

내담자가 해리 상태이거나 활동 중에 해리 증상을 보이는 경우에는 금함.

외상 기억을 직면하고 해결하려면 내담자는 반드시 심리적 외상의 이미지, 감정, 생각을 담아두거나 품을 수 있는(containing) 역량을 길러야 한다. 내담자가 아직 심리적 외상 기억 치료 작업이 미완성일지라도 이를 잠시 접어두고 일상적인 삶과 과제로 돌아갈 수 없으면, 치료 과정에서 심리적 외상 후 증상이 재발할 가능성이 높다. 따라서 내담자와 함께 외상 경험과 관련된 미완성되거나 파편화된 기억, 생각, 감정을 흘려보내지 않고 잘 담아두는 효과적인 전략을 개발하는 것이 중요하다.

담아두는(containment) 역량을 키우는 데 미술 치료 기법이 도움이 된다. 한 회기가 거의 끝나가는 데도 내담자가 여전히 외상의 소재에 깊이 몰두해 있을 때에 이 기법을 활용하곤 한다. 이 방법은 내담자가 감당하기 어려운 이미지, 감정, 생각을 '싸 놓았다가(package)' 다음 회기에서 풀러 다룰 수 있도록 한다.

가정에서의 사용법

일상 생활에서 파괴적인 플래시백(flashbacks)을 자주 경험하는 사람에게 이 방법을 변형하여 사용하도록 하면 도움이 될 수 있다. 내담자에게 기억, 플래시백 또는 고통스러운 이미지에 대한 상징(icon)을 그리도록 지시하고(5분 이내), 봉투에 넣어 치료자의 사무실로 보내도록 한다. 그림을 그리고 나서 최대한 빨리 이 '편지'를 부치도록 지시한다. 치료자는 받은 그림을 내담자의 사례 파일 속에 안전하게 보관할 것이며, 다음에 만날 때 이 그림에 대해서 함께 이야기할 것이라고 알려준다. 이 그림은 심리적 외상 치료 계획에 포함될 것이다.

실시 방법(Delivery of Approach)

1. 색연필 또는 사인펜을 사용하여, 내담자에게 외상 기억과 그와 관련된 감정, 이미지, 생각을 나타내는 상징(icon)을 그리도록 한다. 이 상징은 추상적이어야 하며, 사건에 대한 자세한 묘사가 아니다. 5분 이내에 완성할 수 있는 간단한 것이어야 한다.

2. 내담자가 그림을 완성한 후, 이 그림을 서류 봉투 안에 넣어 봉하도록 한다.

3. 내담자에게 스테이플러를 건네며 다음 번에 이 자료를 다루기 전까지 이 자료를 봉투에 담아두는(contain) 데 필요한 만큼 스테이플러 심으로 찍도록 한다. 내담자가 원하는 만큼 심을 찍도록 한다.

4. 봉투에 이 기억/자료의 제목을 적도록 한다.

5. 치료자가 이 봉투 그리고 봉투 속 그림과 관련된 모든 부정적 생각과 감정을 내담자의 사례 파일 속에 안전하게 보관할 것이라고 알려준다. 내담자가 이 심리적 외상 기억을 해결하기 위해 다시 작업할 준비가 될 때까지 안전하게 보관할 거라고 말해주는 것이다.

6. 내담자에게 이후에 이 기억에 대해서 떠올려도, 외상 사건 당시에 느꼈던 무력하고 압도적인 감정을 다시 느끼게 되는 것은 아니라고 알려준다. 그 대신 이 기억이 치료자의 사무실에 안전하게 보관되어 있다는 것을 기억하라고 말해준다.

7. 내담자가 사무실을 나가기 전, 완전한 통제력을 회복할 수 있도록 그라운딩(grounding)/자기 – 진정(self-soothing) 전략을 사용하도록 격려한

다(내담자에게 100에서부터 7까지 거꾸로 세도록 하는 것은 신피질 기능을 활성화 함으로써 내담자가 다시 현실로 돌아오는 데 도움이 되는 유용한 활동이다).

내적 금고(Internal Vault)(정서적 담아두기(Emotional Containment))(R-RE-CR)

소요 시간(Time required)

5~10분.

준비물(Materials required)

없음.

활용 지침(Indications for use)

외상 회복의 안전과 안정화(safety and stabilization) 단계에서 정서적 대처 능력을 우선적으로 향상시킬 필요가 있는 경우에 활용.

유의사항(Counterindications)

내담자가 해리 상태이거나 활동 중에 해리 증상을 보이는 경우에는 금함.

실시 방법(Delivery of Approach)

내적 금고(internal vault) 기법은 최면 요법에 기반한 것으로, 다양한 맥락에서 활용할 수 있다. 이 기법은 간단히 말해서 불편한 기억, 감정, 생각 그리고 심리적 외상 기억과 관련한 부정적인 부산물(artifact)을 보관할 수 있는 '내적 금고(internal vault)'를 만드는 것이다. 내적 금고 기법은 외상기억을 '해리(dissociation)'시키려는 내담자에게 효과적이다. 안전한 장소 상상하기(safe place visualization) 활동을 할 때, 내담자에게 "문이 짐긴 강철 금고"를 상상하도록 하는 작업을 포함시켜 미리 준비를 해보는 것도 좋은 방법이다. 내적 금고 기법은 내담자가 회기 사이에 겪는 부정적인 경험을 일시적으로 '보관' 혹은 묶어둘 수 있다. 그래서 심리적 외상 기억에 압도되는 것을 막아 일상의 생활 과제에 참여할 수 있게 하는 데 도움을 줄 수 있다.

긍정적 희망 상자(Positive Hope Box) (R-RE-CR)

소요 시간(Time required)

5분.

준비물(Materials required)

종이, 연필, 작은 상자.

활용 지침(Indications for use)

외상 회복의 안전과 안정화(safety and stabilization) 단계에서 정서적 대처 능력을 우선적으로 향상시킬 필요가 있는 경우에 활용.

유의사항(Counterindications)

없음.

실시 방법(Delivery of Approach)

사람들이 희망, 꿈, 두려움 등을 적어 초자연적 존재(higher power) 또는 신에게 "도와달라"고 비는 것을 본 적이 있을 것이다. 내담자의 영성(spirituality)을 민감하게 다루면서, 이러한 민간 요법을 변형하여 활용하는 것이 이 기법의 핵심이다. 외상 생존자에게 치유의 이미지를 보여주는 잡지 등의 그림을 오려 상자를 장식하도록 한다(담배 갑도 괜찮다). 장식을 다 하고 나면, 외상 기억이나 현재 삶을 압도하는 모든 요소를 나타내는 그림이나 단어를 적게 한다. 내담자가 영적(spiritual) 성향을 가지고 있다면, 내담자가 믿는 '초자연적 존재(higher power)'에게 내담자를 대신해 어떤 심리적 외상을 다룰 건지 선택하고 해결해 달라고 제안할 수도 있다. 그렇지 않다면 매주 압도감이나 두려움을 주는 영역 중 하나 또는 두 개를 스스로 선택해 치료 장면에 갖고 오도록 한다. 그리고 해당 영역들을 하나씩 성공적으로 해결했다는 것을 보여주는 의식 절차(ritual)를 만들어 격려한다.

외상 기억의 처리

Trauma Memory Processing

영국의 컨설팅 심리학자 잉그리드 콜린스(Ingrid Collins)에 따르면,
"환자에게 충분한 시간과 관심을 기울이기만 하면, 그들은 편안하게
치유될 수 있다."

Carl Honore, In Praise of Slow (2004)에서

재연합
Reconnection

외상 기억의 처리
Trauma Memory Processing

안전과 안정화
Safety and Stabilization

외상 치료의 이론적 기초
Foundations of the Trauma Practice Model

1. **신체 | *Body***

   적정화 파트 II : 제동 및 가속 | Titration Part II Braking and Acceleration (RE)

   레이어링(층 쌓기) | Layering (RE−CR)

   한 부분에서의 편안함 | Comfort in One Part (RE)

   타임 라인 접근 | A Time−Line Approach (RE−CR)

   바이오피드백 | Biofeedback (R−RE−CR)

2. **인지 | *Cognition***

   하향 화살표 기법 | Downward Arrow Technique (RE−CR)

   인지적 연속성 | Cognitive Continuum (CR)

   실제 위험 계산하기 | Calculating True Danger (CR)

   순환식 테이프 스크립팅 | Looped Tape Scripting (RE−CR)

   인지적 처리 치료 | Cognitive Processing Therapy (RE−CR)

   동화책 접근 | A Story−Book Approach (RE−CR)

   이야기 쓰기 접근 | A Written Narrative Approach (RE−CR)

3. **행동 | *Behavior***

   행동의 변화 시연 연습 | Behavior Change Rehearsal Exercise (RE−CR)

   기술 축적 방법 | Skills Building Methods (CR)

   상상과 실제 노출 | Imaginal and In−Vivo Exposure (RE)

   스트레스 면역 훈련 | Stress Inoculation Training (RE−CR)

   체계적 둔감화 | Systematic Desensitization (RE)

4. **정서/관계 | *Emotion/Relation***

   슬퍼하는 법 배우기 | Learning to Be Sad (CR)

   자기주장 훈련 | Assertiveness Training (CR)

이 장은 외상 기억의 처리(Trauma Memory Processing) 단계에 대한 것이다. 내담자가 미해결된 외상 기억을 처리하고 작업하도록 하는 심리적 외상 치료 작업의 구체적인 내용을 다룬다. 앞서 언급했듯이, 효과적인 외상 치료를 위해서는 세 가지 필수적인 요소가 있어야 한다. 이 세 요소는 (1) 이완(relaxation), (2) 노출(exposure) (상호 억제(reciprocal inhibition)), 그리고 (3) 인지적 재구조화(cognitive restructuring)이다. 생리학적 관점에서, 이 세 요소는 외상 기억의 처리 과정을 멈추고, 외상 증상을 재발시킬 수 있는 생존 반응(survival routine)을 촉발하지 않으면서, 신피질의 자연적인 활동을 촉진시키는 것으로 이해할 수 있다. 다음에서 소개하는 기법들은 이와 같은 신체적 과정을 활용한다. 각 기법은 서로 다른 방법으로 이완(relaxation), 기억하기(remembering), 기억 처리하기(processing the memory)를 하고자 하지만, 이완, 노출, 혹은 인지적 재구조화 원리를 적어도 하나 이상 포함한다.

이 장에서 소개하는 대부분의 내용은 단계 I, 안전과 안정화 단계(Safety and Stabilization)의 촉발요인 목록(trigger list)과 관련이 있다. 촉발요인 목록에 대해 평가한 주관적 불편감(SUD)이 어떻게 달라지는지를 보며 작업의 진행 상황이나 경과를 확인할 수 있다. 의미 있는 외상 기억 중 하나만 해결되어도 주관적 불편감(SUD)은 감소되곤 한다. 이전 단계에서 활용했던 촉발요인 목록으로 돌아가 변화를 살펴보는 것은 시간에 따른 치료 진행 상황을 검토할 수 있는 지도를 제공한다. 이제부터는 외상 기억의 처리 단계로 들어가는 것이니, 내담자가 정서적, 생리적, 그리고 인지적으로 두 번째 단계를 시작하기 위한 준비가 되어있는지 먼저 확인해야 한다.

외상 기억의 처리 작업 단계는 내담자가 이 단계로 나아갈 준비가 되었는지 판단할 수 있도록 하는 필수적인 기준을 검토하는 것부터 시작한다.

5가지 기준

1. 임박한 실제 위험의 해결(resolve danger)

2. '나는 안전하다'와 '안전하게 느낀다'의 구분(distinguish Am safe vs. Feel Safe)

3. 자기―진정(self―soothing)과 자기―구조(self―rescue) 기술의 개발

4. 자기―구조 기술 연습하기(practice self―rescue)

5. 계약과 사전동의서 논의

1. 신체(Body)

성공적인 회복을 위한 생리적 핵심 요소는 이완이다. 이완 활동의 목표는 신피질이 사건을 완벽하게 처리할 수 있도록 하는 것이다. 불안 수준이 높아지면 앞서 설명했던 원리로 인해 외상 기억의 처리 수준은 낮아진다. 따라서 외상 기억의 처리 과정을 촉진하기 위해, 내담자가 느끼는 불안 수준을 확인하고, 불안을 적정하게 낮출 수 있는 방법을 알려주어야 한다. 이 장에서는 이와 같은 과제를 완수할 수 있는 다양한 방법을 제공할 것이다.

적정화(Titration) Part II: 제동 및 가속(Braking and Acceleration

외상 기억 처리 작업을 하는 데 있어 제동 및 가속(braking and acceleration)을 통해 적정 수준을 유지하는 것은 필수적인 기술이다. 이 기법은 내담자가 자신이 원할 때 언제든지 멈출 수 있다는 것을 염두에 두고 치료 작업을 시작하게 해준다. 제동 및 가속(braking and acceleration)의 첫 번째 단계에서는 안전과 안정화 단계(Safety and Stabilization stage)의 기술을 활용한다. 지금부터는 외상 기억 처리의 핵심 단계에서 시행할 수 있는 유용한 방법을 살펴 볼 것이다. 이 작업을 통해 내담자는 언제나 브레이크를 밟아 제동을 걸 수 있다는 확신을 가지고 외상 기억의 처리를 시작할 수 있다. 내담자는 외상 경험에 대해 어느 정도 통제력을 가질 수 있고, 얼마나 빠르게 또는 느리게 처리 과정을 진행할지도 결정할 수 있다.

제동 및 가속 기법에서는 내담자의 심리적 고통을 낮추는 것이 가장 중요하다. 이 목표를 달성하기 위한 활동은 내담자에 맞춰 변형할 수 있다. 제동 및 가속 과정은 유머, 호흡, 좋아하는 활동 또는 사람에 대해 이야기하기, 안전감에 대한 상상하기, 중간 대상을 들고 있기 등의 다양한 활동을 포함할 수 있다. 이러한 활동 중 일부는 이미 앞에서 다루었으며, 뒷장에서 새로운 방법을 추가적으로 제시할 것이다.

외상의 처리 단계에서는, 치료 작업이 너무 과열되고 있지는 않은지 즉, 내담자에게 부담이 되는지를 알려주는 다양한 접근방법이 필요하다. 치료자가 느끼기에 내담자에게 효과가 없으면 모든 '기법(techniques)'의 활용을 즉시 중단해야 한다. 그리고 내담자의 애도의 감정과 불편감을 해소해 주기 위해 안전하고 안심할 수 있는, 안아주는 환경(holding environment)을 제공해야 한다. 과거에 성공적으로 활용했던 기법을 활용해, 내담자와 심리적 외상 기억 사이, 그리고 내담자와 치료 회기 사이에 상상의 벽을 만들 것을 제안할 수도 있다.

다음에서 소개할 세 가지 활동은 다년간 성공적으로 사용된 제동 및 가속 방법들이다. 또 다른 훌륭한 방법들을 Rothschild(2000)에서 찾아볼 수 있다.

레이어링(층 쌓기, Layering) (RE-CR)

소요 시간(Time required)
1회기 또는 그 이상.

준비물(Materials required)
치료자를 위한 종이와 연필.

활용 지침(Indications for use)
심리적 외상 회복의 외상 기억 처리 단계에서 신체적, 인지적 그리고 정서적 대처 능력을 우선적으로 향상시킬 필요가 있는 경우에 활용.

유의사항(Counterindications)
내담자가 해리 상태이거나 활동 중에 해리를 보이는 경우에는 활용을 금함. 호흡기 질환이 있는 경우에도 금함.

여기서는 내담자가 심리적 외상 치료의 이전 단계에서 이미 활용했던 기법들을 사용한다. 심호흡법은 이 기법의 핵심 요소이다. '레이어링(층 쌓기, layering)' 기법을 활용하기 전, 내담자는 심호흡법을 잘 알고 활용할 수 있어야 한다. 한 회기 내에서 '레이어링' 기법을 소개하기 전에 심호흡법을 먼저 가르칠 수도 있다. 작업을 시작하기 전, 내담자에게 전체 절차에 대해 알려준다. 이 활동은 내담자가 외상 사건의 직접적인 기억으로 인해 괴로워하지 않지만, 최근 또는 현재 사건으로 인해 높은 수준의 심리적 고통을 느끼는 상태에서 치료 장면에 왔을 때도 사용할 수 있다. 시간이 경과함에 따라, 내담자는 '레이어링'에 숙련되고, 고통스러운 감정을 처리하기 위해 이 접근법을 혼자 사용할 수 있게 된다. 치료자를 위해 '레이어링 – 도표 양식(layering-charting form)'을 제공한다.

참고: 심호흡법을 활용할 수 없는 내담자에게는 이 활동을 한 부분에서의 편안함(comfort in one part)기법으로 대체할 수 있다. 특히 손바닥 안에서의 편안함(comfort in the palms of the hands) 활동을 사용해 대체할 수 있다.

실시 방법(Delivery of Approach)

이 활동은 시작부분에서 예스 세트(yes set)라고 흔히 칭하는 Ericksonian 접근법을 활용한다(I. Bilash, personal communication, February 19, 1997).

예스 세트(yes set)를 만들기 위해서 치료자는 우선 내담자의 고통 수준을 인식하고, 이를 내담자에게 설명해 활동을 위한 동의를 구한다.

"당신은 X(트라우마 또는 고민)때문에 화가 난 것 같습니다. 당신이 이것을 가능한 최선의 방법으로 다루기를 원한다는 것을 알고 있습니다."라는 문장으로 시작하면 좋다.

이런 설명에 대부분의 내담자는 동의하거나 "그렇다"라고 답할 것이다.

다음은 "당신의 목표를 달성하기 위해 우리가 함께 작업했으면 좋겠어요, 괜찮겠어요?"라고 묻는다.

치료자는 이번에도 "그렇다"라는 답변을 얻을 것이다. 이제 활동에 대해 설명하고, 내담자가 참여의사를 밝힐 때까지 기다린다.

레이어링(Layering) 기법에 대해서는 다음과 같이 설명할 수 있다.

"우리는 일전에 심호흡법을 연습해본 적이 있어요. 과거에 이 방법이 도움이 되었듯이, 이 방법을 활용하면 당신은 X에 대한 불편함을 통제할 수 있다는 느낌(a sense of mastery)을 얻을 수 있습니다. 불편한 사건에 대해 말하고 나서 심호흡을 할 것입니다. 이야기를 하다가 또 잠깐 휴식할 수도 있습니다. 이런 식으로 당신은 감정에 압도되지 않은 상태에서 어떤 마음이 드는지에 대해 말할 수 있게 될 겁니다."

1. 불편하거나 충격적인 기억의 원인을 찾아낸다. 주관적 불편감(SUDs) 척도를 사용하여 1점부터 10점 사이로 평정한다.
2. 내담자에게 심호흡법을 하도록 상기시킨다. 3~5번 깊게 들이쉬고 내뱉는 연습을 하게 한다(또는 한 부분에서의 편안함(comfort in one part)에 집중하도록 한다). 이 책에 설명되어 있는 심호흡 활동 단계를 따르도록 격려한다.
3. '레이어링(layering)'에 대해 알려주며, 이 활동은 어떻게 진행되는지 설명한다.
4. 무슨 일이 있었는지, 그 기억이 왜 불편한지 설명해달라고 한다. 처음부터 가능하면 최대한 생생하고 간결하게 표현하라고 요구한다. 내담자에게 이야기를 하는 도중에 내담자의 호흡이 가빠지기 시작하면 치료자가 이야기를 그만하라고 할 수도 있다고 알려준다.
5. 내담자에게 사건을 설명하기 시작할 때 자신의 호흡에 주의하며, 호흡에 주목할만한 변화가 일어난다면 설명하는 것을 멈추라고 한다(호흡이 얕아지거나 빨라질 수 있고, 호흡곤란이 일어날 수도 있다).
6. 이제 마음 속으로 집중하게 하고, 정해진 규칙대로 다섯 번 깊게 들이마시고 내뱉도록 한다. 다섯 번째 내뱉을 때, 다시 외부에 집중하도록 한다. 현재 느끼는 감정에 대해 주관적 불편감(SUD)을 평정하게 한

다. 주관적 불편감이 5점보다 높다면 다시 5번 심호흡을 하게 한다. 만약 5점이거나 더 낮다면 불편함을 초래하는 사건에 대해 더 설명해 보도록 요구한다.

7. 내담자가 전체 사건에 대해 설명하는 내내 주관적 불편감(SUDs)이 5점보다 낮게 유지될 때까지 4단계에서 6단계를 반복한다.

도구 사용하기(USING THE TOOLS)

레이어링(층 쌓기, Layering) (Baranowsky, 1997)

불편한 신체적, 정서적 감각 극복하기(a mastery approach to disturbing physical and emotional sensations)

목표 사건(target event)	SUD
정서적 반응	
생각 (무엇이 이 사건을 그렇게 속상하게 만드는 것일까?)	
결과 (무슨 일이 일어났나?)	
심호흡 (5번) (또는 한 부분에서의 편안함(comfort in one part)	
목표 사건(추가 설명)	
심호흡 (5번)	
인지 (이 사건에 대해 드는 생각이 무엇인가?)	

심호흡 (5번)	
정서 (이 사건에 대해 어떻게 느끼는가?)	
심호흡 (5번)	
신체 감각 (몸에서 어떤 불편한 느낌이 드는가?)	
심호흡 (5번)	
정서 (이 사건에 대해 어떻게 느끼는가?)	
심호흡 (5번)	
정서 (이 사건에 대해 어떻게 느끼는가?)	

대안: 이 책의 한 부분에서의 편안함(comfort in one part) 기법 또는 긍정적 자기 대화와 사고 대치/변화(positive self-talk/thought replacement)를 참고하라. 목표 사건에 대한 주관적 불편감(SUDs) 점수가 5점 이하로 내려갈 때까지 이 과정을 계속하라. 그러지 못할 경우에는, 안전과 안정화(safety and stabilization) 단계의 그라운딩(grounding) 활동을 하면서 회기를 종료한다.

출처: Anna B. Baranowsky, J. Erin Gentry, & D. Franklin Schultz, *Trauma Practice: Tools for Stabilization and Recovery.* ⓒ 2011. Hogrefe Publishing

한 부분에서의 편안함(Comfort in One Part) (RE)

소요 시간(Time required)

10분.

준비물(Materials required)

없음.

활용 지침(Indications for use)

외상 기억 처리 단계에서 신체적 대처 능력을 우선적으로 향상시킬 필요가 있는 경우에 활용.

유의사항(Counterindications)

없음.

이 활동은 신체적 감각을 활용해 새로운 상태의 신체적 편안함 또는 이완(relaxation)을 경험하게 하는 데 도움을 준다. 비록 신체의 작은 부분에서 느낀 이완감이지만, 내담자는 이를 통해 어려운 기억을 직면하면서 침착함을 유지할 수 있다. 내담자는 한 부분에서의 편안함(comfort in one part) 기법을 사용하여 스스로를 안심시키고 진정시킴으로써, 과거의 경험을 해결하기 위해 용감하게 앞으로 나아갈 수 있다.

실시 방법(Delivery of Approach)

이 접근법은 에릭슨의 연구(Erickson & Rossi, 1989)에서 처음 소개되었으며, 그 후 Dolan(1991, p. 26)을 통해 다시 알려졌다. 내담자는 신체의 한 부분(one part)을 완벽하고 깊게 이완하는 법을 배운다(신체의 어떤 부분을 이완할지는 내담자가 선택할 수 있다). 이러한 이완방법은 앞에서 소개되었던 기법(예, 앵커링(anchoring), 심호흡법, 또는 안전한 장소 상상하기 등)을 통해서도 가능하다. 내담자에게 완전히 편히 앉아 긴장을 모두 풀고, 이완할 준비가 된 몸의 한 부분(one part)을 선택하라고 지시한다. 내담자에게 이 부분에서 전해져 오는 편안하고 차분하고 부드럽고 깊은 만족감을 느껴보도록 격려한다. 내담자가 완전히 편안함을 느끼고, 몸의 일부에 편안함이 스며들 시간을 준다. 내담자가 이 이완 경험을 충분히 즐겼다고 신호(손가락 들어올리기)를 보내면, 다시 현재 앉아있는 방으로 주의를 천천히 돌리도록 한다.

내담자는 이제 외상 기억의 처리 단계를 진행하는 것에 동의하고, 몸의 한 부분에서의 편안함(comfort in one part)을 유지할 준비가 되었다. 내담자는 외상 관련 이야기를 할 때나 관련 기억을 처리하는 과정에서 편안함을 유지하고 있는 몸의 한 부분(one part)을 주시하라는 지시를 받는다. 몸의 한 부분(one part)이 이완 상태에서 벗어나 편안함을 잃는다면 그것은 잠시 이야기를 멈추고 휴식을 취하면서 다시 편안함을 찾으라는 신호이다.

손바닥안의 편안함(Comfort in the palms of the hands). 이 기법을 시작하기 위한 좋은 방법은 내담자가 손바닥의 중앙에 주의를 집중하게끔 하는 것이다. 내담자에게 뒤집은 손바닥 중앙에 따뜻한 햇볕이 비쳐 일광욕을 하는 상상을 하라고 지시한다. 손바닥 중앙의 감각을 부드럽게 하는 따뜻함과 이완감을 느끼도록 격려하라. 따뜻함이 퍼져나가게 하고, 불편함이 느껴지면 물러나는 상상을 하게 한다.

타임라인 접근(A Time-Line Approach) (RE-CR)

소요 시간(Time required)

20~30분.

준비물(Materials required)

종이와 연필.

활용 지침(Indications for use)

외상 기억 처리 단계에서 신체적, 인지적 그리고 정서적 대처 능력을 우선적으로 향상시킬 필요가 있는 경우에 활용.

유의사항

내담자가 해리 상태이거나 활동 중에 해리 증상을 보이는 경우에는 활용을 금함.

타임라인 접근법(a time-line approach)은 제동 및 가속(braking and ac-celeration), 자기-진정(self-soothing), 체계적 둔감화(systematic desensitization), 순환식 테이프 스크립팅(looped tape scripting)(이후 제시됨)에서도 활용하는 유용한 기술을 포함한다. 행동적 관점에서 상호 억제(reciprocal inhibition)(심리적 기억에 노출됨과 동시에 이완함)와 인지적 재구조화는 외상 스트레스의 부정적 후유증을 완화시키는 데 도움이 된다는 것을 기억하라. 연구 결과가 지지하는 정도에 차이가 있긴 해도, 외상 후 스트레스 문제를 해결하기 위해 사용할 수 있는 기법은 굉장히 많다. 하지만 치료자의 창의력(creativity)에 따라 치료에서 활용할 수 있는 기법은 제한된다. 치료자가 능숙하게 활용할 수 있는 기법만이 상호 억제와 인지적 재구조화라는 목표를 달성할 수 있기 때문이다.

실시 방법(Delivery of Approach)

이 접근법은 자기-통제적인(self-controlled) 출발-정지 요소(start-stop element)를 포함한 상호 억제(reciprocal inhibition)와 인지적 재구조화(cognitive restructuring)의 원리에 기초한다. 타임라인 접근(a time-line approach)은 집단 치료나 개인 치료 장면에서 사용할 수 있다. 이 기법은 당연히 안전과 안정화 단계를 성공적으로 거치고, 내담자가 충분한 자기-진정 기술(self-soothing skills)을 가지고 있을 때 실시해야 한다. 자기-진정 기술은 다양한 이완 활동, 자기-대화(self-talk), 심호흡법 등을 사용해 이완할 수 있는 능력이다. 타임라인 접근(a time-line approach)에서 치료자는 증인 역할을 하며 내담자의 고통 수준을 모니터링 해야 한다. 집단 치료 장면이라면 파트너가 이 역할을 대신한다.

단계:

1. 처리해야 할 특정 심리적 외상 사건을 확인한다.
2. 내담자에게 22cm x 28cm 정도 크기의 종이를 주고, 가로 방향으로 놓은 후, 종이 중앙에 다음과 같은 타임라인을 그리게 한다.

[_____]

시작(Beginning)   끝(End)

3. 내담자를 완전히 이완시킨 뒤, 심리적 외상 사건에 대해 좀 거리를 두고 생각해 보도록 한다. 그 기억 속에 완전히 들어가지는 않은 채, 사건의 시작 부분에서 출발해, 시간대에 따라 사건을 나누도록 한다. 이는 앞서 나왔던 촉발요인 목록(trigger list) 기법에서의 활동과 유사하다. 내담자는 원하는 만큼 많은 부분으로 해당 사건을 나눌 수 있다.
4. 발생한 순서에 따라 각 부분을 종이의 타임라인에 선으로 그리도록 하고, 어떤 부분인지 알 수 있도록 한 단어로 표시한다.
5. 각 부분을 나타내는 선의 높이는 주관적 불편감(SUDs)의 수준(1점부터 10점까지)에 따라 정하고 표시하게 한다.

이제 내담자를 이완시킨다. 내담자는 위의 활동을 통해 심리적 외상 사건에 대한 상징적인 표현을 만들었다. 내담자가 완전히 이완되고 주관적 불편감(SUDs)의 수준이 0점 또는 1점이 되었을 때, 이 사건을 처리하기 시작하길 원할 수도 있고 나중에 다시 다루길 원할 수도 있다. 내담자가 외상 기억의 처리 작업을 시작하기로 결정했다면, 다음과 같이 진행한다.

단계:

1. '시작'에서부터 출발하여, 타임라인의 첫 번째 부분의 사건에 대하여 이야기하게 한다.

2. 내담자의 주관적 불편감(SUDs) 수준을 주시한다. 주관적 불편감(SUDs) 수준이 너무 급작스럽게 상승하거나 내담자가 불편감에 압도된다면 그 부분을 더 세분화시킬 필요가 있을 수 있다. 주관적 불편감(SUDs) 수준이 상승하긴 해도 내담자가 압도되지는 않는다면, 그 부분을 계속 이야기하도록 한다.

3. 한 부분에 대한 이야기가 끝나면 멈춘다.

4. 자기-진정(self-soothing) 활동을 시작하게 한다. 이완하는 동안 생각나는 것은 무엇이든 모두 이야기하게 한다.

5. 주관적 불편감(SUDs) 수준이 0점 또는 1점이 될 때, 내담자는 활동을 계속할 것인지 멈출 것인지 선택할 수 있다. 내담자가 멈추기를 희망한다면, 내담자가 다시 사건에 대한 표상(타임라인 종이)(representation)을 다룰 준비가 될 때까지 치료자가 타임라인 종이를 보관할 수 있다고 설명해준다. 내담자는 외상 사건에 대한 표상(종이)을 집으로 가져갈 필요는 없다. 내담자가 더 진행하기로 결정한다면 타임라인의 다음 부분에 대해서 단계 1부터 5까지를 반복한다.

이 단계를 마칠 때쯤이면 내담자는 외상 기억에 대하여 완전히 작업이 끝났을 것이다. 이 단계를 진행하는 과정에서 통찰을 얻고 외상 사건에 대한 전체적인 이야기(narrative)를 만들어냈을 것이다. 내담자는 정서에 압도당하지 않으면서 이 과정을 마쳤을 것이다. 외상 사건 기억의 처리 과정을 촉진하기 위해서 사건에 대한 이야기를 최대한 정확하게 다시 들려주는 것도 도움이 될 수 있다. 내담자는 이 과정에 참여하는 동안 계속해서 자기-진정(self-soothing) 활동을 해야 한다. 집단 치료 장면에서는 파트너가 집단에게 내담자의 이야기를 대신 읽어주는 것이 도움이 될 수도 있다.

바이오피드백(Biofeedback) (R-RE-CR)

소요 시간(Time required)

경우에 따라 다름.

준비물(Materials required)

경우에 따라 다름.

활용 지침(Indications for use)

외상 기억 처리 단계에서 신체적 대처 능력을 우선적으로 향상시킬 필요가 있는 경우에 활용.

유의사항(Counterindications)

내담자가 해리 상태이거나 활동 중에 해리 증상을 보이는 경우에는 활용을 금함.

실시 방법(Delivery of Approach)

간단히 말해 바이오피드백(biofeedback)이란 상상 또는 실제의 자극에 대한 생리학적인 반응 중 한 개 혹은 그 이상에 대한 정기적이고 계속적인 피드백을 내담자에게 제공하는 기술이다. 이 기법은 호흡횟수를 모니터링 하는 것(혹은 내담자가 스스로 모니터링 하도록 돕는 것)만큼 간단한 것부터, 양전자 방출 단층 촬영술(Positron Emission Tomography, PET) 스캔을 관찰하는 것만큼 정교한 것까지 포함한다. 가장 흔하게 사용하는 것은 혈압, 호흡, 심박수, 피부 온도 그리고 피부 전기 전도율(Electrogalvanic Skin Response, ERG)을 컴퓨터를 이용하여 모니터링 하는 것이다.

바이오피드백 모니터링 기술은 내담자가 불안 반응을 관찰 가능(visible)하게 감소시키는(예, 손의 피부 온도 증가, 낮아진 심박수, 낮아진 호흡수, 낮아진 피부 전기 전도율) 생각과 행동을 '기억'해둘 수 있도록 하기 위해 이완 전략과 함께 사용된다. http://www.heartmath.com 사이트가 제공하는 바이오피드백 제품은 연구에 활용할 수 있고, 작동법이 쉽고, 내담자에게 피드백을 효과적으로 제공할 수 있는 훌륭한 바이오피드백 시스템의 예시이다. 치료자는 사무실에서 바이오피드백 시스템을 설치할 수 있고, 내담자에게 시스템에 대해 교육할 수 있으며, 노출 연습(exposure exercise)을 하는 동안 변화를 모니터링할 수 있다. 바이오피드백 기법은 내담자의 심박수와 호흡을 모니터링 하는 동안 내담자가 외상 기억에 집중할 수 있게 할 것이다. 바이오피드백 시스템으로부터 내담자의 불안과 스트레스가 매우 높다는 피드백이 나타나면, 내담자는 외상 기억으로의 노출 활동을 멈추고 이완할 수 있다. 이완 활동을 통해 바이오피드백 시스템으로부터 오는 피드백을 나아지게 하고 나서 노출 활동을 재개한다.

바이오피드백 기법은 외상의 치료 과정에서 내담자가 외상 기억에 접근하고 직면하는 동안 자신의 각성 수준을 지속적으로 인식할 수 있게 하고자 할 때 적용한다. 바이오피드백은 내담자가 이완 반응을 활성화하도록 자극해 외상 기억을 재조정하고 해결하는 동안 상호 억제가 일어나도록 한다.

제3장 - 외상 기억의 처리

2. 인지(Cognition)

다음은 외상이 있는 내담자의 인지적 처리 기술을 다루는 다양한 기법에 대한 설명이다. 외상 생존자는 자기 자신과 세상을 이해하고 안전감을 느끼기 위해서 자기 자신과 세상을 인지적으로 왜곡한다. 인지적 왜곡은 상당히 문제가 되는 행동을 초래하기도 한다. 내담자가 외상 사건으로부터 회복하기 위해서는 외상 사건 그 자체를 처리하는 것뿐만 아니라, 내담자의 삶에 유용하지 않은 신념을 알아차리고 재구성해야 한다. 앞장에서 논의한 바와 같이, 외상(특히 외상 스트레스)은 생각하는 능력에 부정적인 영향을 미친다는 것을 기억하라. 해리 증상이 나타나거나 다루기 어려운 심리적 외상 스트레스를 분명하게 경험하는 내담자는 인지적 기법을 수행하는 데 어려움을 겪는다. 분명하게 생각하는 것 자체가 어렵기 때문이다. 외상 후 스트레스 문제와 해리(dissociation) 증상은 인지적 기법을 활용해 최상의 결과를 달성하기 전에 먼저 다루어야 한다.

하향 화살표 기법(Downward Arrow Technique) (RE-CR)

소요 시간(Time required)
5~30분.
준비물(Materials required)
없음.

활용 지침(Indications for use)

외상 기억 처리 단계에서 인지적 대처 능력을 우선적으로 향상시킬 필요가 있는 경우에 활용.

유의사항(Counterindications)

내담자가 혼란스럽거나, 스트레스를 받고 있는 것처럼 보이거나, 또는 해리 상태이거나, 활동 중에 해리 증상을 보이는 경우에는 활용을 금함.

Burns(1980)가 처음으로 소개한 이 기법은 회복을 방해하는 침투적 사고(intrusive thought)를 다룰 때 특히 유용하다. 아래에서 침투적인 부정적 사고가 내담자를 압도할 때 이 기법을 적용하는 방법에 대해 설명한다. 많은 경우 내담자의 심리적 고통의 가장 큰 원천은 부정적 혹은 침투적 사고가 나타나서는 안 된다고 생각하는 것과 연관되어 있다. 이러한 생각은 내담자로 하여금 추가적인 내적 갈등을 겪게 한다. 침투적인 생각의 영향을 줄이기 위해서는 침투적 사고에 대해 내적으로 갈등하기 보다는 부정적인 신념에 도전하도록 해야 한다.

실시 방법(Delivery of Approach)

예시:

Polly는 6살 때 겪은 성적 학대 경험과 관련한 부정적인 침투적 사고를 가진 36살 여성이다.

외상 혹은 충격적인 사건과 관련한 자동적 사고: 나에게 일어난 일은 내 잘못이다.

도전적 진술: 그 생각이 옳다면, 그것은 무엇을 의미하는가? (이 질문을 그대로 혹은 약간 변형해서 근본적이거나 핵심 신념이 나타날 때까지 반복한다)

자동적 사고: 나는 매우 나쁜 소녀였다.

도전적 진술: 당신이 "나쁜 소녀"였다 해도, 그 생각이 왜 당신을 속상하게 만드는가?

자동적 사고: 모든 사람은 내가 더럽고 역겹다는 것을 알 것이다.

도전적 진술: 당신이 "더럽고 역겹다"면, 그 사실이 당신에게는 어떤 의미인가?

자동적 사고: 사람들은 나를 싫어할 것이고, 나는 사랑 받는다고 느끼고 싶다.

내담자가 부정적인 사고의 영향이 약간 줄었다고 느끼거나 슬픔의 원천인 핵심 신념과 부딪힐 때까지 이 과정을 계속해나간다.

핵심 신념: 나는 사랑 받을 수 없다.

내담자가 핵심 신념을 나타내면, 이제 다음 과정에 집중할 수 있다.

당신은 이 신념을 유지하기를 원합니까?

내담자는 "아니요" 혹은 "바꾸는 법을 모릅니다"라고 말할 가능성이 있다. 이 시점에서, 대안적인 긍정적 신념을 내적 핵심 신념으로 삼을 수 있다고 설명하라.

기존의 핵심 신념에 반대되는 것을 알아내라. (치료자 당신은 내담자가 이것을 알아낼 수 있도록 도울 수 있다. 기억하라. 목표는 기존의 부정적인 신념과 반대되는 것을 찾는 것이다. 내담자가 이 순간에 반드시 긍정적인 신념을 믿도록 하는 것이 목표가 아니다. 그것은 때가 되면 저절로 될 것이다)

기존의 신념에 반대되는 긍정적 신념: 나는 사랑 받을 수 있다. 나는 충분히 좋은 사람이다.

처음에는 내담자가 기존의 핵심 신념에 반대되는 신념을 찾는 과정에서 다소 불편함을 느낄 것이다. 하지만 고통스러운 사건에의 노출을 이완 활동과 함께 실시했을 때 불편감이 감소했던 것처럼, 이완 활동과 함께 실시하는 긍정적인 신념에의 노출은 차분하고 편안하고 통합된 반응을 이끌어 낼 수 있다.

이제 목표는 새로운 긍정적인 대안적 신념에의 노출이다. 내담자에게 이 새로운 신념을 생각할 때 주관적 불편감(SUD) 점수가 5점이거나 더 낮아질 때까지 새로운 긍정적 대안을 듣거나 반복하라고 지시하라.

인지적 연속성(Cognitive Continuum) (CR)

소요 시간(Time required)

5~30분.

준비물(Materials required)

없음.

활용 지침(Indications for use)

외상 기억 처리 단계에서 인지적 대처 능력을 우선적으로 향상시킬 필요가 있는 경우에 활용.

유의사항(Counterindications)

내담자가 혼란스럽고, 감당할 수 없는 스트레스를 받는 것이 분명한 경우 또는 해리 상태이거나 활동 중에 해리 증상을 보이는 경우에는 활용을 금함.

Baer(2001, p.102)는 내담자의 부정적 신념에 도전하기 위해 인지적 연속성 기법을 사용할 것을 권장한다. 내담자가 외상 경험을 기초로 굳건하게 고수하는 부정적 신념이 있을 때 특히 유용한 기술이기 때문이다. 예를 들어, 어린 시절 성적 학대의 경험이 있는 여성 Polly는 학대 사건을 겪은 것과 관련하여 그녀 자신이 "극도로 나쁘고", "다른 사람은 나를 경멸한다"는 부정적 결론을 내릴 것이다.

인지적 연속성 기법은 일반화가 심하고 현실에 근거하지 않은 가정을 갖고 있는 내담자와 작업할 때도 유용하다.

어떤 내담자가 자신을 "끔찍한 엄마"라고 선언한다면, 치료자는 이런 식의 일반화된 발언이 꽤 중요한 사실에 기초해 타당하게 이루어진 것이라 생각할 수도 있다. 하지만 치료자가 내담자에게 엄마로서 하고 있는 일에 대해 구체적으로 질문했을 때, 내담자는 다음과 같은 일을 하고 있다고 인정했다.

1. 그녀는 매일 아이들에게 식사를 만들어준다.
2. 아이들을 학교에 데려다 주고 데려온다.
3. 절대 아이들을 때리지 않고 언성을 거의 높이지 않는다.

4. 취침 시간에 아이들에게 책을 읽어준다.

5. 방과 후 그리고 주말 동안 아이들이 몰입할 수 있는 재미있는 활동을 찾는다.

6. 정기적으로 아이들이 가족 그리고 친구들과 어울릴 수 있도록 데려간다.

그렇다면 내담자는 도대체 무슨 끔찍한 일을 했는가? *그녀는 아이의 점심도시락을 챙겨주는 것을 잊었고, 담임 선생님이 이 사실을 알게 되었다고 한다.*

내담자가 점심 도시락을 싸주는 것을 잊어버린 것에 대해 이야기하면서 보이는 자기 혐오의 수준은 너무 지나쳤다. 그래서 아이들을 양육하면서 자신이 엄마로서 매일 매일 "좋은 일"을 한다는 사실이 끼어들 틈이 보이지 않았다.

실시 방법(Delivery of Approach)

인지적 연속성(cognitive continuum) 기법은 내담자가 자신의 행동에 대한 적응적인 관점을 가지고 정상적인 결점(normal shortcomings)에 더 잘 반응하도록 하는 활동이다.

우리 사회에서 매일 일어나는 진정으로 '나쁜(bad)' 행동의 목록을 만드는 것부터 시작하라. 다음의 질문으로 시작하라. '진정으로 나쁜 행동은 어떤 것일까?'

예시:

각 나쁜 행동 항목의 오른쪽에 있는 체크표시가 보일 것이다. 각 항목을 최선과 최악이라고 생각하는 정도에 따라 체크한다(치료자는 내담자가 각 항목에 대해 매긴 순위의 옳고 그름을 따지는 것이 아니라 내담자가 어떻게 순위를 매겼는지에 관심을 갖는다).

	0(최선, best)	50(중립 혹은 괜찮음)	100(최악, worst)
1. 연쇄 살인마 되기			X
2. 아동 성추행			X
3.보행자를 차로 치기			X
4. 배우자 때리기			X
5. 음주운전		X	

좋은 혹은 중립적인 행동의 목록도 만들 필요가 있다. 좋거나 중립적인 행동의 목록에 포함된 행동은 무엇일까?

예시:

좋거나 중립적인 행동 항목 오른쪽에 있는 체크표시가 보일 것이다. 내담자가 최선이라고 생각하는 정도에 따라 항목의 순위가 매겨져 있다(치료자는 내담자가 각 항목에 대해 매긴 순위의 옳고 그름을 따지는 것이 아니라 내담자가 어떻게 순위를 매겼는지에 관심을 갖는다).

	0(최선)	50(중립 혹은 괜찮음)	100(최악)
1. 고양이 먹이주기		X	
2. 사랑하는 사람에게 아무 이유 없이 선물 사주기		X	
3. 친구와 웃으며 시간 보내기	X		
4. 암 치료법 발견하기	X		

이제 내담자는 아래의 점수 척도에 따라 0점부터 100점까지 모든 항목에 점수를 매긴다.

0점 = 가장 좋은 행동

50점 = 중립적이거나 괜찮은 행동

100점 = 가장 나쁘거나 비열한 행동

모든 목록을 만들고 점수를 매기면, 내담자에게 항목을 추가해보라고 한다. 위에서 언급한 내담자 예시의 경우, "나는 내 아이의 점심도시락을 챙기는 것을 잊었다"를 목록에 추가할 것이다. 갑자기 "나는 끔찍한 엄마야"라고 결론 내렸던 내담자는 "내가 그날 아침에 단지 바빠서 잊어버린 것 같아. 선생님께서 전화하셔서 아이가 그래도 점심 식사를 잘 해결했다고 확인 시켜 주셨어. 그건 다행인 일이야"로 바뀐 결론을 내릴 수 있다.

도구 사용하기(USING THE TOOLS)
인지적 연속성(Cognitive Continuum)

부정적 선언(부정적 표현 혹은 신념을 아래에 적어라)

_____

_____

_____

이 상황과 관련된 당신의 좋은 면을 나열하라.

_____

_____

_____

진정으로 나쁜 행동이나 일의 예시를 들어라.

        0(최고)   50(중립 혹은 괜찮음)   100(최악)

_____

_____

_____

좋거나 중립적인 행동의 예시를 들어라.

        0(최고)   50(중립 혹은 괜찮음)   100(최악)

_____

_____

_____

이제 당신의 부정적 선언을 추가하고 점수를 매겨라.

0(최고)   50(중립 혹은 괜찮음)   100(최악)

_____

_____

_____

출처: Anna B. Baranowsky, J. Erin Gentry, & D. Franklin Schultz, *Trauma Practice: Tools for Stabilization and Recovery.* ⓒ 2011. Hogrefe Publishing

실제 위험 계산하기(Calculating True Danger) (CR)

소요 시간(Time required)

10 ~ 30분.

준비물(Materials required)

종이와 연필.

활용 지침(Indications for use)

심리적 외상 회복의 외상 기억 처리 단계에서 인지적 대처 능력을 우선적으로 향상시킬 필요가 있는 경우에 활용.

유의사항(Counterindications)

내담자가 혼란스럽고, 감당할 수 없는 스트레스를 받는 것이 분명한 경우 또는 해리 상태이거나 활동 중에 해리 증상을 보이는 경우에는 활용을 금함.

Baer(2001, p. 102)는 부정적 인지적 신념에 도전하는 데 유용한 또 다른 기법을 제시한다. 외상 생존자는 안전감(safety)을 위협받는 경험을 하는 경우가 흔한데, 이 기법은 내담자의 안전감이 위태로울 때 유용하다. 단 사건의 실제 발생 가능성이 내담자가 지각하는 것보다 훨씬 적다고 확신할 때만 사용하라. 예를 들어, Sheldon이라는 내담자는 비행기를 타고 휴가를 떠날 때 비행기가 추락해 자신이 죽을지도 모른다고 믿는다. 이 사례는 실제 위험 계산하기 기법으로 다루기 좋은 예시이다. 우리는 전세계적으로 300만 이상의 사람들이 매일 비행기를 탄다는 것을 알고 있기 때문이다. 1998년에는 10번의 치명적인 비행기 사고가 있었지만, 그 해에 선 세계적 비행횟수는 1천 800만 번이었고, 약 13억 명의 승객이 비행기를 이용했다. 민간 항공사에서 발생한 사고 위험률은 실제 3백만 명의 승객 당 1명의 사망자가 발생하는 수준이었다. 이 사실을 바탕으로 내담자의 관점에 대해 생각해 보자. 300백만 번 비행기를 타서 사망사고를 겪으려면, 내담자가 8200년 이상 동안 매일 하루에 한 번씩 비행을 해야 한다는 의미다. 비행기를 타는 것은 자동차를 운전하는 것보다 22배 안전하다고도 알려져 있다.

앞서 언급한 것처럼 실제로 임박해있는 위험 요소가 있는 경우에는 실제 위험을 계산하는 아래의 활동을 사용해서는 안 된다.

실시 방법(Delivery of Approach)

예시:

먼저 치료자는 Sheldon에게 그가 탑승한 비행기가 추락할 확률을 예측해보라고 한다(그는 비행기가 추락할 확률이 25%라고 생각한다). 다음으로 치료자는 Sheldon이 생각하는 두려운 결과(비행기 추락으로 인한 죽음)가 나타나려면 어떤 조건이 필요한지를 알아내기 위해 내담자와 함께 작업한다. "비행기 추락으로 인한 죽음"에 이르게 하는 모든 사건을 생각해낸 후에 "가정된 각 사건이 일어날 가능성"에 대해 다시 점수를 매긴다. 그리고 나서 "모든 사건의 누적 가능성"을 계산한다(표 5를 봐라). Sheldon이 비행기 추락 사고를 두려워할 때, 치료자는 사고가 일어나기 위해 선행되어야 할 조건을 함께 탐색하고, 각 사건의 실제 발생 가능성을 계산한다. Sheldon은 추락 사고를 몹시 두려워하지만, 실제 위험 계산하기 기법을 사용해 사건의 발생 가능성을 평가하면서 실제로 그 사건이 발생할 확률은 매우 낮다는 것을 알게 된다. 이 활동을 통해 Sheldon은 0.0000001%라는 상당히 낮은 위험 확률로 사고의 발생 가능성을 평가할 수 있게 된다. 이 확률은 Sheldon이 활동 이전에 예측했던 25%의 사고 발생 확률과는 대조적이다. 이 예시는 치료자가 내담자로 하여금 상황과 관련된 실제 두려움과 자신이 지각하는 두려움 간의 차이에 도전하도록 하는데 어떤 도움을 줄 수 있는지를 보여준다.

표 5. 위험의 실제 발생 확률 계산하기

사건	이 사건이 발생할 확률	사건의 누적 확률
1. Sheldon은 충돌 사고가 일어날 가능성이 있는 비행기에 탑승해야 한다.	1/1000	1/1000
2. 이륙 전에는 결함이나 문제가 발견되지 않는다.	1/10	1/10,000 (1/1000 x 1/10)
3. 비행 중에 문제가 발생하는 데, 비행기 조종사, 승무원, 승객 중 아무도 이를 해결할 수 없다.	1/10	1/100,000 (1/1000 x 1/10 x 1/10)
4. 착륙 시 충돌 사고가 일어난다.	1/10	1/1,000,000 (1/1000 x 1/10 x 1/10 x 1/10)
5. Sheldon은 살아남지 못한다.	1/10	1/10,000,000 (1/1000 x 1/10 x 1/10 x 1/10 x 1/10)

Baer(2001, p. 102)를 바탕으로 재구성함.

순환식 테이프 스크립팅(Looped Tape Scripting) (RE-CR)

이 기법은 꽤 어려운 활동이다. 그러나 이 책에서 제시하는 대로 치료자가 적절한 예방책을 마련해준다면 내담자가 조금은 안심하고 진행할 준비를 할 수 있다. 순환식 테이프 스크립팅(looped tape scripting)은 두려운 기억 혹은 생각에 대한 노출치료와 습관화에 기초한 방법이다. 이 기법을 활용하기 위해서는 치료자가 고통스러운 치료적 자료를 다루는 데 능숙해야 하고, 전체 회기 동안 내담자에게 차분한 모습을 보일 수 있어야 한다.

습관화는 심리적 고통이나 불편감을 느끼게 하는 상황, 기억, 생각 또는 사건 등의 자극에 계속 노출되면서 이루어진다. 노출 초기에 외상 자극은 심리적 고통을 불러일으킨다. 그러나 시간이 흐르면서 이 자극은 흔하게 느껴지고 더 이상 이전과 같은 수준의 고통을 유발하지 않는다. 습관화는 처음에 느껴지는 불편감을 감내하기 위한 연습과 인내를 요구한다. 습관화에 대한 연구는 노출 기술을 사용했을 때, 내담자의 심리적 불편감이 시간이 지남에 따라 개선된다는 결과를 제시한다. 처음에는 어떤 것(예, 어둠에 대한 두려움, 차의 소음, 비행기 혹은 교통 소음, 부산스럽게 개방된 작업 환경 등)에 대해 짜증나거나 불편했지만, 시간이 지나면서 그것에 대해 완전히 잊어버렸던 경험을 떠올려보면 습관화의 개념을 이해할 수 있을 것이다. 놀랍게도, 습관화의 원리는 훨씬 더 불편감을 주는 자극에 대해서도 같은 방법으로 적용된다.

참고: 순환식 테이프 스크립팅 기법(looped tape scripting)은 하향 화살표 기법(downward arrow technique)처럼 긍정적인 인지적 신념 또는 새로운 핵심 신념을 만들어내는 데에도 활용할 수 있다.

실시 방법(Delivery of Approach)

먼저 내담자가 이 활동에서 함께 다룰 준비가 된 기억, 두려움, 또는 위협 요인이 무엇인지 알아본다. 치료에서 어떤 사건을 목표 사건으로 다룰지 알아보기 위해, 이 책의 초반에 제동 및 가속(braking and acceleration) 파트1에서 다룬 촉발요인 목록(trigger list)을 활용해봐라. 촉발요인 목록은 이번 작업에서 다룰 목표 사건을 선택하는 데 도움이 되는 자료가 될 수 있다. 내담자가 목표 사건을 고르고 나면, 이 목표 사건에 대해 느끼는 주관적 불편감(SUDs) 점수를 1점에서 10점까지 매기게 하라.

이제 내담자에게 목표 사건의 가장 부정적인 측면이나 예측되는 두려움에 대해 최대한 자세히 적게 하라. 내담자는 적은 내용을 읽어 테이프 녹음기나 비디오 카메라로 녹음하도록 격려 받는다. 30분 동안의 녹음을 완료할 때까지 스크립트를 반복해서 읽는다. 치료 회기 동안 적어도 한번 녹음한 내용을 함께 보거나 듣는다. 내담자는 녹음 테이프에 담긴 내용이 더 이상 높은 주관적 불편감(SUD) 점수를 유발하지 않을 때까지 매일 한 시간 동안 그 스크립트를 보거나 듣는 과제를 수행한다. 이러한 방법으로 내담자는 두려운 과거 사건에 대해 습관화한다.

습관화에 필요한 시간은 내담자마다 다르기에, 치료자는 치료 과정에서 내담자의 개인차에 대한 인내력을 가질 필요가 있다.

도구 사용하기(USING THE TOOLS)
순환적 테이프 스크립팅(Looped Tape Scripting)-긍정적인 것 만들기(Installing the Positive)

두려운 기억   SUD = _____

_____

_____

_____

_____

두려운 기억을 가지고 작업하는 대신, 내담자가 아직 불편해하는 긍정적인 자기 진술을 항목별로 적고, 이 목록을 가지고 순환적 테이프 스크립팅(looped tape scripting) 노출법을 실시할 수도 있다.

아래의 긍정적 노출 목록(positive exposure list)은 순환식 테이프 스크립팅(loop tape script) 기법을 활용해 내담자가 새롭고 적응적인 자기–대화(self–talk)를 통합하는 시도를 하도록 한다.

예시:

나는 사랑 받을 수 있다.

나는 훌륭하다.

나는 멋지다.

나는 성공적이다.

나는 흥미진진하다.

나는 재미있다.

나는 즐겁다.

나는 매력적이다.

위의 목록을 한번 이상 읽고 주관적 불편감(SUD) 점수를 매겨라.

SUD = ＿＿＿＿＿＿

깊은 호흡, 한 부분에서의 편안함(comfort in one part), 혹은 다른 자기–진정 (self–soothing) 기법을 함께 실시하며 작업해라.

긍정적 노출 목록을 읽고, 다시 자기–진정 기법을 실시하며 작업하라.

주관적 불편감(SUD) 점수를 매겨라.

SUD = ＿＿＿＿＿＿

긍정적 노출 목록에 대한 주관적 불편감(SUDs) 점수가 5점이나 그 이하가 될 때까지 이 과정을 반복하라.

출처: Anna B. Baranowsky, J. Erin Gentry, & D. Franklin Schultz, *Trauma Practice: Tools for Stabilization and Recovery.* ⓒ 2011. Hogrefe Publishing

제3장 - 외상 기억의 처리

인지적 처리 치료(Cognitive Processing Therapy) (RE-CR)

소요 시간(Time required)

1회기 또는 그 이상.

준비물(Materials required)

종이와 연필.

활용 지침(Indications for use)

외상 기억 처리 단계에서 인지적 대처 능력을 우선적으로 향상시킬 필요가 있는 경우에 활용.

유의사항(Counterindications)

내담자가 혼란스럽고, 감당할 수 없는 스트레스를 받는 것이 분명한 경우 또는 해리 상태이거나 활동 중에 해리 증상을 보이는 경우에는 활용을 금함.

실시 방법(Delivery of Approach)

이 기법은 성폭력 피해자를 치료하기 위해 개발되었고, 인지치료와 노출치료를 통합했다. 치료자는 인지치료 기술을 활용해, 외상 생존자가 외상 경험으로 인해 생긴 문제적 인지(특히, 자기 비난)를 직면하고, 재구성할 수 있도록 돕는다(Resick&Schnicke, 1992, 1993). 또한 McCann과 Pearlman(1990)의 연구에 기반해서, 생존자가 신뢰, 힘과 통제, 자존감과 친밀감 등에 관련해 갖는 과잉 일반화되거나 왜곡된 신념을 다룰 수 있도록 한다. 노출치료 기술은 내담자가 외상 경험에 대한 상세한 설명을 적고, 다른 관찰자나 치료자에게 읽어줄 때 활용한다. 이러한 개입을 통해 내담자는 정서적으로 이완되고, 이전에는 회상하거나 작업할 수 없었던 외상 경험의 '막힌 지점'을 다룰 수 있게 된다.

도구 사용하기(USING THE TOOLS)

인지적 처리 치료(Cognitive Processing Therapy)

아래의 과정을 따르라

1. 해결되지 않은 기억, 걱정 혹은 상황을 알아내라.

   _____

   _____

   _____

2. 1분 동안 그 내용에 대해 어떠한 판단도 하지 말고 조용히 성찰하라. 성찰은 1분 동안만 하고, 일정 시간이 지났다는 알림 소리와 함께 끝낸다.

   _____

   _____

   _____

3. 이제 충분한 시간을 가지고, 1분의 성찰 시간 동안 떠오른 생각을 모두 다 상세하게 적어라(종이가 필요하면 추가하라).

   _____

   _____

   _____

   _____

   _____

   _____

   _____

   _____

   _____

4. 이 과정을 주관적 불편감(SUD) 점수가 5점 혹은 그 이하가 될 때까지 2번
   에서 3번 정도 반복하라.

   _____

   _____

   _____

출처: Anna B. Baranowsky, J. Erin Gentry, & D. Franklin Schultz, *Trauma Practice: Tools for Stabilization and Recovery.* ⓒ 2011. Hogrefe Publishing

동화책 접근(A Story-Book Approach) (Gentry, personal communication, 2002) (RE-CR)

소요 시간(Time required)

10~30분.

준비물(Material required)

종이, 색 있는 마카.

활용 지침(Indications for use)

외상 기억 처리 단계에서 인지적 대처 능력을 우선적으로 향상시킬 필요가 있는 경우에 활용.

유의사항(Counterindications)

내담자가 혼란스럽고, 감당할 수 없는 스트레스를 받는 것이 분명한 경우 또는 해리 상태이거나 활동 중에 해리 증상을 보이는 경우에는 활용을 금함.

실시 방법(Delivery of Approach)

동화책 접근(story-book approach)은 상호 억제와 인지적 재구성을 활용하는 또 다른 기법이다. 내담자에게 작업하고 싶은 사건을 찾게 하라. 사건을 시간상 처음부터 끝까지 적어도 4개의 부분으로 나누어라(이전에 소개한 기법을 실시하며 만든 시간표를 활용할 수도 있고, 새로 만들 수도 있다). 그리고 나서 종이 한 장에 각 부분을 그려라. 이 그림은 만화 형식 또는 내담자가 원하는 다른 어떠한 형식으로든지 그릴 수 있다. 내담자가 그림을 완성하는 동안 계속해서 자기 진정-기술(self-soothing skills)을 연습하도록 하고 그 과정에서 나타나는 내담자의 반응(reactions)을 관찰해 내담자에게 상기시켜 주어라. 내담자가 다 그리면 그 그림을 가이드로 사용해 사건에 대해 설명해보라고 요청하라. 그리고 나서 치료자는 그 이야기를 가능한 한 정확하게 내담자에게 다시 이야기해줘라. 집단 치료 상황에서는 집단원에게 그림을 보여주며 사건에 대해 설명하고, 집단원이 내담자의 이야기를 다시 전달해줄 수 있다.

이야기 쓰기 접근(A Written Narrative Approach) (RE-CR) (Gentry, personal communication, 2002)

소요 시간(Time required)

10~30분.

준비물(Materials required)

종이와 연필.

활용 지침(Indications for use)

외상 기억 처리 단계에서 인지적 대처 능력을 우선적으로 향상시킬 필요가 있는 경우에 활용.

유의사항(Counterindications)

내담자가 혼란스럽고, 감당할 수 없는 스트레스를 받는 것이 분명한 경우 또는 해리 상태이거나 활동 중에 해리 증상을 보이는 경우에는 활용을 금함.

실시 방법(Delivery of Approach)

상호 억제와 인지적 재구성을 활용하는 다른 기법도 있다. 내담자에게 일어난 사건의 맥락을 상세하게 적게 하라. 이전에 설명한 기법을 실시할 때와 마찬가지로, 내담자가 자기 이야기를 쓸 때 자기 진정 기술을 함께 실시하게 하라. 내담자가 일어난 사건에 대해 다 적은 후에는, 그 사건 때문에 잃었다고 생각하는 것이 무엇인지 적게 하라. 마지막으로 사건 때문에 결과적으로 얻은 것은 없는지 적게 하라. 내담자는 적은 것을 치료자에게 읽어주거나 치료자에게 읽어 달라고 할 수 있다.

3. 행동(Behavior)

외상 치료의 성공을 나타내는 가장 명백한 지표는 치료에서 학습한 내용을 행동으로 나타낼 수 있는 능력이다. 내담자가 훨씬 잘 이완이 되는가? 다른 사람들과 사회적으로 교류할 수 있는가? 자기파괴적인 행동과 유용하지 않은 자기-진정(self-soothing) 행동을 줄였는가? 대부분의 내담자는 어려운 상황에 적응하기 위해 다양한 행동을 하면서 일생을 보냈다. 하지만, 활용할 수 있는 유용한 행동 양식을 다양하게 가지고 있지는 않다. 새로운 행동을 하는 것은 그 자체로 불안을 야기하는데, 새로운 행동을 시도하는 내담자가 그 행동의 결과를 예측할 수 없기 때문이다. 아래에서 소개하는 기법은 새로운 행동을 만들어내는 데 유용하며 내담자가 일상 생활에서 새로운 기술을 사용하기 전에 좀 더 편안하고 불안하지 않게 해준다.

행동의 변화 시연 연습(Behavior Change Rehearsal Exercise) (RE-CR)

소요 시간(Time required)

10~30분.

준비물(Materials required)

없음.

활용 지침(Indications for use)

외상 기억 처리 단계에서 행동적 대처 능력을 우선적으로 향상시킬 필요가 있는 경우에 활용.

유의사항(Counterindications)

내담자가 혼란스럽고, 감당할 수 없는 스트레스를 받는 것이 분명한 경우 또는 해리 상태이거나 활동 중에 해리 증상을 보이는 경우에는 활용을 금함.

이 기법은 Grinder와 Bandler(1981)의 '새로운 행동 제조기(new behavior generator)' 활동을 기초로 한다. 이 기법은 내담자의 실제 행동을 더 바람직한 방향으로 수정하기 위한 절차로서 상상(imagination)을 활용한다. 다음의 과정은 초반에 소개한 몇 가지 기술(예스 세트(yes set), 안전감에 앵커링하기(safety anchor), 혹은 안전한 장소 상상하기(visualization to a safe place) 등)을 통합한다. 이 기법은 스트레스 면역 훈련(stress inoculation training)을 할 때 핵심 구성 요소인 '상상 속 시연(imagery rehearsal)' 부분으로 활용할 수 있다.

실시 방법(Delivery of Approach)

1. 내담자가 불만족스러워하는 반응이나 행동을 알아내라(예, 초과근무를 거절하지 못하는 것).
2. 이러한 상황에 기존의 방법으로 대처함으로써 얻는 모든 이점(payoff)을 알아내라(예, 모든 사람들이 나를 좋아한다, 어떤 누구도 나를 비웃지 않는다).
3. 기존의 행동을 유지하는 것의 단점을 알아내라(예, 나는 지친다, 나는 다른 사람들이 나를 이용하는 것 같다).
4. 어떤 것이 더 중요한지 혹은 더 끌리는지를 평가하라. 현재의 행동을 유지하는 것의 이점 혹은 단점은 무엇인가? 똑같이 유지하고 싶은가 아니면 똑같이 유지하는 것은 너무 고통스러운가?
5. 어떤 긍정적 대안 행동으로 기존의 행동을 대체할 수 있는가?
6. '그렇다'와 '아니다'에 대한 신체적인 신호를 만들어라(예, 그렇다=엄지손가락 위로, 아니다=엄지손가락 밑으로).
7. 이 활동을 할 때 어떤 유형의 이완 기법이나 기초 안정화 교육을 병행하

길 원하는지 정해라(예, 안전감에 앵커링하기(anchoring safety), 안전한 장소 상상하기(safe-place visualization), 점진적 이완법(progressive relaxation), 자발적 요법(autogenics)).

8. 내담자가 안전하다고 느끼면 다음을 진행하라.

    a. 안전하다고 느끼는 당신의 모습과 안전하다는 느낌으로부터 떨어져 있는 관찰자로서의 당신의 모습을 상상하라.

    b. 불만족스러웠던 행동을 한 과거 경험을 떠올려라.

    c. 기억이 떠올랐다면 엄지손가락을 들어 치료자에게 알려라. 치료자는 내담자가 엄지손가락을 들어올릴 때 "좋다"라고 말하라.

    d. 이 기억에 대한 비디오테이프를 본다고 상상하라. 당신이 원할 때 시작하거나 멈출 수 있다.

    e. 불쾌함을 느끼기 직전까지 경험으로 돌아가 보라. 불쾌한 경험의 시작점에서 엄지손가락을 들어올려라.

    f. 기억을 끝까지 재생하라. 원치 않는 방식으로 행동하는 당신을 보라. 당신은 여전히 안전이 보장된 위치에 있는 관찰자임을 기억하라.

    g. 이제 예전의 반응을 당신이 원하는 새로운 행동으로 바꾸어 회상하라. 당신이 원하는 새로운 행동을 생각했다는 것을 알리기 위해 치료자에게 엄지 손가락을 들어올려라.

    h. "좋다". 이제 원하던 새로운 행동으로 예전 반응을 대체하는 당신을 관찰자의 위치에서 보고 들어라. 과거에는 당신에게 어려움을 주었던 상황에서 이제는 원하는 방식으로 대처할 수 있는 당신을 보아라. 예전과 같은 상황에서 새로운 행동을 하는 것을 보면서 비디오를 끝까지 재생하라.

    i. 끝낸 후 엄지 손가락을 위로 올려라. "좋다".

    j. 예전과 같은 상황에서 새로운 행동을 하는 당신을 관찰했다. 만족스러웠나? 당신이 완전히 만족한다면 엄지손가락을 위로 올리고 그렇지 않다면 밑으로 내려라.

9. 만약 8번의 j에 대한 내담자의 답이 '그렇다'면 실제 기억과 비슷한 미래의 상황을 상상하며 스크립트를 진행하라. 내담자가 과거에는 어려

웠지만 앞으로는 새로운 행동을 하길 바라는 상황을 상상하게 하라.

10. 만약 8번의 j의 답이 '아니오'면 시연에서 상상한 행동이 만족스러울 때까지 동일한 스크립트를 반복하라. 내담자가 만족하면 9번 단계로 다시 돌아가라.

기술 축적 방법(Skills Building Methods) (CR)(Foa, Keane, & Friedman, 2000)

소요 시간(Time required)
10~30분.

준비물(Materials required)
종이와 연필.

활용 지침(Indications for use)
외상 기억 처리 단계에서 인지적 대처 능력을 우선적으로 향상시킬 필요가 있는 경우에 활용.

유의사항(Counterindications)
내담자가 혼란스럽고, 감당할 수 없는 스트레스를 받는 것이 분명한 경우 또는 해리 상태이거나 활동 중에 해리 증상을 보이는 경우에는 활용을 금함.

실시 방법(Delivery of Approach)

이 치료 방법은 심각한 외상 증상을 보이거나 재경험한 여성을 위해 설계되고 권장되는 치료이다(Foa, Keane, & Friedman, 2000). Cloitre(1998)는 약어 STAIR(Skills Training in Affect and Interpersonal Regulation/Prolonged Exposure: 정서와 대인관계에서의 조절/지속적 노출 훈련 기술)를 제시한다. 이 모델에서 내담자는 세 가지 분명한 영역에서의 기술을 훈련하고 개발하는 법에 대해 배운다.

1. 감정 상태(특히, 위협적인 감정)를 알아차리고 명명하기
2. 고통을 인내하고 부정적인 정서를 조절하기
3. 자기주장(assertiveness)과 자기-조절(self-regulation)을 통해 어려운 대

인관계를 효과적으로 다루기. 상세한 내용을 위해서는 Cloitre(1998) 의 원문을 보라.

상상과 실제 노출(Imaginal and In-Vivo Exposure) (RE)

소요 시간(Time required)

1회기 또는 그 이상.

준비물(Materials required)

경우에 따라 다름.

활용 지침(Indications for use)

외상 기억 처리 단계에서 행동적, 인지적 대처 능력을 우선적으로 향상시킬 필요가 있는 경우에 활용.

유의사항(Counterindications)

내담자가 자기-진정 능력이 없고, 해리 상태이거나 활동 중에 해리 증상을 보이는 경우에는 활용을 금함. 이 기법은 상당한 수준의 자기-진정(self-soothing)과 자기 구조(self-rescue) 능력을 요구함.

상상과 실제 노출 기법은 두려운 사람, 장소, 대상 혹은 사건에 직접적으로 자신을 노출시키는 자발성을 요구한다. 외상 경험 이후, 생존자는 외상이 일어났던 장소에 돌아가거나 외상과 관련된 물건과 마주할 때마다 극도로 고통받을 수 있다. 불행하게도, 외상 기억과 관련된 두려운 촉발자극은 삶의 다른 영역에도 일반화된다. 예를 들어, 자동차 사고를 당하면 차 안에 들어가는 것을 두려워하거나 심지어 기차, 비행기, 보트, 버스 그리고 다른 형태의 교통수단을 이용하는 것을 모두 두려워할지도 모른다. 실제로는 위험하지 않지만 불안을 일으키는 자극에 반복적으로 노출되는 것은 교정적 학습 경험을 제공하는 것으로 알려져 있다. 하지만 단순히 불안이 해결될 때까지 내담자를 상상의 혹은 실제의 자극에 노출시키면 잠재적으로 외상을 재경험하게 할 수 있다. 따라서 이완 활동을 필수적으로 병행해야 한다. 물론 체계적 둔감화(곧 제시됨)와 같이 내담자가 적정한 수준에서 노출을 경험하고 불안을 스스로 조절할 수 있게 하는 방법도 존재한다. 그래도 때로는 상상의 그리고 실제적 노출법이 심리적 외상 사건을 다루기 위한 빠르고 효과적인 방법이라 할 수 있다.

실시 방법(Delivery of Approach)

1. 두려운 사람, 장소, 물건 혹은 사건을 골라라.
2. 이 자극과 관련된 고통의 정도를 나타내는 주관적 불편감(SUD) 점수 (1점~10점)를 매겨라.
3. 주관적 불편감(SUD) 점수가 3점 이하일 때까지 스스로를 진정 (self-soothing) 시켜라.
4. 노출을 시작하기 위해 사건이나 자극을 상상하거나, 실제로 가능한 한 비슷하게 구현하라.

노출은 주관적 불편감(SUD) 점수가 원래 점수의 50% 이하로 떨어질 때까지 계속한다. 점수는 약 5~10분 정도의 정기적 간격으로 측정한다. 주관적 불편감(SUD) 점수가 50% 이하로 떨어지면, 치료자는 주관적 불편감(SUD) 수준을 3점 혹은 그 이하가 되도록 내담자를 도와야 한다. 내담자가 자신의 노출 경험에 대해 논의하고 처리할 수 있는 시간을 주는 것은 굉장히 중요하다. 내담자가 적당한 자기-진정(self-soothing)과 자기 구조(self-rescue) 능력을 갖고 있다면, 노출 기법을 실시하는 동안 주관적 불편감(SUD) 수준을 낮게 유지할 수 있도록 내담자에게 매일의 노출 과제를 줄 수 있다.

예시:

노출 활동 목록은 가장 덜 두려운 활동부터 시작해 점차적으로 증가하여 가장 두려운 활동으로 나열하는 것이 가장 좋다. 치료자는 자동차 사고를 당한 내담자에게 아래와 같은 활동 목록을 만들어 줄 수 있다.

	SUDs
1. 자동차 사진 보기	5
2. 주차장에 가기	5
3. 자동차의 운전석 만지기	6
4. 조수석에 앉기	7
5. 운전석에 앉기	8
6. 움직이는 자동차의 승객 되기	8
7. 자동차를 운전하기	9

상상이든 실제이든 간에 이 점진적 단계(노출 활동) 각각의 목표는 다음 단계를 진행하기 전에 각 단계의 주관적 불편감(SUDs) 수준을 다룰 수 있는 정도로 낮추어 결국에는 노출 활동 목록에서 제거하는 것이다.

스트레스 면역 훈련(Stress Inoculation Training) (RE-CR)

소요 시간(Time required)

8~14회기.

준비물(Materials required)

경우에 따라 다름.

활용 지침(Indications for use)

외상 기억 처리 단계에서 신체적, 인지적, 행동적 그리고 정서적 대처 능력을 우선적으로 향상시킬 필요가 있는 경우에 활용.

유의사항(Counterindications)

내담자가 감당하지 못할 정도로 혼란스럽고 스트레스 받거나 또는 해리 상태이거나 활동 중에 해리 증상을 보이는 것이 분명한 경우에는 활용을 금함. 이 기법은 상당한 수준의 자기-진정(self-soothing) 능력과 자기 구조(self-rescue) 능력을 요구함.

1987년 Meichenbaum은 심리적 외상 후 회복을 위한 고전적 인지 행동 치료 접근방법을 제시했다(Meichenbaum, 1994). 이 접근법의 효과를 검증한 연구는 상당히 많으며 외상 치료 분야에서도 인정받는 프로토콜이다. 스트레스 면역 훈련(Stress Inoculation Training, SIT)은 내담자가 고통스러운 스트레스 반응에 대처할 수 있는 기술을 숙달할 기회를 준다. 스트레스 면역 훈련(Stress Inoculation Training, SIT)은 일반적으로 8~14회기로 구성되고 집단 혹은 개인을 대상으로 활용할 수 있다.

이 치료 접근법은 세 단계를 가지고 있다(아래의 개요는 Meichenbaum(1994)의 저서를 바탕으로 재구성했다).

- 단계 1: 개념화(Conceptualization)
- 단계 2: 기술 획득, 공고화 그리고 시연(Skills acquisition, consolidation and rehearsal)
- 단계 3: 적용 훈련(Application training)

단계 1: 개념화(Conceptualization)

이 단계에서는 치료 방식에 대한 설명과 함께 내담자가 자신의 증상과 반응을 이해할 수 있도록 하는 심리교육을 제공한다. 내담자는 긍정적인 대처 전략을 찾기 위해 치료자와 협력해 작업한다.

단계 2: 기술 획득, 공고화, 그리고 시연 (Skills acquisition, consolidation and rehearsal)

2번째 단계에서는 이 책의 앞부분에서 살펴보았던 기법을 활용한다. 이 단계는 본서에서 다루는 작업 중 가장 복잡하고 시간이 많이 소요되는 부분이다. 스트레스, 불안, 두려움, 죄의식과 분노의 감정을 조절하고 다루기 위한 인지적, 행동적 그리고 생리학적(신체적) 기술을 획득하는 것이 핵심이다. 치료자는 내담자가 아래에 기술한 대로 변화하도록 격려한다.

1. 스트레스를 주는 환경이나 상황을 언제든지 바꾸기
2. 상황에 대한 자신의 인식 또는 "의미" 바꾸기
3. 고통스러운 경험의 기억이나 상황으로 인한 감정적 반응 바꾸기

다음은 고통스럽거나 스트레스를 주는 상황을 조정하고 다루기 위한 전략이다.

1. 상황을 떠난다.
2. 상황을 바꾼다.
3. 현 상황을 받아들이고, 삶의 다른 영역에서 만족이나 지지를 얻는다.
4. 상황을 다르게 재구성하거나 새롭게 해석한다.

위에 나열한 목표와 전략은 다양한 대처 기술을 활용해 전달할 수 있다. 이 단계에서 내담자는 기술을 배우고 연습한다. "직접적인 행동과 문제 중심적인 대처, 그리고 감정을 조절하기 위한 일시적 처방"을 포함한 기술을 학습한다(Meichenbaum, 1994, p. 394).

이 장에서는 이완 활동, 긍정적 자기 대화나 부정적 사고에 대한 도전, 문제 해결, 집중 분산 등을 포함한 대처 기술을 논의한다. 대처 기술을 배운 후에 내담자는 고통스러운 사건과 감정에 대해 작업할 준비를 하고, 직면하고, 다루는 법을 배운다. 어떤 사건이 지나가면, 내담자는 당시에 사용했던 대처 전략의 효과성을 성찰하고 그 전략을 강화하거나 다른 접근법을 선택해 스트레스를 관리할 수 있다.

단계 3: 적용 훈련(Application training)

이 단계에서는 상상의 시연, 역할극, 그리고 점진적 실제 노출법을 활용한다. 추수 회기를 통한 재발 방지는 스트레스 면역 훈련(Stress Inoculation Training, SIT)의 핵심이다.

실시 방법(Delivery of Approach)

치료자는 다음의 단계를 활용하여 내담자가 스트레스 면역 훈련(stress inoculation exercise)을 완수하도록 돕는다. 치료자와 한두 번 연습을 같이 하면 내담자는 치료자의 도움 없이도 이 활동을 시작하고 완수할 수 있을 것이다.

제3장 - 외상 기억의 처리

도구 사용하기(USING THE TOOLS)

스트레스 면역 훈련(SIT) 단계 중점적 - 과제 체크리스트

단계 1: 개념화(Conceptualization)

1. 첫 단계는 인터뷰 단계이다. 내담자를 힘들게 하는 스트레스의 원인과 발생 유형을 확인하라.
2. 스트레스의 원인과 이에 대한 대처 전략을 이야기로 설명하도록 하라. 스트레스에 대처하기 위해 활용할 수 있는 강점과 자원을 확인하라.
3. 고통스러운 사건에 대한 자동적 반응은 불안감을 느끼게 하므로, 이를 분석(deconstruct)해봐라. 자동적 반응과 대처 자원을 인식하고, 각각의 유용성을 평가하라.
4. 변화시킬 수 있는 것과 그렇지 않은 것의 차이를 명확하게 하라.
5. 목표 설정 과정을 시작하라. 성취할 수 있는 구체적인 과업에 집중하라.
6. 스트레스 반응 초기에 나타나는 경고 신호(예, 정서적, 행동적, 생리학적, 인지적, 관계적 신호)에 대한 자각(self-awareness)이 생기도록 하라. 자각 능력이 생기면 스스로를 더 가까이에서 관찰할 수 있다.
7. 앞으로의 훈련 계획을 세우기 위해, 어떤 대처 능력이 부족한지 확인해보라.
8. 스트레스 반응을 정상화하고(normalize), 활용할 수 있는 긍정적인 강점을 강화하고, 내담자의 경험에 의미를 부여하라.
9. 사람들은 스트레스에 저마다 다른 방식으로 반응하고, "정답"인 방식은 없다고 안심시켜라.

단계 2: 기술 습득과 시연(Skills acquisition and rehearsal)

1. 개인 또는 집단의 필요에 적합한 기술 훈련을 제공하라.
    a. 내담자에게 어떤 훈련이 효과가 있는지, 내담자의 강점을 어떻게 강화할 수 있는지 확인하라.
    b. 문제 중심적인 도구적(instrumental) 대처 기술을 소개하라. 문제를 여

러 부분으로 나누어 다룰 수 있도록 한다. 주어진 문제를 다루기 위한 적절한 기술을 배울 수 있도록 한다.

c. 원하는 변화가 무엇인지 인식하고 대안적인 해결책을 평가할 수 있는 해결 중심적 문제 해결 활동을 시작하라. 회기 내에서 그리고 실생활에서 실시할 수 있는 행동적 대처 활동을 소개하라.

d. 정서에 초점을 두는 일시적인 대처 기술을 소개하라. 내담자가 상황을 통제할 수 없고 상황이 변할 가능성이 없는 것으로 보일 때에는 정서적 대처 기술의 활용이 필수적이다. 유용한 정서적 대처 활동은 이완, 인지적 재구조화, 유머와 자기-돌봄(self-care)이 있다.

e. 사회적 지지 체계를 활용하도록 독려하고, 필요한 경우 적절한 사회적 기술을 개발하는 법을 소개하라.

f. 장기적인 회복 또는 심리적 고통에 대처하기 위해서는 다양한 대처기술을 개발할 필요가 있다. 대처 자원을 넓히도록 독려하라.

2. 기술 리허설(skills rehearsal) 요소를 통합적으로 활용하라.

a. 실생활에서 새로운 기술을 활용할 준비가 되도록 상상적 또는 행동적인 시연 활동을 하라.

b. '대처에 대한 모델링(coping modeling)'(Meichenbaum, 1994, p. 397)에 관해 설명(실제(live) 또는 비디오로 녹화된 설명)하라. 초기의 불편함과 고통, 그리고 이후에 사용하는 유용한 대처 전략 모두를 보여줘야 한다. 설명한 후에는 토론하거나 시연(리허설)하라.

c. 부정적이고 자기 패배적인 내면의 대화에 맞서게(challenge)하고 긍정적이고 적응적인 자기 대화를 강화하라.

d. 다양한 대처양식을 보유하고 적응 탄력성을 갖도록 노력하겠다고 다짐하라.

e. 적응적인 대처를 방해하는 것은 무엇인지 확인하라.

단계 3: 적용, 재발 방지, 그리고 후속 조치(Application, relapse prevention, and follow-through)

1. 적응적인 대처 기술의 적용:

   a. 스트레스의 초기 경고 신호를 활용해, 스트레스를 느낄 때 새로운 대처 기술로 반응할 수 있도록 하라.

   b. 상대적으로 더 스트레스를 주고 방해가 되는 소재(material)까지 다룰 수 있도록 상상적 노출 활동을 늘려가라.

   c. 단계별 노출 기법과 실제(in vivo) 노출 활동을 통합적으로 활용하라.

   d. 대처 반응을 시연함으로써 재발을 방지하라. 촉발 상황이나 사건을 인식하고, 스트레스를 주는 자동적인 반응 대신 활용할 긍정적인 대처 기술을 시연하라.

   e. 언제, 어떻게, 왜 대처 기술을 사용할 것인지를 직접적으로 질문해서 내담자가 하는 활동의 유용성을 인식하도록 하라.

   f. 새로운 기술을 개발하고 활용한 점에서 내담자는 "칭찬받아 마땅하다"는 것을 '귀인의 재훈련(attribution retraining)'을 통해 가르치도록 하라. 새로운 기술을 사용하기 위한 성공적인 또는 성공적이지 못한 시도를 검토하라.

2. 새로운 기술을 유지하고 더 많은 상황에 일반화하라.

   a. 기술 훈련 전후로 '촉진 회기와 후속 회기(booster and follow-up sessions)'를 가지기 위해 회기 간 간격을 넓히도록 하라(Meichenbaum, 1994, p. 398).

   b. 가족, 친구 등에게 내담자의 성공적인 활동 과정을 공유하라.

   c. 내담자에게 코칭(coaching)할 수 있는 기회를 주어 배운 것을 가르칠 수 있도록 하라. 집단 치료 형태에서 시도하는 것이 가장 좋다.

d. 인생의 어떤 지점에서 삶의 변화를 만들 수 있고, 필요한 경우 "도피 경로"를 설정하여 스스로 통제할 수 있다는 느낌을 독려하라.

e. 살아가면서 때로는 스트레스를 받을 수도 있고, 이상적인 방식으로 모든 사건을 다룰 수는 없다는 점을 인식하는 현실적인 태도를 강화시켜라. 이 단계는 새로운 기술을 획득하거나 학습할 기회일 수 있다. 시간이 지나면서 내담자는 새로운 기술을 배우게 되고, 실패나 차질을 경험해도 죄책감이나 수치심을 느끼지 않게 된다.

출처: Anna B. Baranowsky, J. Erin Gentry, & D. Franklin Schultz, *Trauma Practice: Tools for Stabilization and Recovery.* © 2011. Hogrefe Publishing

도구 사용하기(USING THE TOOLS)

SIT 책 개발자(SIT Book Developer)

이 활동의 목적은 SIT 과제를 완수하는 것이다. 책 전체에서 제시된 내용을 참고해서, 각 단계에서 과제로 선택할 접근법의 명칭을 적어라. 더 상세한 정보와 설명을 위해서는 SIT 체크리스트를 확인하라.

단계 1: 개념화(Conceptualization)

함께 훈련할 내담자나 집단을 지목하라.

_____

_____

자동적 반응을 알아보고, 그 반응의 해로운 측면과 유용한 측면에 대해 생각해보라. 스트레스 반응을 정상화시키고, 긍정적인 자원을 강화하라.

_____

_____

단계 2: 기술 획득과 시연(Skills acquisition and rehearsal)

개인 내담자 또는 집단에게 적절한 기술 훈련을 제공하라.

_____

_____

여러 요소를 통합적으로 활용해 배운 기술을 시연(리허설)하라.

_____

_____

단계 3: 적용, 재발 방지, 그리고 후속 조치(Application, relapse prevention, and fol-low-through)

특정 대처 기술의 사용을 독려하라.

_____

_____

새로 획득한 기술을 유지하고, 다른 상황들에도 일반화시킬 수 있도록 하라.

_____

_____

출처: Anna B. Baranowsky, J. Erin Gentry, & D. Franklin Schultz, *Trauma Practice: Tools for Stabilization and Recovery.* ⓒ 2011. Hogrefe Publishing

체계적 둔감화(Systematic Desensitization) (RE)

소요 시간(Time required)

1회기 또는 그 이상.

준비물(Materials required)

치료자를 위한 종이와 연필.

활용 지침(Indications for use)

외상 기억 처리 단계에서 행동적 대처 능력을 우선적으로 향상시킬 필요가 있는 경우에 활용.

유의사항(Counterindications)

내담자가 해리 상태이거나 활동 중에 해리 증상을 보이는 경우에는 활용을 금함. 내담자는 자기 진정(self-soothing)과 자기 구조(self-rescue)를 할 수 있는 능력이 분명히 있어야 함.

1969년 Joseph Wolpe에 의해 개발된 체계적 둔감화 기법은 불안과 외상 스트레스를 위한 대부분의 행동치료의 기본적 치료 기법이다(Wolpe, 1969). Wolpe는 상호 억제(reciprocal inhibition)의 원리를 이용하여 스트레스를 촉발시키는 사건이나 대상의 위계에 이완 전략을 결합시켰다. 내담자가 촉발요인 위계의 각 수준마다 이완 반응을 할 수 있으면, 더 높은 수준의 불안을 유발하는 자극에도 적응할 수 있을 것이라는 이론을 기반으로 한다. 원래(original) 불안을 유발하던 상황이나 대상에 실제로 노출되었을 때에도 불안감이 소거된다면, 체계적 둔감화가 완전히 이루어진 것으로 보았다.

실시 방법(Delivery of Approach)

예시:

내담자는 강도 사건을 경험했던 은행으로 다시 돌아가 일해야 할 때 압도적인 불안을 느낀다.

1. 내담자가 느끼는 불안이 증가하는 실제의 또는 상상 속 상황의 위계

(hierarchy)를 만들어라.

1) SUD = 10: 강도 사건이 발생한 바로 그 구역에서 고객을 대하는 것

2) SUD = 8: 은행에서 일하는 것

3) SUD = 6: 은행에 들어가는 것

4) SUD = 4: 은행에 주차하는 것

5) SUD = 2: 운전하면서 은행을 지나치는 것

2. 내담자가 불안을 유발하는 촉발자극에 직면했을 때 각성을 줄이기 위해 사용할 수 있는 자기-진정 기술 및 불안 감소 활동을 배우고 숙달하게 하라.

   a. 점진적인 이완(progressive relaxation)

   b. 안전 장소 상상하기(safe-place visualization)

   c. 복식 호흡(diaphragmatic breathing)

   d. 긍정적 자기대화(positive self-talk)

3. 이후 치료자는 노출 위계의 상황 중 가장 낮은 수준의 주관적 불편감(SUD)을 느끼게 하는 상황부터 시작하여, 점점 더 높은 수준의 상황으로 내담자를 이끈다. 내담자가 가장 낮은 수준의 노출 상황에서 성공적으로 불안을 낮출 수 있으면, 내담자를 다음 수준의 불안을 유발하는 노출 상황으로 안내한다. 이러한 과정은 내담자가 가장 높은 수준의 불안 유발 자극에 직면해도 평정심을 유지할 수 있을 때까지 몇 회기에 거쳐서 진행되곤 한다.

4. 내담자는 위에 기술한 상황과 비슷한 실제 상황(in vivo situations)을 경험하면서, 과거 불안을 유발했던 상황에 직면해 이완하는 연습을 할 수 있다.

4. 정서/관계(Emotion/Relation)

외상적 사건의 생존자는 종종 자신의 감정을 회피하거나 다른 사람에게 위험 요소를 피하라고 청하곤 한다. 외상 생존자는 대부분 정서적 대처 기술뿐만 아니라 상호작용 기술이 부족하다. 다음의 기법은 내담자가 정서에 압도되지 않으면서 경험하고, 다른 사람과 상호작용할 수 있도록 돕는 기술이다.

슬퍼하는 법 배우기(Learning to Be Sad) (CR)

소요 시간(Time required)

1회기 또는 그 이상.

준비물(Materials required)

없음.

활용 지침(Indications for use)

슬픔을 느낄 필요가 있을 때 사용.

유의사항(Counterindications)

내담자가 자기 진정(self-soothing) 기술을 적극적으로 활용할 수 없는 경우에는 활용을 금함.

이 활동은 D. Franklin Schultz 박사가 쓴 *A Language of the Heart Workbook*에 근거한다. 특히 불안하지 않은 상태 만들기(creating a nonanxious presence) 기법과 함께 사용할 때 유용하다. 슬퍼하는 법 배우기 기법의 첫 번째 파트는 주로 슬픔의 의미에 대해 제대로 이해할 수 있도록 심리교육을 실시하는 것이다. 이 기법은 외상 증상을 완화하는 다른 기법들을 대체할 수 있는 방법은 아니다. 그보다는 우리 모두가 처리해야 하는 일상적인 감정과 관련이 있다. 그러나 이 기법은 굉장히 영향력 있는 기법으로, 처리되지 않고 때때로는 기억나지 않는 외상 그리고 외상에 관련한 감정을 떠올리도록 하는 기능이 있다. 따라서 내담자가 치료 장면에서 처리되지 않은 외상을 다룰 수 있는 자기 – 진정 능력이 있다고 확신할 때까지 이 기법을 몇 번 반복해 실행해야 한다.

실시 방법(Delivery of Approach)

내담자는 곧 회복을 위한 필수적인 작업을 하는 데 있어 슬픔에 대한 두려움이 큰 방해물 중 하나라는 것을 인식하게 된다. 외상 경험으로부터 회복하는 과정에서 내담자는 오랜 기간 동안 의식 밖으로 밀어내면서 살아왔던 것에 대해 깊이 생각해보게 된다. 과거 경험으로부터 실제로 슬픔, 낙담, 실망, 고립 또는 유기감을 느끼기 시작한다. 내담자는 이러한 감정을 인위적으로 억압하거나 부정하지 않고 자연스레 느껴야 한다. 하지만 그러기 위해서는 어느 정도 설명이 필요하다. Schultz 박사는 내담자가 이 기법을 사용할 준비를 할 수 있도록 다음과 같은 대본을 사용한다.

도구 사용하기(USING THE TOOLS)

슬픔 대본(Sadness script)

우리는 슬플 때 마다 항상 "무언가"를 했다. 어렸을 때부터 슬프면 안 된다고 배웠기 때문이다. 슬퍼하면 "아기"라고 치부되었고, "성숙해져라", "이겨내라", "울지 말아라", "그만 울지 않으면 혼내줄 거야"라는 이야기를 듣곤 했다. 그래서 슬픔을 '억눌러 버리는(stuff)' 다양한 방법들을 배웠다. 슬픔을 억누르기 위해 부정하거나, 덮어버리거나, 달리거나, 주의를 분산시키거나, 바쁘게 지내거나, 술을 마시거나, 일을 하거나, 놀거나, 화를 냈다. 하지만 이렇게 슬픔을 억압하는 것의 문제점은 그렇게 한다고 해서 슬픔이 가시지 않는다는 점이다. 슬픔은 쌓인다. 슬픔의 더미가 너무 커져서, 슬픔을 건드리면 울부짖으며 절대 멈출 수 없을 것이라는 생각이 들고 두려워진다. 슬픔은 몰려올 것이고, 우리를 삼켜버릴 것이고, 누구를 죽이거나 자신을 죽도록 만들 것이라 느낀다. 그래서 슬픔을 눌러버린다.

슬프면 슬퍼서 죽거나 슬픔에 압도당할 것이라 느끼지만, 사실 그렇지는 않다. 우리는 슬퍼하는 방법을 배워야 한다. 어떻게 반사적으로 반응하지 않고 슬픔을 "억눌러 버리지" 않으면서 제대로 슬퍼할 수 있는지를 배워야 한다. 누군가 왜 그래야 하냐고 묻는다면, 슬픔은 정상적이고, 자연스러운 정서이기 때문이다. 슬픔은 상실에 대한 감정이다. 아동기의 상실, 순수함(innocence)의 상실, 사랑의 상실, 관계의 상실, 통제의 상실 등으로 인한 반응이다. 슬픔은 고통스러운 상실 경험을 우리가 행동을 선택하기 위해 참고할 수 있는 정보로 바꿔주는 특별한 능력이 있다. 상실 경험을 충분히 슬퍼하면 무엇이 유용하고, 중요하고, 가치 있는지 또는 무엇이 유용하지 않고, 중요하지 않고, 가치 있지 않은지에 대한 정보를 얻을 수 있다. 슬픔을 끝까지 느낄 수 있도록 한다면(슬픔에는 시작, 중간, 끝이 있다), 상실 경험을 도움이 되는 정보로 바꿀 수 있다. 따라서 슬픔을 끝까지 느끼는 사람은 자신과 다른 사람에게 불필요한 해를 가하지 않는 적응적인 행동을 선택할 수 있다. 다시 말하면, 슬픔은 고통을 지혜로 바꾸어줄 수 있는 능력을 가지고 있다. 슬픔이 자연스럽게 흘러

가는 것을 막는다면, 그저 슬픔을 다시 억눌러 버리게 되고 슬픔으로부터 영영 교훈을 배울 수 없다.

우리는 저마다 자신에게 하는 이야기가 있다. 자신의 삶에 관한 "자신의" 이야기이다. 자기를 정의하고 자기가 누구인지 말해주는 모든 경험을 포함한다. 다른 사람에게도 자기 이야기의 일부를 말하지만, 대부분은 사적인 이야기로 남겨둔다. 너무 고통스럽고 아직 애도하지 못해 생각조차 하기 힘든 고통스러운 경험은 자신의 전체 이야기로 통합하지 못한다. 그러한 경험은 무엇이 유용하고, 중요하고, 가치 있는지 또는 무엇이 유용하지 않고, 중요하지 않고, 가치 있지 않은지에 대해서 우리에게 가르쳐 줄 기회가 전혀 없었다. 따라서 소화하지 못한 고통스러운 경험은 행동을 선택할 때 방향을 제시해주지 못한다. 슬픔을 자연스럽게 흘러가도록 허락한다면, 이러한 경험은 우리의 이야기 속에 적당하게 자리잡을 것이고 우리를 더 현명해지게 한다.

결과적으로 "슬플 때 당신은 스스로를 어떻게 대하는가?"라는 질문을 하게 된다. 대답하기 어려운가? 당신이 자녀가 있다면(상상에서라도), "내 아이들이 슬플 때 나는 그 아이들을 어떻게 대하는가?"라고 질문할 수 있다. 밝혀진 바로는, 부모가 자녀에게 해주어야 하는 가장 중요한 교육은 슬퍼하는 법을 가르쳐주는 것이다. 여기에 그 방법이 있다. 부모는 대부분 아무것도 하지 않아야 한다! 물론 아이들이 안전하고 사랑받고 있다는 사실을 확신시켜줘야 하지만, 그 후에는 아무것도 하지 말아야 한다. 그저 아이들을 안아주어야(hold) 한다. 다정하게 대해야 하고 인내심을 가져야 한다. 아이들이 슬퍼하는 걸 방해하거나, 괜찮고 중요하지 않다고 말하거나, 아이스크림 콘을 주거나, 울지 말라고 해서는 안 된다. 그저 아이들과 함께해야 한다. 그러면 아이들이 사랑받고 있다는 사실을 다시 확인시켜줄 수 있다. 아이들의 슬픔을 인정하고 때로는 세상이 슬픈 곳일 수도 있다고 말해줘야 한다. 우리 어른들도 때로는 슬프기 때문에, 아이들이 슬퍼할 때 우리도 함께 슬퍼할 수 있다고 말해야 한다. 그렇게 하면 아이들은 종종 무엇을 느끼고 있는지 부모에게 터놓기도 한다. 무엇 때문에 걱정하고 있다거나 과거에 무엇 때문에 슬펐는지 같은 사소한 이야기까지 해줄 것이다. 그러면 그저 아이들이 해주는 이야기를 듣고 있다는 것을 알려주라. 당신의 역할은 목격자가 되는 것이다. 당신이 아이들이 슬퍼하지 못하도록 막지만 않는다면, 아이들은 충분히 슬퍼한 후 다시 일어서서 살아갈 수 있을 것이다.

당신 자신이 슬플 때에도 마찬가지다. 머리 속에 떠오르는 "성숙해져라", "극복해라" 등의 말을 듣지 마라. 그저 슬퍼하라. 주의를 분산시키는 방향으로 반응하지 말아라. 가능하다면 흐느껴 울어도 된다. 눈물이 흐르고, 콧물이 흐를 수도 있다. 하루, 일주일, 한 달 또는 그 이상 동안 슬픈 상태가 지속될 수 있다. 이상한 생각과 기억이 떠오를 수도 있다. 당신을 안아줄 수 있는 중요한 누군가가 있다면, 아무것도 바로잡으려고 하지 말고 그저 안아달라고 부탁하라. 당신도 슬플 수 있다는 것을 받아들여라. 결국에는 슬픔의 끝이 있을 것이다. 그리고 끝이 다가오면 알아차릴 수 있을 것이다. 마치 당신 어깨를 짓누르던 5톤 무게의 짐이 사라진 것처럼 이상하게 텅 비고 가볍다는 느낌을 받을 것이다. 또한 슬프면서도, 이상하게도 행복하다고도 느낄 것이다.

수영장에서 비치 볼(beach ball)을 완전히 물 아래에 잠기게 누르면서 그 위에 앉으려고 시도한 적이 있는가? 이를 위해서는 많은 집중력과 에너지가 필요하고, 비치 볼은 매번 수면 위로 다시 올라올 것이다. 결과적으로 당신은 이 게임에서 지치지만 비치 볼은 그렇지 않다. 슬픔이 의식으로 떠오르지 못하게 하는 것은 엄청난 양의 집중력과 에너지를 요구한다. 그리고 비치 볼처럼 슬픔은 너무나 자주 수면 위로 떠오른다.

슬픔의 비치 볼에서 공기를 빼면 어떻게 될까? 슬픔에 들이던 에너지를 당신이 정말로 원하는 무언가를 하는 데 사용할 수 있을 것이다. 예를 들어 스스로에 대해 만족하는 데 쓰는 것처럼 말이다.

이는 당신이 절대 다시 슬퍼지지 않을 것이라는 사실을 의미하지는 않는다. 슬픔은 지속적으로 마음에 다시금 떠오르는 정서이다. 실제로 우리는 하루에 10~15번까지도 슬퍼질 수 있다고 한다. 슬플 때 보통 주의를 분산시키기 위해서 더 열심히 일하고, 더 열심히 놀고, 텔레비전을 더 많이 보고, 술을 더 많이 마시고, 또는 더 많이 먹는다. 하지만 슬플 때 슬퍼하는 것을 배우면, 큰 슬픔의 짐을 지지 않고 살아갈 수 있고, 진정으로 원하는 것을 하기 위해서 에너지를 사용할 수 있다. 억지로 반응하지 않고 그저 슬퍼하는 것을 배우면서, 과거의 슬픔과 두려움이 얼마나 당신의 행동을 좌우했는지 깨달을 수 있을 것이다.

이 기법은 당신이 오랜 기간 동안 의식 밖으로 밀어내려고 했던 것을 느끼도록 허용한다는 점에서 다소 특이하다고 할 수 있다. 당신이 개인적인 작업이나 치료를 통해 해결되지 않은 아동기의 외상적 사건을 경험했다면, 이 연습은 아주 강한 정서를 끌어낼 가능성이 있다. 자신을 주시하라. 굉장히 압도적인 감정이 느껴지면 그것은 당신이 자기-진정 기술을 연습해야 한다고 알려주는 좋은 지표이다. 치료자와 함께 어떻게 더 효과적으로 이를 성취할 수 있을지에 대해 이야기해보라.

슬픔 활동(Sadness exercise)

이 활동을 하려면, 당신은 앉아서 호기심을 가지는 것 외에는 아무것도 하지 않겠다는 약속을 해야 한다. 원할 때는 언제든지, 그리고 특히 압도된다고 느낄 경우에는 활동을 중단할 수 있다. 하지만 당신이 슬픔 활동을 할 때에는 불안하지 않은 상태 만들기(creating a nonanxious presence)와 같은 자기-진정 기법 외에는 감정을 회피하기 위한 그 어떤 것도 해서는 안 된다. 당신이 생각하는 정보에 대해서 어떠한 결정도 내리지 않겠다는 약속도 해야 한다. 다시 말해서, 이 활동을 하다 보면 스스로 어떤 결론에 도달해 즉시 무언가를 바로잡아야겠다는 생각이 들 수 있다. 하지만 어떠한 큰 결정을 내리기 전에 기다리기를 권한다. 정보가 떠올랐을 때 그저 앉아서 그 정보가 처리되도록 하라. 떠오르는 대부분의 것은 예전의 것(old stuff)일 것이다. 따라서 그저 떠오르게 하고 목격하라. 자신이 오래 전에 잊혀진 슬픔을 다시 느낄 수 있도록 허용하라. 이 활동은 책임을 묻거나 손가락질하기 위한 것이 아니다. 이 과정은 마침내 과거의 경험을 완전히 소화하고 앞으로 나아가도록 하기 위한 것이다.

먼저 한두 시간 정도 방해 받지 않을 수 있는 편안한 장소를 찾도록 하라. 이것은 매우 중요하다. 이 활동을 위해 구체적인 시간을 정하도록 하라. 이 활동을 정확히 1시간 또는 2시간 동안 할 것이라고 스스로에게 약속하라.

타이머를 설정할 수도 있다. 시간을 정확하게 확정하도록 하라. 이 활동을 다시 할 수 있는 충분한 시간이 있을 것이다. 단 한 번의 활동을 통해 모든 것을 완벽하게 하겠다는 환상을 갖지 않도록 하라. 일정 시간을 정하고 그 시간을 넘지 않는 것은 당신이 처음에는 압도적으로 느껴질 수도 있는 슬픔을 통제할 수 있도록 하기 위함이다. 이 활동이 당신을 압도하지는 않는다. 하지만 당신은 감정적이 될 것이다. 활동이 끝난 후에는 긴장을 푸는 시간을 추가적으로 계획하도록 하라. 활동이 끝났을 때 추가적인 이완 시간이 필요할 것이다.

이완하고 호흡하는 시간을 가져라. 지구와 연결되어 있다는 느낌을 받도록 하라. 자신에게 어떤 것이 떠오르든지, 그와 관련하여 어떤 정서를 느끼든지 괜찮다고 허락하라. 당신의 의도는 "무언가를" 하는 것이 아니라 내면에 있는 것을 그저 목격하는 것이라고 약속하라. 목표는 삶을 되돌아보고 자신에 대해 나쁘거나 슬프다고 느끼게 하는 경험을 확인하는 것이다. 가장 초기의 기억부터 최근의 기억까지 하나씩 생각하는 것부터 시작할 수 있다. 당신을 특히나 감정적이 되도록 만들었기 때문에 보기 힘들었던 영화를 고를 수도 있다. 구체적으로 어떤 장면이 당신을 화나게 만들었는지 생각하라. 분노의 아래에는 언제나 슬픔이 있다. 내면에 떠오르는 감정을 위한 공간을 마련하라. 떠오르는 생각이나 감정을 거부하려고 하지 마라. 떠오르는 생각이나 감정은 당신이 지금까지 스스로에 대해 어떻게 생각했는지와 당신의 마음을 보호하기 위해 어떻게 행동했는지에 관한 정보라고 생각하며 기꺼이 받아들이도록 하라.

처음에는 이러한 과정이 즐겁지만은 않을 것이다. 때로는 통제하지 못하는 롤러코스터라고 느낄 수도 있다. 정서가 솟아오르고 흘러 넘칠 것이다. 결국 울거나 흐느끼고 있는 자신을 발견할 것이다. 이때 당신 자신을 판단하지 않는 것이 아주 중요하다. 우는 것은 당신이 부서졌다거나, 나쁘다거나, 약하다거나, 바보 같다거나, 또는 아기같다는 것을 의미하지 않는다. 이 눈물은 당신이 인생 전반에 걸쳐 숨겨왔던 것이다. 자신을 친절하고 온화하게 대하라. 자신을 존경과 품위를 담아 대하는 것이라고 생각하라.

정서가 떠오를 때 취할 수 있는 가장 좋은 방법은 긴장하지 않도록 복부(belly)를 부드럽게 만드는 것이다. 불안하지 않은 상태 만들기(creating a nonanxious presence)와 같은 자기 – 진정 기법을 반복적으로 사용하라. 천천히 그리고 깊게 호흡하고 복부를 이완시켜라. 신피질이 계속해서 기능하도록 하라. 당신이 항상 어디에 있는지를(지금 그리고 여기에 존재한다는 것을) 기억하라. "안전하다"는 것을 확인하라. 필요한 만큼 슬퍼할 권리가 있다고 허락하라. 모든 문제를 "해결"할 수 있을 것이라고는 기대하지 마라. 그저 이완하고 떠오르는 것을 자연스레 떠오르도록 둬라.

다음 단계는 아주 중요하다. 할당된 시간이 종료되면 활동을 멈추어라. 미리 지정해놨던 시간을 넘기지 않도록 하라. 다시 돌아와 연습을 할 수 있는 시간이 또 있을 것이다. 완전히 지금 그리고 여기에 머물러라. 천천히, 몇 번 깊게 호흡하라. 눈을 감고 있었다면 눈을 뜨고 주위를 둘러보라. 복부를 이완시켜라. 당신이 방금 해낸 용기 있는 작업에 대해 자랑스러워하라. 어쩌면 좀 피곤할 수도 있다. 매우 어려운 작업을 방금 마쳤기 때문이다. 한 시간 또는 그 이상을 이완하며 보내라. 스스로에게 보상하라. 낮잠을 자거나 산책을 하거나 목욕이나 샤워를 하라. 긴장을 풀기 위해 당신이 좋아하는 것을 하라. 하지만 술을 마시거나 카페인을 섭취하거나 텔레비전을 켜지는 말아라. 할 수 있는 한 천천히 그리고 자연스럽게 긴장을 풀어라.

스스로에게 사용하는 언어에 주목하라. 슬퍼지면 바로 자기를 약하다고 야단치는 이전의 습관으로 돌아가는가? 당신은 약하지 않다. 복부를 편안하게 이완하라. 자신에게 슬퍼할 기회를 허락했다는 것을 기억하라. 어떤 사람은 보내주는 것에 익숙하지 않기 때문에 슬퍼하는 것이 매우 어려운 연습이라고 보고하기도 한다. 슬퍼하면 안 된다고 말할 뿐만 아니라, 친구나 사랑하는 사람이 자기가 슬퍼하는 것을 듣거나 보면 어떤 말을 할지 계속 생각한다. 이때가 자기 – 타당화(self – validation) 작업을 하기 좋은 시간이다. 슬퍼하는 것은 비치 볼에서 공기를 뺄 기회일 수 있다. 친구들과 사랑하는 사람들은 이 비밀을 이해할 수 없을지도 모르는데, 어떻게 그들이 당신이 하는 일에 의견을 내놓을 수 있겠는가? 당신은 다른 사람을 만족시키지 않아도 된다. 이 활동을 다른 사람이 아닌 당신 자신을 위해 행동하는 첫 번째 기회로 삼아라.

원할 때마다 이 활동을 하도록 하라. 자연스럽게 슬픈 정보를 처리하기 시작한다는 것을 발견할 것이다. 좋다! 목표는 호스를 통해 흐르는 물처럼 슬픈 정보가 당신을 통해 흐르도록 하는 것이다. 슬퍼도 된다고 허용하는 순간 이런 경험을 더 자주 하는 것을 발견할 것이다. 그러다보면 슬퍼하는 것이 너무 고통스럽거나 불쾌하지는 않을 것이다. 우리는 매일 슬프다. 때로는 매우 슬프고, 때로는 조금 슬프다. 슬픔을 억누르지 말아라. 슬픔이 당신에게 가르쳐주는 바를 배워라.

이 활동을 끝내면 해야 할 추후 질문이 하나 있다. 스스로에게 "무엇이 중요한지 알게 되었는가?"라고 질문하라. 활동을 마치고 나서 상당한 시간이 흐른 뒤에야 활동에서 얻은 깨달음에 대해 이해하게 될 것이다. 머리 속에 갑자기 떠오르는 중요한 과거의 조각들과 당신을 둘러싼 과거를 이해하는 데 도움이 되는 "아하!" 경험을 하게 될 것이다. 호기심을 가지고 당신의 복부를 부드럽게 이완하라.

자기주장 훈련(Assertiveness Training) (CR)

소요 시간(Time required)
1회기 또는 그 이상.

준비물(Materials required)
없음.

활용 지침(Indications for use)
외상 기억 처리 단계에서 인지적 그리고 정서적 대처 능력을 우선적으로 향상시킬 필요가 있는 경우에 활용.

유의사항(Counterindications)
자기-진정(self-soothing) 기술을 적극적으로 활용할 수 없는 경우 에는 활용을 금함.

대부분의 책에서 다루는 자기 주장 훈련은 몇 가지 기본 원리를 가지고 있다. 내담자는 주로 권리, 필요, 욕구 등에 대해 명확하게 주장할 수 있는 능력을 키우도록 배운다. 내담자는 "침묵하며 고통 받는 것"에서 벗어나, 만족스럽지 않거나 기본 권리를 명백하게 침해받는 상황이 무엇인지 알아내도록 독려 받는다. 이러한 점을 알게 되면 내담자는 자신이 원하는 바를 충족시키기 위해 새롭고 자신에게 더 만족스러운 방향으로 반응할 수 있는 힘을 가진다.

실시 방법(Delivery of Approach)

일반적인 자기 주장 조언은 다음과 같다.

- 자신이 원하고, 필요하고, 좋아하는 것을 명확하게 주장하라.
- 부정적인 감정이나 불만족스러움을 분명하게 밝히기 위해서 '나' 진술을 사용하라.
- 칭찬을 받았을 때에는 간단하게 "고맙습니다"라고 하며 받아들여라. 자기 비하적인 진술과 다른 식의 포장하는 말은 필요하지 않다.
- 전통이나 권위를 따르는 것이 만족스럽지 않다면 의문을 제기하라.
- 개인적인 경험, 의견과 감정을 자신감을 가지고 공유하라. 당신의 관점은 중요하다.
- 좌절감과 사소한 짜증이 대참사(major catastrophes)나 분노 폭발로 악화되기 전에 해소하라.
- 싫으면 싫다고 하라. '좋다' 또는 '그렇다'라고 말하면 억울함을 느낄 것이다.
- 당신의 순종적인 경향이 어디서부터 비롯되었는지 확인하기 위해 원가족을 들여다보아라.

자기 주장 훈련(assertivencss training)을 위한 다양한 자원이 많다. 인터넷을 검색하면 쉽게 구할 수 있다. http://www.mentalhelp.net을 시작으로 여러 사이트를 참고하라.

내담자가 위에서 제시한 각 조언을 실습하면, 치료 장면에서 연습한 "자기 주장(assertiveness)"을 일상 생활로 확장시킬 수 있다.

제3장 - 외상 기억의 처리

재연합

Reconnection

문명의 마지막 산물은 현명한 여가 활동이다.

Bertrand Russell

재연합
Reconnection

외상 기억의 처리
Trauma Memory Processing

안전과 안정화
Safety and Stabilization

외상 치료의 이론적 기초
Foundations of the Trauma Practice Model

1. **신체 | *Body***

   중심잡기 | Centering (CR)

2. **인지 | *Cognition***

   인지 지도 탐색하기 | Exploring Your Cognitive Map (CR)

   피해자 신화 | Victim Mythology (CR)

   자신에게 편지쓰기 | Letter to Self (CR)

3. **행동 | *Behavior***

   자기 – 조력(자조)과 자기 개발 | Self – Help and Self – Development (CR)

4. **정서/관계 | *Emotion/Relation***

   추모 | Memorials (CR)

   다른 사람들과의 관계 | Connections with Others (RE – CR)

내담자는 외상으로부터 회복하면서, 과거에 심리적 안정을 위해 억압했던 정서를 느끼기 시작한다. 회복의 최종 단계는 자신을 의미 있는 대인관계 그리고 일상적인 활동과 관련된 맥락 안에서 재정의하는 것이다. 외상 생존자는 자신이 겪었던 외상 사건이 자신의 전부가 아니라는 것을 깨닫게 되면, 외상으로부터 벗어날 수 있다. 외상 생존자는 자신에게 어떤 일이 일어나든지 간에 자신에게는 의지할 것이 있다는 확신을 가질 때 마음의 자유를 얻는다. 많은 생존자가 더 강력한 힘(higher power)이 자신을 압도적인 공포에서 구했다고 믿고, 이를 지속적으로 믿음으로써 자신을 지탱한다. 지속적으로 치유되고 성장할 수 있는 '사명(mission)'을 찾기도 한다. 자신들과 비슷하게 학대나 방임을 경험했던 사람들을 돕는 것이 한 가지 예이다. 외상에서 벗어날 수 있다는 것은 인간이 불굴의 의지를 지녔다는 점을 보여 준다. 외상 치료의 2단계가 끝난 후, 생존자는 외상 경험으로 인해 변한 성격을 되찾아야 한다. 그러기 위해서는 대인관계 형성을 촉진하고 다양한 흥미를 탐색하는 새로운 성장 경험의 기회가 필요하다.

1. 신체(Body)

대부분의 외상 생존자는 일생 동안 자신의 신체와 싸웠다. 그들은 자기의 몸을 편안하게 느끼지 않는다. 자신을 안전하게 보호하기 위해 했던 행동들 중 일부는 신체를 존중하지 않거나 무시하는 방식으로 행해졌다. 생존자가 외상의 정서적 위축(emotional constriction)으로부터 벗어나면서 시작되는 재연합(reconnection) 과정은 자신의 신체와의 재연합도 포함한다. 영양학(Nutrition) 수업, 운동 수업, 필라테스, 명상, 요가, 택견, 기공 체조 등은 신체와 재연합하기 위해 활용할 수 있는 유용하고 적절한 방법이다. 다음의 활동들은 "자신의 신체에 적응하고" 자신이 누군지를 인식하기 시작하는 과정을 돕는다.

중심잡기(Centering) (CR)

소요 시간(Time required)
Thich Nhat Hanh에 의하면 영원히.
준비물(Materials required)
없음.
활용 지침(Indications for use)
재연합(reconnection) 단계에서 신체적, 인지적, 정서적 대처 능력을 우선적으로 향상시킬 필요가 있는 경우에 활용.

유의사항(Counterindications)

내담자가 자기-진정(self-soothing) 능력이 없는 경우에는 활용을 금함.

이 활동은 점점 더 많은 사람들에게 알려지고 있는 '마음챙김(mindfulnesss)', 반영(reflection), 수용(acceptance)의 개념에 기반한다. Jon Kabat-Zinn(1990)이 그의 획기적인 저서 *마음챙김과 자기치유(Full Catastrophe Living)*에서 설명했듯이 "마음챙김은 자신의 경험을 객관적으로 바라보면서 이뤄진다"(p. 33). 그는 우리가 내면의 대화에 관심을 가지기 시작하면, "자신의 경험에 대해 지속적으로 비판하고 있다는 사실을 발견하고 놀랄 것"이라고 말한다(p. 33).

마음챙김 다음으로 중요한 개념은 '수용'이다. 우리는 우리의 강인함 뿐만 아니라 선천적인 연약함도 수용하지 않으면 신체를 편안하게 느낄 수 없다. 즉 수용할 수 없으면 발전할 수 없다. 만약 우리가 외상 사건 이후 가지게 된 만성적 두통을 느낄 때마다 분노하고 좌절한다면, 두통은 더욱 악화될 것이다. 우리의 신체 경험을 수용하지 못할 때 느껴지는 분노감과 좌절감이 두통을 더 심하게 경험하도록 하기 때문이다.

실시 방법(Delivery of Approach)

Thich Nhat Hanh(1990)은 내면적 신체 경험과 소통할 수 있도록 하는 집중하기의 다섯 단계에 대해 설명한다. Thich Nhat Hanh은 자신의 내적 과정(그것이 공포, 고통, 슬픔, 혼란, 짜증 등이든 간에)에 대해 알아차리고 반영할 것을 추천한다.

1. 무엇을 느끼는지 알아차리기만 하고 판단하지 마라.
2. 내적 경험을 맞이하라(예, "안녕 슬픔아. 오늘은 무슨 일이 있었니? 왜 여기에 있니?"). 이는 "슬픔은 여기서 나가, 내 안에 네가 있을 곳은 없어! 왜 멋대로 들어와?"와 같은 일반적인 반응과 상반되는 것이다. 내적 경험을 있는 그대로 맞이하면 우리는 더 이상 자신과 싸울 필요가 없어진다. 떠오르는 감정이 무엇이든 느낄 수 있게 된다. 마음챙김이 가능해지고, 우리는 슬픔이라는 내적 경험을 다스릴 수 있다. 즉, 이 단계에

서 우리는 내적 경험에 대해 판단하지 않고 그저 바라보기만 한다. 이
때 집중하기 기법의 핵심적인 요소인 의식적 호흡법을 함께 실시한다.

3. 내적 경험을 마치 슬퍼하거나 아파하는 어린 아이를 진정시키듯이 진
   정시켜라. "슬픔아, 내가 여기에 있고, 나는 너를 버리지 않을 거야. 나
   는 침착하게 내 슬픔을 느끼고 있어"라고 말하는 것이 도움이 된다.
   감정을 받아들이면, 그 감정을 보살피고, 탐색하고, 표현할 수 있다.
   감정을 인정할 시간과 공간이 마련되고 주의 깊게 치유할 수 있는 기
   회를 가지게 된다.

4. 감정을 해방시키는(releasing) 과정을 시작하라. 당신은 자신의 몸 안에
   살고 있는 두려운 감정을 마주했다. 이제 차분한 마음챙김을 통해 슬
   픔이 변하기 시작했다는 것을 알아차릴 시간이다. 당신은 자신의 신
   체에게 슬픔이 짙더라도 편안해질 수 있는 방법을 가르쳤다. 당신은
   자신의 신체에게 새로운 메시지를 보낸 것이다. 당신은 불안한 내면
   의 메시지와 마주하더라도 현재에 머무르고 자신을 돌볼 준비가 되었
   다. 감정을 완화시킬 수 있는 의식적인 결정을 내릴 수 있고, 그 감정
   을 더 부드럽게 표현할 수 있음을 알아차려라. 당신이 느끼는 감정을
   향해 침착하게 웃는 것을 상상하고, 그 감정을 해방시키겠다는 의지
   를 가지고 놓아주어라.

5. 더 자세히 바라봐라. 마음챙김을 불편함의 근원으로 가져와라. 그 감
   정이 완전히 사라졌더라도, 신체는 그 감정이 존재했던 기억을 가지고
   있다. "이 감정은 무엇일까? 어디에서 왔을까? 내면 혹은 외면의 어떤
   이유들이 이런 경험을 만들까?"라고 질문하라. 그러면 우리는 자신을
   더 잘 이해하게 된다. 자신에게 현명한 조언, 따뜻하고 지지되는 말,
   자기-수용, 그리고 변화의 경험을 제공할 수 있다.

이 활동은 스스로 터득할 수 있고, 삶에 풍요로움을 더한다.

2. 인지(Cognition)

＼

외상과 관련된 주요 정서적 반응을 해결한 뒤에도, 내담자에게는 자신이나 세상을 바라보는 지속적인 인지적 패턴이 남아있다. 이는 쉽게 알아채기 어려운 사고의 패턴인데, 이 패턴으로 인해 타인과 재연합하는 데 지속적인 어려움을 겪는다. 물고기가 자신이 헤엄치고 있는 물에 대해 생각하지 않듯이, 사람들은 자신이 사고하는 방식에 대해 생각해보지 않고 그냥 사고를 할 뿐이다. 자신의 사고방식을 확인하기 위해서는 노력이 필요하고, 그 사고방식을 변화시키기 위해서는 더욱 많은 노력이 필요하다. 인지적 패턴을 변화시키기 위한 첫 번째 단계는 자신의 사고를 의식적으로 자각하는 것이다. 다음의 기법들은 내담자가 갖고 있는 지속적인 사고 패턴을 알아차리도록 돕는다.

인지 지도 탐색하기(Exploring Your Cognitive Map) (CR)

소요 시간(Time required)
평생.
준비물(Materials required)
필기구.

활용 지침(Indications for use)

불필요한 사고 패턴을 야기하는 상황이나 요인을 찾기 위해 활용.

유의사항(Counterindications)

자기-진정(self-soothing) 능력이 없는 경우에는 활용을 금함.

다음의 활동은 D. Franklin Schultz 박사의 저서 *A Language of the Heart: Therapy Stories that Heal*에 담긴 내용을 각색한 것이다. 내담자는 처음에는 자신의 생각이 어떻게 흘러가는지 고찰하는 데 익숙하지 않다. 그들에게 삶의 경험은 그저 발생하는 것이다. 내담자는 자신의 인지 지도(cognitive map)를 탐색하면서, 자신이 상황에 따라 달라진다는 것을 깨닫게 된다. 대부분의 경우 내담자가 상황마다 다르게 사고하는 것은 무의식적인 과정이다. 그러나 내담자가 자신의 생각을 점점 의식적으로 알게 되면서, 결국에는 순간 순간의 자신에 대해 더욱 자각한다. 자신의 사고방식에 영향을 주는 요인이나 자극에 대해서도 알아차릴 수 있다. 이렇게 내담자가 더 의식할 수 있으면, 더 의도적으로 반응할 수 있다.

실시 방법(Delivery of Approach)

다음의 목록에 포함된 질문들은 내담자의 삶에서 중요한 부분과 관련된 것으로 내담자가 자신과 타인에 대해 어떻게 생각하는 지와 자신과 타인에게 어떻게 행동하는지 이해하는 데 도움을 줄 것이다. 질문들은 초기 경험의 다양한 측면에 대해 묻는다. 물론 이 목록만으로는 충분하지 않다. 각 경험에 대해 주어진 질문을 하면서, 내담자는 이 사건들이 자신의 인생에 어떤 영향을 미쳤는지를 스스로 더 질문해봐야 한다. 그 영향이 긍정적 혹은 부정적이라고 생각하는가? 어느 정도로 영향을 미쳤나? 왜 그렇다고 생각하는가? 특별히 영향을 미친 것으로 느껴지는 특정 경험에 대해서는 다음에 나오는 질문들을 고려하도록 하라.

1. 그 사건이 자신의 관점, 자아상, 안전감, 기대, 그리고 타인과의 관계에 미친 영향은 무엇인가?
2. 그 사건으로 인해 생긴 자기에 대한 신념 중, 지금 생각해보면 의문이 드는 것은 무엇인가?
3. 답변을 하면서 느껴지는 감정은 무엇이고, 이런 감정은 당신이 현재 실제 삶에서 경험하는 것과 어떤 관련이 있는가?
4. 관련된 사건을 정리하고 이해하기 위해 자신이 평소 썼던 표현은 구체적으로 무엇인가?
5. 이 사건을 떠올리게 하는 촉발요인은 구체적으로 무엇인가?

이 활동을 하면서, 내담자는 각 질문에 대한 명확한 답보다는 자신의 생각이나 감정 반응이 더 중요하다는 것을 기억해야 한다. 두 사람이 한 질문에 대해 동일한 답변을 하더라도, 해당 답변과 연관된 자신만의 고유한 생각이나 감정적 반응은 전혀 다를 수 있다. 내담자는 어떤 질문에는 특정한 정서적 흥분을 느낄 수 있다. 그런 느낌들에 집중하도록 하고, 과거 사건과 지금 – 여기(here and now)의 상황이 비슷한지 자기 자신에게 물어야 한다. 어조나 단어 표현 등과 같이 과거의 사건이나 감정을 떠올리게 하는 단서가 있는가? 지금도 예전의 생각이나 감정적 반응을 떠올리면 정서적으로 각성되는가?

도구 사용하기(USING THE TOOLS)

인지 지도 탐색하기 (Exploring Your Cognitive Map)

당신의 출생이나 유아기와 관련된 가족 신화(family myths)가 있는가? (예, 낳기가 어려운, 계획된 혹은 계획되지 않은 임신, 원치 않는 성별, 짜증을 잘 내는 기질, 예쁜아기, 똑똑한, 느린 등의 표현)

1. 아기, 어린이, 청소년 때의 당신을 묘사하던 표현은 구체적으로 무엇이었는가?

   _____

2. 양육 환경은 어땠는가? (예, 모유수유 여부, 탁아소, 부모님 맞벌이)

   _____

3. 형제자매는 몇 명이나 있고, 당신의 출생순위는 몇 번째인가?

   _____

4. 입양되었거나, 친부모가 아닌 사람에게 양육되었거나, 아니면 위탁 가정에서 살았던 적이 있는가?

   _____

5. 자라면서 부모님 중 돌아가신 분이 있는가?

   _____

6. 인생의 처음 5년, 5년에서 10년, 10년에서 18년 사이에 일어났던 중요한일은 무엇인가? (예, 이사, 병원 방문, 휴가, 가까운 사람의 죽음)

   _____

7. 당신의 첫 기억은 무엇인가? 즐거운 기억인가 아닌가? 가장 인상 깊은 부분은 무엇인가?

   _____

8. 유아기, 초등학교, 중학교, 고등학교, 성인기에 부모님 그리고 형제자매와의 정서적 교류는 어땠는가?

   _____

9. 위 질문에서 언급된 사람들과 갈등은 없었는가? 있었다면 어떻게 해결하였는가?

   _____

10. 위의 두 질문과 관련된 사람들과 의사소통할 때 사용했던 구체적인 표현은 무엇인가?

   _____

11. 누구와 가장 가까웠는가? 그리고 그 이유는 무엇인가?

   _____

12. 누구와의 관계가 가장 소원했나? 그랬던 이유는 무엇인가?

   _____

13. 다른 사람들이 당신을 존중했는가? 아니라면 누가 그렇지 않았는가?

   _____

14. 자랄 때 심리적으로 침해적인 사람이 있었는가? (예, 심리적으로 조종함, 이중 메시지를 줌, 당신의 감정을 역이용함, 심리적으로 안전하지 않은 기분을 느끼게 함)

    _____

15. 현재 위의 질문과 관련된 사람들과의 관계는 어떠한가?

    _____

16. 부모님으로부터 어떤 유형의 훈육을 받았는가? 어떤 상황에서 그랬는가?

    _____

17. 어린 시절 집안에서 당신이 해야 했던 일 즉, 의무는 무엇이었는가? (예, 가사일, 형제자매 돌보기 등)

    _____

18. 일정 기간 동안 혼자 있어야 했던 적이 있었는가?

    _____

19. 겁먹었던 적이 있었는가? 무엇 때문에 그랬나? 겁먹은 당신에게 당신 자신이나 다른 사람들은 어떻게 반응했는가?

    _____

20. 집, 학교, 혹은 그 외의 장소에서 심각한 문제에 휘말린 적이 있는가? 그랬던 상황은 무엇이고, 결과적으로 어떤 일이 일어났는가?

    _____

21. 친구들은 어떤 사람들이었는가? 부모님은 친구들이 집으로 놀러 오는 것을 허락해주셨는가? 아니라면 안 되는 이유는 무엇이었는가?

_____

22. 당신의 부모님은 당신의 친구들을 어떻게 대하였는가?

_____

23. 또래 친구들이 당신을 놀리거나 무례하게 대한 적이 있는가?

_____

24. 집안의 정서적인 분위기(emotional atmosphere)를 어떻게 설명하겠는가? (예, 따뜻한, 긴장한, 불안한, 조용한, 차분한)

_____

25. 공휴일에 당신은 무엇을 하며 보냈는가? 생일은 또 어떻게 지냈는가?

_____

26. 어린 시절 당신은 선물을 받아본 적이 있는가? 선물은 어떤 때 받았나? 선물을 받을 수 있는 이유 혹은 조건은 무엇이었는가?

_____

27. 누구에게 어떻게 인정을 받았는가?

_____

28. 부모님이 이혼하신 적이 있는가? 한 번 이상? 어느 부모와 살았는가?

_____

29. 의붓 부모가 있었는가? 양부모와의 관계는 어땠는가?

_____

30. 부모님이 결혼하지 않고 사귀거나 같이 살았던 상대가 있는가? 그분들과의 관계는 어땠는가?

_____

31. 과거에 부모님에게 또 다른 가정이 있었는가? 부모님과 그 가정의 관계는 어땠는가? 당신과 그 가정의 관계는 어땠는가?

_____

32. 부모님은 서로를 어떻게 대했는가?

_____

33. 살면서 갈등이 있었던 적이 있는가? 어떤 형태의 갈등이었는가(예, 수동적, 공격적, 폭력적, 소리지르기, 폭행, 협박)? 어떤 상황에서 이런 갈등을 경험했는가? 갈등이 생기면 당신은 어떻게 대응했는가?

_____

34. 부모님이 서로에게, 당신에게 그리고 당신의 형제자매들에게 어떤 식으로 애정을 표현했고, 어떤 상황에서 표현했는가? 편애하는 자녀가 있었는가? 그걸 어떻게 알 수 있었는가?

_____

35. 부모님 중 외도를 한 사람이 있었는가? 어떻게 알았는가? 결과적으로 어떻게 되었는가?

_____

36. 부모님이 음주나 약물을 사용했는가? 문제가 된 적이 있었는가? 어떤 문제가 있었는가?

_____

37. 부모님 중 오랜 기간 동안 부재했던(떨어져 지낸) 사람이 있는가?

_____

38. 부모님이 노골적으로 어떤 선입견이나 편견을 가지고 있었는가? 그게 어떤 식으로 드러났는가?

_____

39. 부모님 중 심리적 문제가 있는 사람이 있었는가? 구체적으로 어떤 문제가 있었는가? 신체적인 문제는 없었는가? 있었다면 어떤 문제가 있었는가?

_____

40. 당신에게 신체적 혹은 심리적 문제가 있었는가? 그와 같은 문제에 어떻게 대처했는가?

_____

41. 부모님 중 당신을 학대한 사람이 있었는가(예, 정서적, 신체적, 성적)?

_____

42. 가족 구성원이나 다른 사람들로부터 어떤 형태로든 학대를 경험한 적이 있는가(예, 정서적, 신체적, 성적)?

_____

43. 누군가가 당신을 불쾌하게 만진 적이 있었는가?

_____

44. 당신의 신체, 신체적 성장, 전반적인 외모에 대해서 누군가가 빤히 쳐다보거나 지적을 한 적이 있었는가?

_____

45. 언제 어떻게 성교(sex)에 대해 알게 되었는가?

_____

46. 언제 어떻게 성행위를 하기 시작했는가?

_____

47. 인종차별적 발언이나 편견의 대상이 된 적이 있는가?

_____

48. 당신의 지능이나 능력에 대해 지적받은 적이 있는가?

_____

49. 학교 생활은 어떠했는가?

_____

50. 학습에 어려움이 있었는가? 있었다면, 가족이나 다른 사람들의 반응은 어땠는가?

_____

51. 당신 가족의 사회경제적 지위는 어땠는가?

    _____

52. 시골, 지방 소도시, 교외 지역, 대도시, 또는 혼합된 지역 중에 어디서 자랐는가?

    _____

53. 어렸을 때 돈을 벌기 위해 일을 했던 적이 있었는가? 그 당시 어떤 상황이었는가?

    _____

54. 취미는 무엇이었는가(예, 스카우트 활동, 교회 모임, 운동, 그 외)?

    _____

55. 체중과 체형은 어떠했는가? 이로 인한 문제는 없었는가?

    _____

56. 식욕 부진이나 폭식 등의 경험이 있는가?

    _____

57. 운동을 했는가?

    _____

58. 부모님이 당신과 함께 실외 활동을 한적이 있는가? 있다면 그 경험이 어떠했는가?

    _____

59. 집을 떠나는 즉, 독립하는 경험은 어떠했는가? 안심하거나, 슬프거나, 불안하거나, 들떴었나?

_____

60. 위의 질문들 중에는 없었지만 당신에게 중요했던 일이 있었다면 그건 어떤 일이었는가?

_____

출처: Anna B. Baranowsky, J. Erin Gentry, & D. Franklin Schultz, *Trauma Practice: Tools for Stabilization and Recovery.* ⓒ 2011. Hogrefe Publishing

제4장 - 재연합

피해자 신화(Victim Mythology) (CR)

> **소요 시간(Time required)**
>
> 구조화된 6회기.
>
> **준비물(Materials required)**
>
> 각 회기의 진행 내용에 따라 다름. Tinnin(1994)을 참조.
>
> **활용 지침(Indications for use)**
>
> 재연합(reconnection) 단계에서 인지적 대처 능력을 우선적으로 향상시킬 필요가 있는 경우에 활용.
>
> **유의사항(Counterindications)**
>
> 내담자가 자기 진정(self-soothing) 능력이 없는 경우에는 활용을 금함.

피해자 신화(Victim Mythology)라는 개념은 웨스트 버지니아 약학 대학 (West Virginia School of Medicine)의 정신과 의사의자 교수인 Louis Tinnin 박사가 처음 내 놓았다. Tinnin 박사는 피해자 신화라는 개념으로 외상, 특히 발달심리적 외상에 동반되는 인지적/지각적 왜곡을 설명한다. 본능적 트라우마 반응 모델(Instinctual Trauma Response Model, ITR Model) 또는 집중적 트라우마 치료(Intensive Trauma Therapy, ITT)(http://www.traumatherapy.us/treatmentprocess. htm)라고 불리는 ITR 모델에서, Tinnin 박사는 여섯 번의 구조화된 회기를 통해 외래 환자와 입원 환자의 피해자 신화를 다루고 해결한다.

피해자 신화는 감소된 자아존중감, 스스로에게 해를 가하고 싶은 마음, 심리적 외상과 관련된 대인관계를 갈구하고 지속하는 것, 진정한 위험성에 대한 왜곡된 지각, 미래 지각의 어려움, 강박적 사고, 강박적 행동(중독), 친밀감에 대한 두려움, 미성숙한 영적 발달 등의 증상과 관련이 있다. ITT 모델은 몇 가지 서로 다른 기법을 사용해서 심리적 외상을 빈틈없이 서술하고 성공적으로 통합해, 침습적이고 각성적인 증상들을 해결한다. Tinnin 박사는 심리적 외상으로 인한 침투적 사고를 해결하면, 환자의 집중력이 향상되고 인지와 지각의 왜곡을 의식적으로 해결할 수 있다고 믿는다. 6회기 동안은 인지 – 행동

기법을 활용해서 이러한 왜곡된 사고와 행동을 다루고 해결한다. 피해자 신화의 오래된 패턴과 신념을 조심스럽게 직면하고, 새롭고 더 만족스러운 사고와 행동으로 교체한다.

피해자 신화(victim mythology)라는 용어는 Louis Tinnin(1994)이 외상을 위한 치료 모델(시간 제한적 심리적 외상 치료 Time-Limited Trauma Therapy)을 발달시키면서 쓰기 시작했다. Tinnin은 많은 생존자가 심리적 외상 기억을 해결한 뒤에도, 세상은 위험한 곳이고 자신에게는 결함이 있다는 외상 후 신념(posttraumatic belief)에 집착한다는 것을 깨달았다. Tinnin은 치료자가 내담자로 하여금 신념의 적응적 본질을 이해하도록 돕고, 왜곡된 '신화(mythology)'는 외상 경험으로 인한 압도적인 공포, 고통, 슬픔에 대처하기 위한 방편이었다는 것을 깨닫게 해야 한다고 본다. 이를 통해 내담자가 현재의 삶에 더 적응적인 신념들과 의미를 만들어가면 심리적 외상과 관련된 왜곡된 신념을 버릴 수 있다고 믿는다.

어떤 치료 기법이든지 외상의 생존자가 왜곡된 신념을 알아차리고, 새롭고 더 적응적인 자기-대화(self-talk)를 할 수 있고, 새로운 인지 방식을 연습할 수 있게 돕는다면, 피해자 신화(victim mythology)를 해결하는 데 도움이 된다.

자신에게 편지 쓰기(Letter to Self) (CR) (Gentry, personal communication, 2002)

소요 시간(Time required)

1회기 또는 그 이상.

준비물(Materials required)

필기구.

활용 지침(Indications for use)

재연합(reconnection) 단계에서 인지적, 정서적 대처 능력을 우선적으로 향상시킬 필요가 있는 경우에 활용.

유의사항(Counterindications)

내담자가 아직 해결되지 않은 외상 후 증상이 극심한 경우에는 활용을 금함.

실시 방법(Delivery of Approach)

이 기법은 자신에게 집중해 피해자 신화(victim mythology)를 다루는 방법이다.

1. 내담자가 사건을 경험한 자신에게 편지를 쓰도록 한다. 편지에는 치료를 통해 이해한 내용을 바탕으로, 이전의 자신의 행동과 감정에 대해 이해하는 내용을 써야 한다.

2. 사건 당시와 그 이후의 자신의 행동과 감정을 스스로 용서할 수 있어야 한다.

3. 내담자가 과거의 자신도 자기의 일부로 받아들여 통합된 자아감을 느낄 수 있도록 돕는다. 이는 내담자가 자신의 과거를 타당한 정보(valid information)로 받아들이는 것 즉, 당위성을 부여하는 것이다.

4. 최종적으로 내담자가 자기 자신을 돌본다는 구체적인 약속을 하고, 건강하고 안전하게 지낼 수 있는 계획을 세우게 한다.

3. 행동(Behavior)

치료자는 내담자의 치유 과정을 주도하고, 내담자가 자신의 삶을 다르게 생각하고 이야기할 수 있게 돕는다. 하지만 내담자가 변화에 대해서 생각하고 이야기 할 수 있게 되더라도, 실제로 행동이 변하기 전에는 건강하고 안정적인 생활방식으로 나아갈 수 없다. 회복이 내담자의 삶으로 완전히 통합되려면, 반드시 다르게 행동해야 한다. 즉, 행동 수준에서의 변화가 동반되어야 하는 것이다. 행동의 변화를 위한 치료적 개입은 내담자가 주도적으로 자신의 행동을 변화시키는 것으로 이어질 수 있다. 치료자와 내담자는 건강하고 유용한 행동을 함께 계획함으로써, 내담자로 하여금 치료가 끝난 이후의 삶을 준비할 수 있게 도와준다. 이를 위해 활용할 수 있는 방법을 예시로 제시한다.

자기-조력(자조)과 자기-개발(Self-Help and Self-Development) (CR)

소요 시간(Time required)
1회기 또는 그 이상.
준비물(Materials required)
경우에 따라 다름.

활용 지침(Indications for use)

재연합(reconnection) 단계에서 인지적, 정서적 대처 능력을 우선적으로 필요가 있는

경우에 활용.

유의사항(Counterindications)

없음.

외상 생존자가 외상과 관련한 지식을 학습하고 다른 사람과의 유대감을 형성함으로써 임파워먼트(empowerment)를 증진시킬 수 있도록 하는 수천 개의 책, 오디오, 비디오, 단체, 홈페이지가 존재한다. 인지행동치료(CBT)를 포함한 여러 심리치료의 가장 중요한 목표 중 하나는, 내담자가 자신만의 자원과 해답을 찾도록 돕는 것이다. 즉, 내담자가 증상에서 해방되고 자활할 수 있도록 조력하고자 한다.

4. 정서/관계(Emotion/Relation)

\

인간은 문화적, 환경적 측면에서뿐만 아니라 생물학적으로도 사회적인 동물이다. 우리는 유전적으로 다른 사람들과 관계를 맺도록 정해져 있다. 앞서 논의했듯이, 심리적 외상은 다른 사람들과 성공적으로 관계 맺는 능력을 저해한다. 심리적 외상의 회복 과정이란 무슨 일이 있었는지는 잊어버리고 단순히 예전과 다르게 행동하면 된다고 강요하는 것이 아니다. 회복의 과정은 이전에 있었던 일을 지금의 자기와 통합하고 심리적 외상으로 인해 생겨난 삶의 장애물을 극복하는 일이다. 정서적으로 재연합(reconnection)하는 것이 최종 목표인데, 이는 무슨 일이 있었는지 기억하고, 슬픔으로부터 교훈을 얻고, 대담하게 사랑하는 법을 다시 배움으로써 자기 자신 그리고 다른 사람들과 다시 연결되는 것을 의미한다. 열린 마음과 맑은 정신으로 사회 관계 속으로 다시 들어가는 용감한 행위라고 할 수 있다. 아래의 기법들은 내담자가 의식적으로 과거 경험을 기억하고, 애도하고, 재연합하도록 하는 데 도움이 된다.

추모(Memorials) (CR)

소요 시간(Time required)

경우에 따라 다름.

준비물(Materials required)

경우에 따라 다름.

활용 지침(Indications for use)

재연합(reconnection) 단계에서 정서적, 관계적 대처 능력을 우선적으로 향상시킬 필요가 있는 경우에 활용.

유의사항(Counterindications)

내담자가 자기 진정(self-soothing) 능력이 없는 경우에는 활용을 금함.

추모(memorial)의 목표는 끔찍한 과거와 희망찬 미래를 연결하는 다리를 놓는 것이다. 추모는 큰 상실 혹은 외상을 경험한 사람과 그들의 공동체가 수용과 인정을 통해 재연합하도록 한다. 서로 지지를 제공하고, 남겨진 사람들을 예우하고, 더 이상 함께 존재하지 않는 사람에 대해 증언하는 시기이다. 이 활동은 외상 회복 과정을 종결할 수 있는 기회가 될 수도 있다. 추모는 긍정적인 기억을 떠올려 나누고, 비극적인 사건을 재해석하는 시간이다. 이 모든 것이 추모의 과정이다. 추모기법은 효과적이고 복원적인 특성을 지닌다.

실시 방법(Delivery of Approach)

추모(memorial)는 내담자가 단체 기도에 참여하거나, 기념물을 세우거나, 벽을 허물거나, 같이 노래하거나, 외상 사건의 상징을 묻거나 태우거나 또는 의식적으로 학대자와 분리하는 활동을 하는 방식으로 행해진다. 다양한 방식을 활용할 수 있고, 반드시 지켜야 할 절대적인 규칙은 거의 없다. 당신은 참석하거나, 진행하거나, 실행하거나, 전해 들었던 중요한 추모의 기억이 있는가?

"재연합"하는 추모는 여러 방식으로 가능하다. 자신이 활용하거나, 목격했거나, 자신에게 의미 있다고 느껴지는 추모과정을 기억해내거나 상상해보자. 이 책의 빈 공간을 활용해서 미래에 활용하고 싶은 추모방식을 설명해보자.

도구 사용하기(USING THE TOOLS)
추모(Memorials)

당신의 삶의 여정에 대해 심사숙고 해보는 시간을 가져라. 당신의 인생에서 추모(memorial)되어야 할 부분은 무엇인가? 앞으로 나아가기 위해서 어떤 상실을 애도해야 하는가? 시간을 들여서 당신의 인생, 사람, 물건, 신념 중에서 상실을 애도할 부분을 찾아내고, 그에 대한 간단한 추모(memorial) 내용도 함께 작성하라.

_____

_____

_____

_____

_____

_____

_____

_____

_____

출처: Anna B. Baranowsky, J. Erin Gentry, & D. Franklin Schultz, *Trauma Practice: Tools for Stabilization and Recovery.* ⓒ 2011. Hogrefe Publishing

제4장 - 재연합

다른 사람들과의 관계(Connection with Others) (RE-CR)

소요 시간(Time required)

활동을 하기 위한 사전 조사는 20분 또는 그 이상, 실행은 평생.

준비물(Materials required)

경우에 따라 다름.

활용 지침(Indications for use)

다른 사람들과 의미 있는 관계를 수립하고, 재연합(reconnection) 단계에서 인지적, 정서적 대처 능력을 우선적으로 향상시킬 필요가 있는 경우에 활용.

유의사항(Counterindications)

없음.

우리는 살면서 꼭 해야 하는 것에 과도하게 집중하고, 즐거운 취미를 가져야 할 필요에 대해서는 잊기 쉽다. 그런데 때로는 즐거운 취미가 일이나 삶의 중압감으로부터 오는 스트레스에 대한 완충제 역할을 한다. 사람들과 관계를 맺고 의미 있는 활동에 참여하면 새로운 기회와 선택이 존재하는 건강한 삶으로 돌아갈 수 있는 길이 열린다. 사람들은 흔히 유년기에 재미있게 했던 활동을 더 이상 즐겨하지 않는다고 말한다. 더 이상 합창단에서 노래하거나, 농구를 하거나, 시를 읽거나, 독서모임에 가거나, 마라톤을 뛰거나 하지 않는다고 한다. 하지만 왜 그렇게 되었을까? 자신의 행복을 보장할 수 없다면 성실하게 일하고 헌신하는 것이 무슨 의미가 있을까? 외상 증상으로부터 회복하는 것은 외상 치료의 일부분일 뿐이다. 회복된 상황을 지속적으로 유지하려면 현재에 충실하고, 공동체 그리고 주변 사람들과 좋은 관계를 맺고, 함께 공유할 수 있는 의미 있는 활동도 해야 한다.

도구 사용하기(USING THE TOOLS)
다른 사람들과의 관계(Connections with Others)

규칙

1. 신체적, 지적, 창의적, 영적 영역에서 관심 있는 두세 개의 활동을 찾아라.
2. 선택한 활동을 다른 사람들과의 사회관계적 맥락 안에서 해라.
3. 이것은 실험이니 즐기면서 하라.

  단계 I : 마음에 드는 활동 영역과 각 영역에서 할 수 있는 활동이 무엇인지 조사해라.

  단계 II : 네 개 중에 최소 세 개의 영역에서 시도할 수 있는 하나의 활동을 선택해라.

  단계 III : 선택한 활동을 시도하라.

  단계 IV : 그 활동이 마음에 들면 계속해라; 아니라면 다른 활동을 선택해서 시도하라.

  단계 V : 진심으로 즐기고 지속하고 싶은 서너 개의 활동을 찾을 때까지 여러 선택지를 시도하라.

3 단계 치료 모형(Tri-Phasic Model of Treatment)의 세 번째 단계인 재연합 단계를 위한 네 가지 관계 영역

다른 사람들과의 관계(Connections with others)

각각의 네 영역에서 당신에게 흥미로우면서도 다른 사람과 함께하는 활동을 찾아봐라. 당신의 거주지 주변에서 참여할 수 있는 모임을 알아보거나, 당신이 모임을 만들어라. 최소 한 달에 한 번은 할 수 있는 활동을 두세 개 골라라. 사회 생활을 발전시키고, 공동체에 관여하라. 그 활동이 당신에게 적합한지를 서너 번 참석하고 난 후에 결정하라. 만약 적합하지 않다고 느낀다면 다른 활동으로 넘어가라.

1. 신체적 영역(예, 걷기 동호회, 요가 수업, 볼링)

   _____

2. 지적 영역(예, 독서 모임, 대학/전문대 수업, 천문학 동호회)

   _____

3. 예술적/창의적 영역(예, 미술 수업, 도예 수업, 스크랩북 만들기)

   _____

4. 영적/종교적 영역(예, 교회/절에 참석, 명상 배우기, 노숙자 쉼터 봉사활동)

   _____

당신에게 일어난 일 자체보다 그 일에 대한 당신의 반응이 더 중요하다는 사실을 깨달아
라. 그것이 바로 행복의 비결이다.

K.D. Harrell

출처: Anna B. Baranowsky, J. Erin Gentry, & D. Franklin Schultz, *Trauma Practice: Tools for Stabilization and Recovery.* ⓒ 2011. Hogrefe Publishing

제5장

외상 치료자를 위한
통합적 자기-돌봄 모델

Integrative & Clinician Self-Care Models

기회는 보통 감춰져 있기 때문에, 대부분의 사람들이 알아보지 못한다.

Ann Landers

정점 프로그램
(Pinnacle Program)

통합적 자기–
돌봄 모델
(Integrative &
Self-care Models)

연민 피로감
(Compassion Fatigue)

1. 정점 프로그램: 원칙에 기반한 생활을 통해 외상 치료하기
The Pinnacle Program: Healing Trauma by Principle - Based Living

모든 사람은 고유한 소명이나 사명이 있다. 우리 모두는 반드시 구체적인 인생의 과제를 완수해야 한다. 누구도 대신해줄 수 없고, 인생을 되돌릴 수도 없다. 기회가 한 번뿐인만큼 우리 모두의 과제는 특별하다.

Viktor Frankl

정점 프로그램(Pinnacle Program)은 3단계 치료 모형에서 다루는 많은 외상 회복 원칙과 절차가 어떻게 서로 연관되어 있는지를 보여준다. 이 프로그램은 예방을 목적으로 하는 자기 관리 전략뿐만 아니라 외상을 가진 내담자의 회복을 돕기 위한 반구조화된 접근법과 지침 역시 제공한다.

서론

정점 프로그램(Pinnacle Program)은 가속화된 불안 그리고 외상적 스트레스와 관련된 증상을 감소시키고, 원칙에 기반해 의도적인 삶을 살 수 있도록 돕고자 개발되었다. 심리치료/상담, 행동 코칭, 성장 원칙의 독특한 조합이라 할 수 있다. 정점 프로그램은 불안, 우울, 외상 스트레스 증상을 다루는 통합된 전략으로, 의도성, 정당성, 내적 통제 소재에 대한 설명과 자기 – 조절/이완(self – regulation/relaxation), 실제 노출(in vivo exposure)과 같은 인지 행동적 기법을 결합한 형태를 띤다(Foa, Keene, & Friedman, 2000; Follette, Ruzek, & Abueg, 1998; 외상 후 스트레스 장애 치료 위원회(Committee on Treatment of Posttraumatic Stress Disorder), 국립 의학 연구소(National Institute of Medicine), 2008). 이 새로운 접근법은 내담자로 하여금 전통적인 정신의학적 치료의 비용적 부담, 낙인 찍기(stigmatization), 무력화(disempowerment)를 피할 수 있도록 한다.

　이 프로그램은 모든 사람, 특히 외상의 생존자에게, 고통스러운 증상과 반응에 의해 지배되던 삶에서 벗어나 개인적 목표와 원칙을 바탕으로 한 건강하고 규율 있는 삶으로 변할 수 있도록 도와주는 아주 효과적인 과정이다. 정점 프로그램은 내담자가 자신만의 "윤리 기준"에 충실한 삶을 창조해내고, 분명하게 표현하고, 신속하게 시작할 수 있도록 돕는다. 내담자는 정점 프로그램의 자기-조절 방법을 통해서 원칙에 기반해 의도적으로 행동할 수 있게 되고 스트레스와 관련된 증상도 완화시킬 수 있다. 물론 이 프로그램이 기존의 심리치료를 대체할 수는 없다. 하지만 많은 내담자와 수백 명의 워크샵 참가자가 이 프로그램에 참여함으로써 다른 치료의 효과를 증대시키고 삶의 만족도를 높이는 방법을 배웠다.

　정점 프로그램은 사람들이 불안, 우울, 외상 스트레스 반응으로부터 편안해지고, 최대한 의도적으로 성숙한 행동할 수 있도록 돕고자 한다. 이를 위해 많은 이론, 훈련 기법, 개입절차를 다방면에서 절충적으로 통합해, 간단 명료하고 상식적인 개입방법을 고안해냈다. 내담자의 과거 심리적 외상을 신속하게 치료하기 위해서 현재를 의도적으로 살 수 있도록 하는 것에 초점을 맞춘다. 정점 프로그램의 치료법은 훌륭한 인지행동치료기법에 기초를 두고 있다(Foa, Davidson, & Francis, 1999; Foa & Meadows, 1997; Friedman, 1996). 하지만 프로그램을 활용하는 데 있어, 기존의 치료자 역할처럼 치료자의 직접적인 개입을 요구하지 않는다(자조 모델(self-help model)의 경우 절정 프로그램을 사용하는 내담자가 파트너/코치/멘토 등을 필요로 하지만). 인지행동치료(CBT)의 유사 요법과 인본주의 형태의 CBT와 관련지어 생각해보면, 정점 프로그램의 이론적인 핵심 개념에 대해 더 잘 이해할 수 있다.

본래 정점 프로그램은 치료법이라기보다는 내담자가 증상을 완화시키고, 자신만의 원칙을 가지고 삶에 충실하도록 하는 삶의 청사진(blueprint)을 그리는 작업이다. 이 모델의 주요한 요소 중 하나는 과거의 고통스럽고, 두렵고, 외상적인 경험이 현재 내담자가 세상을 위협적이고 위험하다고 인식하게 하는 데 어떤 영향을 미치는지 이해하는 것이다(Holbrook, Hoyt, Stein, & Sieber, 2001). 또한 힘든 과거 경험이 내담자의 삶에 침투해 현재에 대한 지각을 어떻게 오염시키고, 위협이 존재하지 않음에도 위협을 느끼게 하는지를 이해할 수 있게 돕는다. 지속적으로 위험을 감지하면 자율신경계의 지배로 인한 부정적인 결과와 증상이 나타난다는 사실을 이해하면, 내담자는 자기-조절 능력을 키우고자 하는 동기를 가질 수 있다. 위협을 감지한 상황에서도 의도적으로 신체를 이완시켜 정상적으로 기능할 수 있으면, 위협을 마주한 상황에서도 생리적·심리적 편안함을 빠르게 되찾을 수 있다. 그리고 신피질의 사고 기능을 최대한 발휘해, 원칙에 기반한 의도적인 행동을 할 수 있다(Bremner, 2000; Breslau & Kessler, 2001; Critchley, Melmed, Featherstone, Mathias, & Dolan, 2001; Porges, 1999). 심리적 외상 스트레스 증상을 해결하고 불안 증상을 감소시키기 위해서는 이완이 중요하다는 사실이 이미 충분히 입증되었다(Michenbaum, 1994; Shalev, Donne, & Eth, 1996; Wolpe, 1956).

정점 프로그램은 내담자가 자연스럽게 성숙해지는 과정을 재개하고, 지속하며, 가속화하도록 돕기 때문에 발달적 접근의 외상 치료기법이라고도 볼 수 있다. 고통스러운 과거 외상 경험에 적응하는 과정에서 학습한 내용은 위협을 감지하는 주의 능력과 행동 방식이 정상적이고 건강하게 성숙하는 것을 방해한다(Bonner & Rich, 1988; Falconer, 2008; Scaer, 2006; Schnurr, Lunney, Sengupta, 2004). 생존자는 고통스럽고 외상적인 과거 경험에 대해 학습(traumatic learning)하고 적응하는 과정에서, 종종 '실제' 위험이 없는데도 위협을 과도하게 감지해 괴로워한다. 위협에 대한 과도한 지각은 과거 경험의 빈도와 강도에 따라 다른데, 보통 아주 흔하고, 만성적이며, 증상으로 이어진다(Spilsbury et al., 2007; Stoppelbein, Greening, & Elkin, 2006).

우리가 신체의 긴장을 조절하고 신경계를 진정시키는 방식을 이해하면, 어긋난 성장 궤도를 새롭게 수정할 수 있다(Doublet, 2000; Shusterman & Barnea, 2005). 정점 프로그램은 증상을 감소시키고 자연스러운 치유의 과정을 거쳐 회복하게 돕는다(Holland et al., 1991). 나아가 내담자가 외적인 상황이나 조건과 상관없이 자신의 도덕성에 기반한 만족스러운 삶을 찾을 수 있도록 돕는다(Hamarat et al., 2001). 내담자가 자신의 의도를 구체화하는 동시에 위협을 감지했을 때 신체를 이완할 수 있으면, 원칙에 충실한 삶을 살 수 있고, 스트레스와 관련된 증상을 감소시킬 수 있다(Benson, 1997).

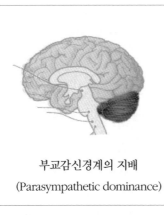

부교감신경계의 지배 (Parasympathetic dominance)	교감신경계의 지배 (Sympathetic dominance)
• 최상의 인지적 & 행동적 기능	• 손상된 인지적 & 운동 기능
• 의도적인	• 반응적인
• 창의적 문제 해결	• 같은 실수 반복
• 혁신적인 리더	• 강압적이거나 주저하는 리더
• 외상 경험이 없거나 해결됨	• 고통, 외상 경험, 공포를 통한 학습
• 기동성과 의사결정능력	• 싸움 / 도피

• 근육 이완(편안함)	• 강박 / 충동
• 문제 = 도전	• 만성적인 근육의 긴장
• 최상의 수행(동작 & 인지)	• 과도한 위협 인식(과잉각성)
• 의도적 통제(내적 통제 소재)	• 뇌 기능의 저하
• 자기-조절	• 언어와 말하기 능력(의도적 사고)의 저하
• 친밀함 수용	• 친밀함을 수용하지 못함

그림 1. 부교감신경계의 지배 대 교감신경계의 지배

정점 모델은 몇 주에 걸쳐 세 단계로 진행된다.
- 1 단계: 교육 (education)
- 2 단계: 의도 (intentionality)
- 3 단계: 연습 (코칭과 둔감화) (practice (coaching and desensitization))

정점 프로그램의 세 단계는 이 장의 후반부에서 설명할 것이다.

정점 프로그램은 심각한 정신의학적 고통(예, 자살 위기, 악화되거나 통제할 수 없는 감정 폭발, 강박적이고 위험하거나 자멸적 행동, 기능의 퇴행, 중독(active addiction) 등)을 경험하고 있는 내담자에게는 함부로 적용하면 안 된다. 이러한 내담자의 경우, 정점 모델을 활용할 수 있을 정도로 내담자를 충분히 안정시키는 훈련을 받았고 자격증을 소지한 경험 많은(예, 심리적 외상에 대해 잘 아는) 전문가와 함께 작업해야만 한다. 내담자가 안정을 찾는다면 정점 모델은 진행 중인 다른 치료의 훌륭한 보조 수단이 될 수 있고, 치료자는 정점 프로그램의 활동과 절차를 활용해 내담자를 도울 수 있다. 치료 장면 밖에서 자기 스스로 정점 프로그램을 실천하기로 결정한 사람은 멘토/코치/책임 있는 파트너의 역할을 할 수 있는 다른 안정된 사람(예, 12단계 유대감에서의 '조력자'와 같은 사람)과 관계를 구축할 필요가 있다.

정점 프로그램의 첫 번째 단계는 심리교육에 전념하는 것이다. 이 단계에서는 내담자가 외상 학습 경험(traumatic learning), 인식된 위협, 그리고 자율 신경계(Autonomic Nervous System, ANS)에 대해 이해할 수 있도록 돕는다. 골반 저 근육(pelvic floor muscles)을 이완하는 자기-조절 기술에 대한 학습을 포함한다. 이 중요한 기술은 생활에서 다양한 사건이 발생할 때에도 내담자가 스트레스 받지 않고 내면의 각성 수준을 낮출 수 있도록 돕는다. 수백 명의 내담자와 수천 명의 워크샵 참가자가 이 자기-조절 기술을 연습함으로써 신체를 편안하게 하고 외부의 자극과 관계없이 스트레스로부터 자유로울 수 있다는 점을 발견하였다.

정점 프로그램의 두 번째 단계에서는 내담자의 의도성을 발달시키는 데 초점을 둔다. 우선 내담자가 명확하고 간결한 언어로 개인적인 약속과 명예 코드를 해석하도록 한다. 서약(Covenant)은 우리의 삶의 목적을 정교화한 것으로 개인적인 사명(mission)에 대한 진술이다. 명예 코드(Code of Honor)는 우리가 자신의 삶을 다스리기 위해 선택한 도덕적인 원칙이다. 정점 프로그램에서는 이러한 선언을 해석하고 공유하는 것에서 한 걸음 더 나아가, 자신이 습관적으로 이러한 원칙을 유지할 수 없는 상황(예를 들어, 의도치 않게 행동화(act out)하고 정당성(integrity)을 위반하는 상황)은 무엇인지 알 수 있도록 하는 활동을 한다. 내담자가 위협을 감지할 때마다 교감 신경계(SNS)가 자신을 지배해서 정당성을 위반하는 행동이 나타나게 된다는 시각을 갖게 되면, 위협을 마주했을 때 점차 자기-조절 이완 전략을 연습할 수 있게 된다.

자기-조절 이완 전략은 내담자가 위협을 맞닥뜨린 상황에서 보통 몇 초 이내에 편안함, 정상적인 뇌 기능, 그리고 의도성을 되찾을 수 있도록 한다(Critchley et al., 2001; Porges, 1999). 다시 말해, 의도적인 행동은 위협을 감지한 상황에서도 몸을 이완시키고 특정 행동을 하고자 하는 의도를 가질 때 가능하다. 이 간단하고 멋들어진 공식은 정점 프로그램에서 지향하는 변화의 주요한 동력이 된다.

두 번째 단계의 마지막 활동은 외적 통제소재에서 내적 통제소재로 전환하는 것이다. 이러한 변화는 내담자에게 몸(예, 골반 저 근육)을 이완시키는 자기-조절을 가르쳐, 내담자가 습관적으로 '행동화하는(acting out)' 스트레스 상황에서도 편안함과 의도를 가질 수 있을 때 이루어진다.

　정점 프로그램의 세 번째와 마지막 단계를 구성하는 작업은 기본적으로 몸을 이완시키면서 지속적으로 촉발요인을 마주하는 연습이다. 이 연습을 통해 내담자는 살면서 여러 상황을 마주할 때마다 점점 더 의도적으로 대처하게 된다. 자기-조절 연습을 할수록 그들은 더 이완되고 의도적이어진다. 즉, 부교감신경계(PNS)가 지배하는 사람이 되고, 교감 신경계(SNS)가 야기하는 증상은 덜 나타난다. 지각된 위협을 마주하더라도 이완하고 의도적인 삶에 집중할 수 있으며, 불안, 우울, 외상적 스트레스와 같은 많은 증상이 감소된다.

　하지만 정점 프로그램을 성공적으로 수행한 대부분의 내담자는 자기를 조절하고 이완된 상태를 유지하고자 열심히 노력해도 적어도 한 가지 상황에 대해서는 여전히 즉각적으로 반응하고 불안해하는 증상을 보였다. 이 양상은 외상 후 스트레스 장애(PTSD)의 양성 증상을 보이는 사람들에게 더 많이 나타난다. 스트레스 상황에 대한 즉각적이고 예민한 반응은 외상 학습 경험(traumatic learning)이 내담자의 지각 체계로 침투하여 교감신경계(SNS)가 내담자를 지배하도록 하고 뇌 기능을 빠르게 손상시킨 것이라고 볼 수 있다 (Herman, 1992; Breslau & Kessler, 2001). 과거 외상 경험의 침투는 내담자의 자기-조절 기능을 방해해 교감신경계(SNS)를 작동시키고, 투쟁 혹은 도피의 반응을 하도록 만든다. 이렇게 특정한 상황과 맥락에서 어리둥절하게 되는 무능력을 경험한 사람은 숙련된 전문가와 함께 둔감화(desensitization)와 재처리(reprocessing)(노출, 묘사, 이완) 등의 전통적인 치료 기법을 실시할 필요가 있다. 이들은 과거 고통스럽고 외상적인 경험에 접근하여 둔감화될 수 있도록 돕는 치료자와 작업해야 한다. 이러한 전통적인 치료 방법(예, 안구운동 재처리 및 둔감화(eye movement reprocessing and desensitization)(Shapiro, 1995))의 주요한 기능과 목적은 과거 경험을 효과적으로 둔감화하고 재처리하는 것이다. 그래서 과거의 기억을 상기시키거나 촉발하는 요인이 있는 상황에서도 지각한 위협이 침투하는 것을 스스로 조절할 수 있는 수준으로 낮추는 것이다. 많은 내담자가 몇 차례의 성공적인 과거 경험 둔감화, 재처리 회기를 가지면 외상 기억과 관련된 위협을 다시 마주한 상황에서도 몸을 이완된 상태로 유지할 수 있었다.

정점 프로그램에 참여한 대부분의 내담자는 몇 주 내에 능숙하게 자기-조절을 하고, 스트레스 상황에 직면했을 때 편안하게 스트레스를 처리하고, 의도적으로 행동하는 모습을 보인다. 이 프로그램의 원리를 배운 내담자는 위협을 감지한 상황에서도 자기를 계속 조절하면서 의도, 편안함, 원칙에 기반한 삶을 사는 비법이 생각보다 간단하다고 놀라곤 한다. 하지만 이 모델을 직접 연습해본 사람은 간단하다고 해서 쉬운 것이 아니라는 점을 알 것이다. 위협을 지각한 상황에서 몸을 이완시키면 편안함, 최상의 신피질의 기능, 의도를 유지하는 능력을 가질 수 있다는 사실을 이해하는 것은 간단하다. 하지만 이해한 바를 실행하려면 일상 생활에서의 지속적인 모니터링과 조절이 필요하다. 'bodyfulness(몸챙김)' 상태를 유지하려면 이전에는 관심을 거의 기울이지 않던 신체 부위에 지속적인 관심을 기울여야 하기 때문이다. 정점 프로그램을 연습하는 많은 사람들은 골반 저 근육에 대한 의식적인 알아차림을 놓치자마자 근육이 다시 단단해지고, 교감신경계(SNS)의 활동이 지배적이 되고, 즉각적인 반응성과 증상이 증가하게 된다는 것을 알게 된다.

앞서 언급했듯이, 정점 모델은 3단계로 시행된다(그림 2를 보라). 정점 프로그램에 참여하는 내담자는 빈번한 해리반응이나 자살 사고를 경험하지 않는 안정된 상태여야 한다. 이 프로그램의 성공적인 결과는 주로 파트너/코치/멘토와 맺은 관계의 질 그리고 정점 프로그램이 잘 기능할 것이라는 긍정적인 기대(예, 희망)와 관련된다. 관계의 질과 긍정적인 기대를 높이기 위해서 삶의 어려움과 고난을 극복하는 데 필요한 능력을 설명해줄 수 있는 파트너/코치/멘토를 찾는 것을 추천한다. 더불어 파트너/코치/멘토는 내담자가 교류할 수 있고, 따뜻함, 자기 주장, 연민, 공감 그리고 도전의식을 갖고 지지적인 교류를 계속할 수 있는 사람이어야 한다. 내담자는 정점 모델이나 일상 생활에서의 어떤 활동을 실제로 함께 할 수 있는 누군가를 선택해야 할 것이다.

1단계(교육)	2단계(의도)	3단계(연습)
-스트레스=지각된 위협 -자율신경계(Autonomous nervous system) -투쟁/도피=반응성=정당성의 위배(Breach of integrity)	-서약(Covenant), 명예 코드 (Code of honor) 쓰기 & 공유하기 -정당성의 습관적인 위배 발견하기 (Identifying habitual breaches of integrity) -'촉발요인' 발견하기 -반응적 수행 끝내기 (Completing reactive)	-일상 생활에서 이완된 상태로 촉발요인 마주하기 -몸챙김(몸을 인식하고 조절, 'Bodyfulness') 하는 연습하기

그림 2. 정점 모델

1 단계: 교육 (Education)

상담을 받고 있는 경우라면, 상담을 받고 있는 경우라면, 정점 프로그램의 첫 번째 치료 단계는 보통 한 회기 동안 진행된다. 하지만 이 단계에서 내담자가 얻은 정보는 전체 치료 과정에서 검토되고 교육된다. 자조 모델(self-help model)의 일환으로 절정 프로그램을 연습하는 내담자에게도 마찬가지이다.

내담자가 잘 짜여져 있고 익숙하기도 한 기존의 심리치료 방식이 아닌 정점 프로그램을 숙달할 수 있도록 하기 위해서는 다음과 같은 도전 과제를 제공하는 것이 효과적이다.

당신은 앞으로 30분 동안 당신이 통제하고는 있으나 여전히 당신을 지치게 하고, 파헤치고, 압도되게 만드는 일을 마주했을 때 '스트레스를 받지 않는' 방법을 배울 것입니다.

(주의: 내담자의 관심과 참여도를 높이기 위해 의도적으로 자극적인 표현을 사용한다. 치료자는 내담자에게 '스트레스가 없는' 상태의 조작적 정의(operational definition)가 정점 프로그램에서 말하는 의도적인 근육 이완을 의미한다는 점을 설명하는 심리교육을 해야 한다.)

많은 내담자는 겉보기에 불가능해 보이는 작업을 치료자가 도대체 어떻게 주도하는지에 대해서 알고 싶어한다. 매우 회의적이거나 심지어 저항하는 내담자도 최소한 30분 동안은 듣고자 하는 의지와 열린 마음을 가질 수 있다. 이 시점에서 내담자는 일상에서 인식하는 스트레스의 근원, 즉 스트레스의 뿌리를 찾도록 지시받는다. 많은 내담자는 재정 상태, 관계, 일, 교통, 경제 상황 등 그들에게 스트레스를 유발하는 사물, 사람, 활동에 대해 장황하게 늘어놓는다. 이 스트레스 '원인' 목록을 보고 치료자는 내담자에게 "이러한 스트레스 원인이 당신의 삶에 어떤 결과를 가져오나요?"라고 질문해, 스트레스의 '결과'를 끌어낼 수 있다. 이 질문에 대한 대답은 보통 내담자가 치료를 원하는 증상의 요약 목록과 일맥상통한다. 스트레스의 결과로는 신체 증상(예, 두통, 만성 위장장애, 만성 고통 등), 분노/성급함, 수면 문제, 과식 혹은 소식, 약물남용, 관계적 문제, 불안 등이 빈번하게 보고된다.

활동: 당신의 생활에서 스트레스의 원인과 결과를 찾아서 아래 표를 작성하는 시간을 가져라.

원인	결과

그 다음 단계는 좀 더 어려운 부분이다. 이 단계에서는 연민(compassion)과 유머를 함께 사용해야 한다. 치료자는 리스트를 들고, '원인' 목록을 가리

키며 다음과 같이 말한다.

이것들은 당신이 느끼는 스트레스의 진정한 원인이 아닙니다. 하지만 당신이 이것들을 스트레스의 원인이라고 생각하는 한, (이번에는 '결과' 목록을 가리키며) 이것들(결과)을 유지하는 좋은 기회가 될 것입니다.

가끔 어떤 내담자는 이렇게 직면을 시키면 화를 낼 수도 있다. 이때 치료자는 연민(compassion)과 함께 내담자가 스트레스의 진짜 원인(유일한 것)을 계속해서 찾을 수 있도록 허용해주어야 한다. 그러면 많은 내담자가 이후의 단계에 몰입하고 관심을 가지게 된다.

지각된 위협

↓

심리적(Psychological)	두뇌 역학(Brain mechanics)	기타 효과(Other effects)
▲ 심박수	▲ 기저핵(Basal ganglia) & 시상 (Thalamic) Fx	▲ 강박(Obsession)
▲ 호흡율	▼ 신피질(Neo-cortical) Fx	▲ 충동(Compulsion)
▼ 호흡량 중추에 집중된 순환 (말초 순환의 감소)	▼ 두정엽 활동 　▼ 실행(Executive) Fx 　▼ 정밀한 운동 통제 　▼ 정서 조절	▼ 속도(Speed) & 민첩성(Agility)
▲ 근육 긴장	▼ 측두엽 활동 　▼ 언어(Language)(Werneke's) 　▼ 말하기 능력(Speech)(Broca's)	▼ 힘(Strength)
▲ 에너지	▼ 전측 대상회(Anterior cingulate)	편협한 사고와 행동
▲ 질병(Dis-Ease)		피로(Fatigue)

↓

투쟁(Fight) ⟶ **또는** ⟵ **회피(Flight)**

그림 3. 교감 신경계(SNS)의 활성화

다음 단계는 스트레스의 진정한 원인(스트레스 = 지각된 위협)을 밝히는 것으로, 이 단계 역시 중요하다. 지각된 위협은 인간의 모든 스트레스를 유발하는 유일한 원인이다. 우리가 재정적 어려움이나 관계에서의 어려움을 겪거나, 직장에서 문제가 생기거나, 교통 체증에 처했을 때 스트레스를 경험하게 되는 이유는 고통스럽거나 두려웠던 과거 경험으로 인해 이러한 상황에서 위협을 지각하기 때문이다. 스트레스는 단순히 지각된 위협에 대한 우리의 몸과 마음의 반응이다(Cox, 1992; Hamarat et al., 2001). 위협이 실제 존재하는 것인지 아니면 단지 지각되는 것인지의 여부는 우리의 반응에 아무런 차이를 가져오지 않는다. 실제이든 가상이든 간에 지각된 위협은 교감신경계(SNS)를 활성화시킨다. 교감신경계(SNS)가 활성화될 때 신체와 뇌에서 일어나는 변화에 대해서는 정점 프로그램(pinnacle program)의 1 단계 중 두 번째 단계에서 논의했다(그림 3 참조).

교감신경계(SNS)는 위협을 지각할 때 활성화된다. 위협이 감지된 동안에만 교감신경계(SNS)가 활성화되는데, 이 지각된 위협 상황에 계속 머무른다면 우리는 교감신경계(SNS)에 지배당하는 상태가 된다(Yartz & Hack, 2001). 우리가 위협을 지각하지 못하거나 의도적으로 몸을 이완하면 부교감신경계(PNS)가 지배하는 상태가 된다(Carlson, 2007).

부교감신경계의 지배(parasympathetic dominance)는 '편안한(comfortable in our own skin)' 또는 '만족한(fat and happy)' 상태라고 묘사할 수 있다. 교감신경계가 지배(sympathetic dominance)할 때의 생리학적 특징은 심박수 및 호흡수 증가, 말초 순환의 감소(decreased peripheral circulation), 근육 긴장 및 에너지 증가를 포함한다(Sapolsky, 1997). 위협을 지각하면 생리적 변화뿐만 아니라 뇌의 변화도 일어난다(Critchley et al., 2001; Porges, 1999; Scaer, 2006). 우리가 위협을 지각하면 시상(thalamus), 뇌 줄기(brainstems), 그리고 기저핵(basal ganglia)(종종 "파충류의 뇌"라고도 함)이 교감신경계(SNS)와 함께 활성화된다. 실제 또는 상상 속에서 위협을 지각하면 뇌의 이러한 부분의 기능이 우세하게 되고, 뇌의 '파충류와 같은(reptilian)' 영역의 활동이 지배하는 동안에 신피질(neocortex) 또는 '사고하는(thinking)' 영역의 기능은 약해진다. 신피질(neocortex)은 전두엽(frontal lobe), 측두엽(temporal lobe) 및 전측 대상회(anterior cingulate)로 이루어져 있다. 이러한 구조는 우리의 상위 기능 및 '실행(executive)' 기능을 위한 영역이다(Goldberg, 2001). 뇌의 실행 기능에는 판단(judgment), 추론(reason), 분별(discernment), 소동작 통제(fine motor control), 정체감(identity) 형성, 시간 관리(time management), 개념화(conceptualization), 언어(language), 말하기(speech), 실제 위협과 지각된 위협을 구별하는 능력이 포함된다. 따라서 실제 또는 가상의 위협을 지각한 상황에서 신체의 긴장을 풀지 않고 오랜 시간을 보내면 우리 뇌의 대부분의 기능은 손상될 수 있다. 위협을 감지한 상황에서 몸을 이완시키지 않으면, 점점 명확하고 합리적으로 생각하는 능력이 떨어지고, 언어 능력과 기억력이 저하되고, 민첩성과 품위가 떨어지며, 문제를 창의적으로 해결할 수 없고, "자기 자신이 될 수" 없게 되는 것이다. 그러나 교감신경계(SNS)를 나쁘게 평가하고 불명예스럽게 여기기 전에 교감 신경 활성화가 가진 몇가지 이점을 살펴보자(활성화와 지배는 다르다는 점을 기억하라). 교감신경계(SNS)는 우리에게 에너지와 힘을 주고, 집중하도록 하고, 흥분시키고, 기쁨, 기대, 환희를 제공한다. 교감신경계(SNS)에는 좋은 것들이 많다. 교감신경계(SNS)가 문제를 일으키는 것은 교감신경계가 '작동(on)' 중일 때뿐이다(Sapolsky, 1997; Scaer, 2006). 우리를 자동차에 비유해보자. 자동차는 1000RPM(부교감신경계) 미만에서는 공회전하고, 2500RPM(균형 잡힌 부교감신경계와 교감신경계)에서는 순항하고, 때로는 더 높은 RPM(교감신경계)으로 다른 자동차를 추월하거나 급하게 어디론가 간다. 만성적으로 위협을 지각하고, 우리 몸을 의도적 그리고 규칙적으로 이완시키지 못하는 많은 사람들은 브레이크에 다른 발을 올려 둔 상태에서 기어를 넣고 또 다른 발로 가속 페달을 바닥까지 밟고 있는 자동차와 같다. 우리는 엔진의 부품이 소진될 때까지 빠르게 움직이지만 어느 목표지점에도 다다르지 못하는 "최대 회전 속도인" RPM으로 하루를 보내고 있는 것이다. 이 현상을 많은 질병과 면역 기능 저하의 원인으로 보는 연구가 증가하고 있다(Rothsild, 2000; Scaer, 2006; van der Kolk, 1996).

*"어떻게 이런 일이 일어났습니까?"*는 좋은 질문이다. 세계 보건 기구(The World Health Organization)는 최근 발간된 연구 논문(2007년)에서 고소득 국가(북미, 유럽, 일부 아시아, 일부 남미)의 사람들이 현재까지 살아온 세대 중 "가장 안전한"

세대라고 언급했다. 우리는 이전 세대에 비해 개인적으로 전쟁, 역병, 기근, 질병, 재난, 범죄, 그리고 몇몇 다른 안전 위험 지표의 희생자가 될 가능성이 낮다. 하지만 저녁 뉴스에 나오는 "위협 수준: 경고(threat level: orange)" 신호와 끊임없이 들려오는 외상 사건 소식으로 인해 결코 안전하다고 느끼지는 못한다. 우리가 실제로 걸어 다니기에 가장 안전한 세대일 수는 있지만 동시에 가장 두려움을 느끼는 세대인 것처럼 보인다. 그렇다면 우리를 이전 세대들과 다르게 만드는 점은 무엇인가? 바로 대중 매체이다. 우리는 언론의 끊임없는 폭격으로 인해 그 어떤 세대보다도 기하 급수적으로 더 많은 외상과 외상 사건을 거쳐 목격한다. 1990년에 로리 펄먼(Laurie Pearlman)과 린다 맥캔(Linda McCann)은 대리 외상(vicarious traumatization)이라는 개념을 소개하며, 외상 관련 영역에서 역사적인 업적을 세웠다. 그들은 엄청난 충격을 주는 사건을 직접 경험해야지만 외상 사건의 생존자가 되는 것은 아니라는 사실을 밝혀냈다. 단지 목격하는 것만으로도 외상 사건의 생존자가 될 수 있다.

이러한 현상을 설명하기 위해, 나는 워크숍 참가자들에게 "여러분 중 주차장에서 공격을 받았던 분이 계십니까?"라고 묻곤 한다. 보통 아무도 손을 들지 않는다. 그러면 "주차장에 있을 때 경계하고 불안해하시는 분은 계십니까?"라고 다시 질문한다. 거의 만장일치로 모든 사람이 손을 든다. 왜 이러한 불안감을 느꼈는지 물으면 "저녁 뉴스", "CSI", "신문", "친구가 공격을 당했습니다"와 같은 답변을 듣게 된다. 거의 대부분의 사람들이 경계 태세를 갖추고 있는 것을 볼 수 있다. 주차장에서 일어난 외상 사건을 단지 목격했을 뿐이지만, 이후에 실제로는 위험하지 않은 주차장에 있을 때에도, 마치 위협을 목격했던 그 맥락 속에 자신이 있는 것처럼 느낀다. 미래에 고통스럽고 두려운, 또는 불편한 경험을 할 때마다 이전에 경험하거나 목격한 외상 사건이 위협적으로 떠올라서 상황을 위험하다고 지각할 가능성이 높다. 다시 말해, 심각한 외상 경험(학대, 강간, 자연 재해, 자동차 사고 등)의 생존자는 이후에 일반화된 위협을 지각할 가능성이 더 높은 것이다. 우리가 미디어, 전해 듣는 이야기, 책을 통해 외상 사건을 목격한다면, 또는 다른 누군가가 가진 외상에 대해 알게 되면, 위험하지 않은 상황에서도 위협을 지각할 가능성이 있고, 다른 사람에게 일어난 외상 사건과 유사한 상황을 두려워할 수 있다. 마지막으로, 인생에서 고통스럽고 두렵거나 불편한 사건을 겪게 되면 이러한 사건을 상기시키는 상황에서 위협을 지각하기 쉽다(예를 들어, 뜨거운 난로에 손을 얹고, 비판을 받고, 재정적으로 어려운 시기를 마주하는 것 등). 이러한 모든 학습 경험은 위험이 없는 현재 상황에서 위협을 지각하게 할 수 있다. 즉, 교감신경계(SNS)는 지각된 위협이 현실적인지 가상인지에 상관없이 활성화된다. 이때 몸을 의도적으로 편안하게 이완해 주지 않고 위협의 맥락(예, 주차장) 속에 계속 머무른다면, 우리의 교감신경계(SNS)는 지배적으로 변하고, 우리는 교감신경계(SNS)에 의해 발생하는 일련의 증상(예, 불안, 공황, 집중력 장애, 과민성, 신체적 불편함 등)을 경험하기 시작할 것이다. 우리 중 많은 이가 어디에서나 위협을 지각하고 있고, 만성적이고 반복적으로 위협을 느끼고 있다는 것을 떠올리면 이 과정에 대한 통찰을 얻을 수 있다.

교감신경계(SNS)는 본래 생존을 위한 것으로, 우리 조상이 위협에 대해 지각하고 신속하게 대응할 수 있도록 도움을 주었다. 그러나 수만 년이 지난 지금, 인간은 추론과 분별력을 발휘할 수 있는 전두엽(frontal lobe)을 발달시켰다. 신피질(neocortex)이 기능하지 않는 동물은 실제 위협과 지각된 가상의 위협의 차이를 알 수 없으므로, 생존을 위해서 모든 위협을 지각하고 그에 대처하는 것이 필수적이다. 그러나 이 둘 간의 차이를 식별할 수 있으면, 지각된 가상의 위협에 대응하는 교감신경계(SNS)의 반응은 더 이상 필수적인 것이 아니며 심지어 유용하지도 않다. 교감신경계(SNS)가 오랜 기간 지배적으로 기능하면 인간의 중요한 능력과 기술은 손상된다. 인지 능력과 언어 능력이 저하될 뿐만 아니라, 힘, 민첩성 및 속도를 잃을 수도 있다. 운동 선수나 공연 예술가는 편하게 이완된 시간에, 즉 부교감신경계(PNS)가 지배할 때 최고의 공연이 이루어진다는 것을 보여준다. 그리고 무술가는 편안한 상태여야 자기 자신을 보호하고 침입자를 무력하게 만들 만반의 준비를 한다.

위협을 지각했지만 위험하지는 않을 때, 당신의 의지를 올바르게 사용해서 행한 올바른 행동은 무엇입니까?

답: 몸을 편안하게 이완하세요.

이 질문에 대한 "올바른" 답은 우리로 하여금 의도성, 편안함, 최대한의 성과를 가질 수 있도록 하기 때문에, 굉장히 중요하다. 정점 프로그램 워크샵의 참가자들은 올바른 행동이 우리의 인식을 변화시킨다는 점을 배운다. 이는 전적으로 타당한 이야기다. 그러나 신피질기능이 저하되어 교감신경계의 기능이 지배할 때 우리의 지각을 바꾸는 것은 거의 불가능하다. 따라서 우리 몸을 20~30초 동안 최대로 이완시키고, 교감신경계의 기능이 약해져서, 전두엽이 우리의 경험에 관여할 때, 우리는 비로소 (a) 우리의 몸을 편안하게 할 수 있고, (b) 지능을 최대한 활용하면서 과거에 배운 것들을 실행할 수 있고 (즉, 인식 변화), (c) 반응적인 투쟁 또는 도피 행동(fight or flight)을 하는 것에서 의도적인 원칙 기반의 행동을 하는 것으로 변화할 수 있다.

의도성 대 반응성(Intentionality vs Reactivity)

우리가 몸을 이완시키지 않은 채 위협을 계속 지각한다면 교감신경계는 에너지와 화학 물질로 우리의 신체를 가득 채우면서 지배적인 상태로 남아 있을 것이다(Yehuda, 2001). 근육을 움켜 쥐고, 심장을 마구 뛰게 하고, 호흡을 가쁘게 함으로써, 교감신경계는 우리가 두 가지 냉혹한 목표 중 하나, 즉 싸우거나 도망가는 것 중 하나로 향하게 만든다(Cox, 1992; Sapolsky, 1997). 교감신경계가 지배적일수록 점점 더 싸우거나 도망갈 수밖에 없으며, 점진적으로 신피질 기능을 상실하기 시작한다(Critchley et al., 2001; McNaughton, 1997; Shusterman & Barnea, 2005). 생존이 위협받으면서 나오는 에너지는 신피질 기능을 계속 약화시키고 위축시키기 때문에, 우리는 곧 원하지 않는 방식으로 행동하게 된다(Takahashi et al., 2005; Yartz & Hawk, 2001). 예를 들어, 누군가가 회의에서 우리를 비난하고, 우리가 이 비판을 위협으로 지각하는 상황을 생각해보자(이후에 우리는 완벽하게 안전하고 겉으로 보기에는 무해한 사건이 일어나는 동안에도 위협을 지각하는 이유에 대한 "훌륭한 통찰"을 한다). 우리는 스스로를 방어할 수 있는 몇 가지 방법을 생각하면서 얼굴을 붉히고, 주먹을 쥐고, 턱을 조인다. 물론 아무 말도 하지 않고 회의의 내용에 초점을 맞추고, 그냥 발언을 무시하는 것이 가장 바람직하다는 것은 안다. 그러나 좀 전의 한마디로 인해 점차 짜증이 나면서 여전히 불편함(예, 얼굴이 붉어지는 것, 주먹이 꽉 닫힌 상태, 조인 턱)이 느껴진다는 것을 알아차린다. 상대방이 집요하게 계속 비판해오면(따라서 지각된 위협의 맥락에 계속 남아 있음), 교감신경계의 활동량은 계속해서 조금씩 증가하고, 동시에 전두엽과 측두엽의 기능은 잃어간다. 결국 우리는 상대방의 분노한 표정을 표적으로 삼아 가해자를 저격하는 의견을 말한다(투쟁). 회의가 끝난 후, 우리는 며칠, 몇 주, 몇 달, 심지어 몇 년 동안 이 사람과의 만남을 적극적으로 피한다(도피). 무슨 일이 일어난 것인가? 우리의 의도는 단순히 비판적인 논평을 무시하고, 우리의 일에 대해 애정을 갖고 인내하며 집중하도록, 즉 우리의 의도에 충실하도록 하는 것이었다. 복잡한 대인관계적인 정치 싸움에 얽히고 싶지 않았고, 싸우면 다른 누구보다 자신에게 해가 된다는 것을 알기에 화를 내고 싶지 않았다. 하지만, 아무리 참으려 노력해도 자신을 멈추게 할 힘이 없는 것처럼 느꼈다.

이 개념이 정점 모델의 핵심이다. 우리가 왜 그렇게 행동하는지를 이해할 수 있도록 도와주고, 완고하고 반응적인 투쟁 또는 도피(fight‐or‐flight) 행동을 신체부터 편안함이 느껴지는 원칙에 기반한 의도적인 행동으로 전환하도록 도와준다. 의도적인 삶을 살기로 한 우리는 곧 갈등(strife)과 의지력(willpower)이 이 변화를 가져오는 효과적인 도구가 아니라는 것을 알게 된다. 위의 예시를 읽으며 대부분이 공감하듯이, 우리는 참을 수 있는 한계를 넘었고, 우리의 의지와는 달리 싸우거나 도망가도록 강요받는다(그림 4 참조). 신피질 기능을 과도하게 잃어버리고, 교감신경계의 지배로 인해 어떠한 행동을 강요당하면, 더 이상 우리의 의도를 고수할 수 없고, 지각된 위협으로부터 자신을 보호해야 한다. 교감신경계의 통제 하에 있기 때문에 의지에 반하는 '행동'을 하는 것이다. 우리는 의도하고자 하는 대로 말하지 못하고, 관심 있는 사람에게 오히려 상처를 입히고, 격리시키고, 과식하고, 과용하고, 술을 마시거나 마약을 사용하곤 한다. 싸우거나 달아나는 형태의 자기파괴적 행동을 함으로써 교감신경계의 지배로 인해 느껴지는 불편함을 진정시키는 것이다. 교감신경계가 지시하는 행동은 지각된 위험을 벗어나거나 무효화시키려는 목표를 갖는다. 다시 말하지만, 위협이 실제인지 그저 지각된 것인지는 중요하지 않다. 우리의 몸을 이완시키지 않은 채 위협을 계속 지각하는 한, 우리는 반응적인 행동을 할 수밖에 없다. 더 안타까운 것은, 우리는 자신이 지키고자 하는 원칙과 정당성(integrity)에 어긋나는 행동을 하기 몇 시간 전부터 이미 교감신경계의 지배로 인한 불편감을 견뎠다는 것이다. 스트레스를 받았다는 것이 바로 이 의미이다.

당신의 의지에 반하는 행동을 했거나, 성실하지 못했거나, 부끄러운 일을 했을 때마다, 즉 교감신경계(SNS)가 지배할 때마다, 당신은 위와 같은 행동을 했을 것이다(Takahashi et al., 2005).

어떤 의미에서는 이러한 행동은 지각된 위협(드물게는 '실제' 위협)으로부터 도망치거나 맞서 싸움으로써 자신을 보호하기 위한 시도였을 수 있다. 정점 프로그램에 참여한 내담자는 작업 초기에 자신이 종종 원치 않는 방식으로 행동한다는 것을 발견했다. 그들은 사랑하는 배우자와 싸우고, 아끼는 아이들에게 소리를 지르고, 자신이 사명으로 선택한 일을 두려워하고 있었다. 자신이 경험하고 있는 수많은 증상의 전부는 아닐지라도, 그중 많은 것들이 만성적인 교감신경계가 지배한 결과라는 것을 알게 되었다. 수천 명의 내담자와 작업한 경험으로 봤을 때, 내담자가 보고하는 대부분의 증상이 특질구조적 또는 생물학적 문제로 인한 것이나 만성적인 교감신경계의 지배에 의해 발생한다. 구조적 결함이나 생화학적 불균형 등 유기적인 원인으로 인해 증상이 발생하는 사람들은 대체로 유기적인(organic) 치료가 필요하다(예, 수술, 약물 치료, 식이 요법, 생활 습관 변경 등). 심리치료로부터 도움을 얻을 수도 있지만, 증상의 원인이 타고난 기질적인 문제일 때에는 심리치료만으로는 불충분할 수 있다.

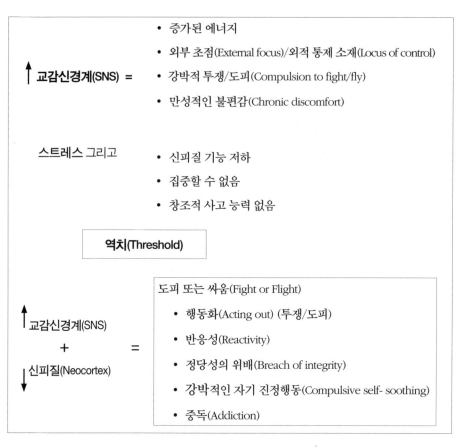

그림 4. 스트레스의 역치

　　교감신경계의 만성적인 지배로 인한 증상의 예후는 희망적이다. 반사회적 인격 장애가 있거나 교감신경계의 과도한 흥분으로 인한 증상을 겪고 있지 않는 한, 인간은 자신의 정당성(integrity)이 만성적으로 파괴된 상태로 살아가지 않는다. 심각한 증상을 보이는 사람들은 자신의 사명과 원칙에 대한 배신감을 빈번하게 느끼며 살아가는 것처럼 보인다. 그들은 자신의 원칙을 위반했고, 지각된 위협의 맥락 속에서 몸을 이완시키는 데에도 실패했기 때문에 의도적인 행동을 유지하지 못한다. 이러한 내담자에게 지각된 위협의 맥락 안에서도 몸을 편안하게 이완하고 유지할 수 있도록 가르치면, 그들은 자신이 되고자 하는 모습에 따라 원칙적으로 행동할 수 있을 뿐만 아니라 점진적으로 증상을 완화시킨다. 교감신경계가 그들을 지배하지 못하게 하고, 외부 사건이나 상황에 관계없이 편안한 부교감신경계의 우세한 기능을 즐긴다. 위협이 지각되는 상황에서 이완을 통해 얻은 의도적이고 원칙중심적인 삶은 우리의 비기질적(nonorganic) 증상을 줄여준다.

> 임상적 주의사항(Clinical Note) :
>
> 정점 프로그램(pinnacle program)을 활용해 내담자의 탐색을 촉진하고자 하는 치료자는 기존의 정점 프로그램 관련 자료를 치료자 자신과 내담자에게 익숙한 언어로 간단히 바꾸어 활용하길 원할 것이다. 하지만 정점 모델을 능숙하게 활용하려면, 여러 명의 치료자를 멘토로 삼아 복잡한 정보를 숙달해야한다. 그러므로 생각보다 오랜 시간이 필요할 수 있다. 정점 프로그램을 실시하기 위해서 참고 문헌을 찾아 읽고, 신경 기능 및 정신 장애 영역의 전문가와 상의하고, 정점 프로그램의 원칙을 스스로 연습하는 데 시간을 할애할 것을 권한다. 정점 모델의 심리교육학적인 개념과 아이디어를 숙지하는 데에는 보편적으로 6개월에서 12개월 정도의 기간이 필요하다.

자기-조절(Self-Regulation)

정점 프로그램 교육 단계의 마지막 요소는 자기-조절(self-regulation) 방법을 가르치는 것이다(Gentry, 2002; Perry, 2007). 이완이 자기-조절의 중요한 부분이긴 하지만, 자기-조절과 이완은 다르다. 정점 프로그램에서 사용하는 자기-조절 기법은 즉각적으로 그리고 충분히 몸을 풀고, 편안한 이완 상태를 유지해서, 교감신경계가 우위를 차지하지 못하게 하는 과정으로 정의된다. 이 과정은 개인이 외부 환경이나 상황에 관계없이 언제든 교감신경계의 지배에서 부교감신경계 기능의 우세로 전환할 수 있는 이완 기술을 충분히 숙달해야 가능하다. 또한 교감신경계가 활성화되지는 않았는지 자기 스스로를 모니터링하고, 교감신경계가 우위를 차지하지 못하도록 하는 이완 전략을 구현할 수 있는 역량을 발전시켜야 한다. 다시 말해 자기－조절(self－regulation)이란, 신피질이 최대한으로 기능하게 하고 의도적인 원칙에 기반한 행동을 할 수 있을 정도로 편안하게 이완될 때까지, 자신의 각성, 불안, 스트레스(즉, 교감신경계의 지배) 수준을 내적으로 약화시키는 능력을 발달시키고 궁극적으로 숙달하는 것이다. 한마디로 '꽉 조이는 것을 멈추는 것(Stop clenching)'이라고 할 수 있다.

정신건강 서비스에서 활용해 온 전통적인 이완 기법은 유용하다고 판명되었다. 하지만 세심한 주의와 노력이 필요하고, 모든 이에게 항상 즉각적인 효과를 가져다 주는 것은 아니다. 특히나 일상 생활을 하면서 지각된 위협에 자주 직면할 때에는 이완되고 편안한 몸 상태를 유지하는 것이 더욱 어렵다. 점진적(progressive) 이완, 역설적(paradoxical) 이완, 명상(meditation), 자가 호흡(autogenesis), 심지어 복식 호흡(diaphragmatic breathing) 등의 이완 기법은 모두 내담자가 이완을 시도하는 동안 어느 정도는 현재 활동에서 벗어날 것을 요구한다. 이러한 일상으로부터의 철회(disengagement)는 이완하면서 동시에 일어나 일상 생활의 다른 활동에 지속적으로 관심을 기울이지 못하게 한다. 그래서 이 기법들은 내담자가 충분한 시간과 공간을 가지고 깊은 이완 절차에 참여해야 제대로 작동한다(Jamison, 1996). 이완만을 연습하기 위해 꾸준히 활용할 수 있는 기법이 필요한 사람들에게는 이러한 방법들을 권장한다. 그러나 정점 프로그램이 포함하고 있는 자기－조절 기술은 이 이완 방법들과는 조금 다르다.

정점 프로그램에서 정의하고 활용하는 자기－조절 기술은 간단하다. 그러나 쉽지는 않다. 이 기술은 일생 동안 골반 저 근육(pelvic floor muscles)(즉, 요근(psoas), 괄약근(sphincter), 그리고 치골－꼬리뼈(pubio－coccyx) 혹은 '케겔(Kegel)' 근육)을 이완시키는 연습을 포함한다. 골반 저 근육, 더 정확히는 요근(psoas)은 불안과 스트레스의 조절을 위한 중요한 영역으로 주목 받고 있다(Bercelli, 2007, 2009; Heim et al., 1998; Krost, 2007). 정점 프로그램에서의 자기－조절 기술은 근육 긴장과 몸챙김(bodyfulness)에 대한 지속적인 확인과 조절이라고 할 수 있다. '마음챙김(mindfulness)'은 내담자가 생각을 통제하려고 노력하는 것에서 벗어나 긴장을 풀고 그냥 생각을 알아차리는 것에 관심을 기울이게 하는 반면에, 자기-조절의 '몸챙김(bodyfulness)'은 내담자에게 생각 자체를 하지 말고, 골반 저 근육을 알아차리고 이완하라고 한다. 골반 근육을 이완시키면 대개 20~30초 내에 몸 전체를 즉각적으로 깊이 이완시킬 수 있다. 더 느리고 깊은 호흡, 감소된 심박수, 이완된 코어 근육 및 말초 근육, 신피질 기능의 활성화는 모두 골반 저 근육 이완의 효과이다(그림 5 참조). 골반 근육이 이완된 상태를 유지하고 있을 때 공포와 교감신경계(예를 들어, 상승된 심박수, 근육의 조임, 얕은 호흡, 저하된 인지 기능)의 본능적인 (visceral) 작용이 나타나기는 매우 어렵다. 다시 말해, 만약 당신이 허리와 허벅지 사이의 근육을 편안하게 하고 풀어 줄 수 있다면, 당신의 주변에서 무슨 일이 일어나고 있든지 간에 당신은 편안함을 느끼고, 부교감신경계의 기능이 우세해질 것이다. 많은 내담자가 골반 저 근육의 이완 방법에 대해 배우기 전에는 공포에 사로잡히거나 두려워서 특정 활동(비행, 다리 위 주행, 총쏘기, 심지어 스카이 다이빙)에 참여할 수 없었지만, 자기-조절을 배우고 실천하기 시작하면서 이런 활동에 참여할 수 있었고, 불편함이나 두려움을 느끼지 않았다고 보고했다.

자기-조절 전략인 골반 저 근육 이완 방법의 핵심은 다른 활동을 하면서 동시에 할 수 있다는 점일 것이다. 결심과 연습을 해야 하지만, 이 방법을 사용해본 대부분의 내담자는 몇 달 후에 일, 수행, 학업, 관계 및 기타 삶의 활동을 하면서 골반을 이완시키는 변증법적 방식에 효과적으로 참여해 긴장을 완화할 수 있게 된다. 하지만 골반 저 근육은 결코 자연적으로 이완되는 것이 아니며, 지속적인 관심과 몸챙김(bodyfulness)이 필요하다. 당신이 편안해지고, 최대로 기능하고, 의도적인 의지를 가지고자 한다면, 남은 인생 동안 이 단순한 골반 이완 기술을 기꺼이 실행할 수 있을 것이다. 이는 간단하지만 쉬운 일은 아니다.

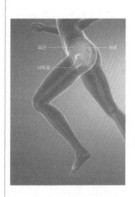

- 골반 저 근육 긴장의 이완은 우리를 교감 신경계의 지배상태에서 부교감 신경계의 지배상태로 전환시킨다.
- 요근, 괄약근 및 "케겔"(전치부 + 후치부)
- 20~30초 안에 신피질 기능 회복
- 미주 신경에 대한 압력 완화
- 스트레스를 느끼기 어려움(편안함을 느낌)

골반 저

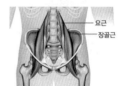

그림 5. 골반 저 근육의 이완을 통한 자기-조절

왜 골반 저 근육을 이완하면 뇌와 신체에까지 영향을 미치는 깊고 체계적인 이완이 가능해지는가?

그 답은 확실하지 않다. 이 기술은 응급 의료 기술자(Emergency Medical Technicians, EMTs)가 심박급속증(tachycardia)이나 위험할 정도로 빠른 심박동을 앓고 있는 사람을 돕기 위한 프로토콜 즉, 의례적 절차로서 배우는 것이다. 구급 대원은 혈관 미주신경 반응(vaso-vagal response)을 일으키는 Val salva manoeuver라고 불리는 절차를 사용하도록 교육받는다(Lim et al., 1998; Waxman et al., 1980). 이 반응은 환자가 배변 운동을 하는 것처럼 완만한 하향 및 외향 압력을 '견딜' 수 있게 할 때 나타난다. 골반 저 근육의 이완은 대부분의 환자에게 단지 몇 초 내에 서맥(bradycardic)(느린 심박수) 반응을 일으킨다(Kinsella & Tuckey, 2001). 서맥 반응은 가끔 노인성 질병 환자가 욕실에서 심장 마비를 일으키는 원인으로 알려져 있다(Sikirov, 1990). 골반에 있는 근육의 구성을 어떻게 조작하면 심장 박동에까지 중대한 영향을 줄 수 있는지 점점 궁금해질 것이다. 요실금을 제외하고는 이 근육과 이 근육의 효과에 관한 정보나 자료가 거의 없지만, 이 근육의 이완은 미주 신경과 관련된 것으로 보인다(Porges, 1992). 미주 신경은 10번째 뇌신경이며, 인체에서 가장 긴 신경이다. 미주(vagus)라는 이름은 라틴어로 '방랑자'이다. 이 신경은 우리 입천장과 연결되어 경동맥을 따라 가슴으로 들어 와서 회음부(다리가 서로 닿는 곳)에서 끝난다. 미주 신경은 부교감신경과 교감신경의 조절과 복잡하게 관련되어 있다. 미주 신경은 우리 몸과 중추 신경계(CNS) 기능의 많은 부분을 통제하고 조절한다. 미주 신경의 자극은 기분에 중대한 영향을 미칠 수 있고, 가장 다루기 힘든 기분 장애에 대한 치료법으로 활용되고 있다는 점을 알고 있을 것이다. 미주 신경의 경미한 조작으로 사람을 기절시킬 수 있거나 극심한 심박수의 변화를 일으킬 수도 있다. 또한 미주 신경은 극심한 스트레스를 받는 시기의 마비(즉, 전환 장애) 또는 해리(George et al., 2000)와도 관련이 있다.

미주 신경에 대한 문헌을 조사해봤지만, 골반 저 근육 이완, 미주 신경 및 "부교감신경계와 교감신경계의 지배" 간의 관계와 역학(mechanics)을 설명하는 자료를 찾지는 못했다. 골반 근육을 이완시키면 신체의 나머지 부분도 이완이 되고, 당신이 명확하게 사고하고 의도적으로(intentionally) 행동하는 데 도움이 된다. 하지만 이를 지지하는 적당한 인용자료(good citation)는 없다. 그래도 당신에게 이 방법을 시도해보기를 권한다. 이 방법이 당신에게 맞다면, 자기-조절을 위한 방법으로 계속 사용하고 싶을 것이다. 이 방법은 당신에게 어떠한 해도 끼치지 않는다. 수많은 내담자와 수천 명의 워크샵 참가자가 위협을 느끼는 상황에서 골반 근육을 이완시키는 이 간단한 기술을 사용함으로써 삶의 질이 향상되었다고 보고한다. 이 기술은 우리로 하여금 편안함을 느끼고, 최대로 기능하고, 의도적인 행동을 할 수 있도록 한다.

자기-조절, 부교감신경계와 교감신경계의 지배(dominance) 및 골반 저 근육 이완 절차에 대한 자세한 설명은 부록(부록1: 자기조절)에 있다. 정점 프로그램에서는 모든 내담자와 워크숍 참가자에게 이 유인물을 제공한다. 이 책의 독자가 치료적 목적으로 이 유인물을 복사해서 배포해도 괜찮다. 유인물에 나와있는 활동을 연습하고 30초 동안 골반 저 근육을 완전히 이완시킬 것을 권한다. 30초 동안 이완 절차를 수행한 다음 기분이 어떠했는지 알아차려라. 당신은 편안하고, 이완되고, 호흡이 느려지고 다른 신체 부위의 근육도 풀어지는 것을 느낄 수 있을 것이다. 골반 근육에서 "느껴지는 감각"을 확인하는 데 어려움을 겪는 사람들(경험상, 내담자와 워크샵 참가자의 약 10 %가 이에 해당한다)은 케겔(Kegel) 운동이 도움이 된다(Kegel, 1951). 배뇨 중간에 배뇨를 멈추고 싶을 때 사용하는 근육을 5초 동안 조이도록 하는 것이다. 5초 동안 이 근육을 조일 수 있는 만큼 조인 다음 깊은 심호흡을 하며 풀어준다. 두 번째 심호흡을 하면서 근육을 훨씬 더 크게 이완시킨다. 골반을 이완할 때 느꼈던 이 감각을 기억해 두었다가 긴장하거나 위협을 느끼거나 또는 신체에서 스트레스를 인지할 때마다 그것을 반복한다.

골반 근육에 대한 '느낌'을 유지하는 데 지속적인 어려움을 겪는 사람은 마사지 치료사, 신경근 치료사(neuromuscular therapist) 또는 접골사(osteopath)에게 요근(psoas)과 '케겔(Kegel)' 근육을 찾아달라고 도움을 청할 수 있다. 운동 요법(kinesiology) 전문가는 당신이 근육을 찾아서 이완하도록 도와줄 것이다.

임상적 주의사항(Clinical Note):

내담자가 단기간 안에 골반 근육을 성공적으로 이완시키고 유지할 수 있게 되면, 치료자는 그들이 가장 중요한 기술 중 하나를 배운 것에 대해 축하하곤 한다. 내담자가 치료 장면을 떠나기 전에 치료자는 다음과 같은 질문을 장난스럽게 던질 수 있다.

"그래서 당신은 남은 인생 동안 다시는 스트레스를 받지 않는 방법을 터득하고 이 시간을 마치시는 건가요?"

대부분의 내담자는 투덜거리거나 웃으며 다음과 같이 말한다. "맞아요, 하지만 그걸 위해서 이렇게 많은 일이 필요할 줄 몰랐어요." 내담자의 긍정적인 변화를 예측하는 가장 강력한 두 변수는 치료적 관계와 긍정적 기대라는 점에 주목하라.

내담자와 치료자는 편안하게 그리고 의도하는 대로 살아가는 데 있어 꼭 필요한 정보를 알게 되었다.

정점 프로그램 교육 단계를 완료하는 데에는 한두 회기가 걸릴 뿐이지만, 이 과정을 완

료하면 내담자는 희망과 기대감을 가진다.

골반 저 근육 이완의 형태로 몸을 이완하는 법을 연습하면 내담자는 즉각적으로 편안함을 느끼며 최대한으로 기능하고 자신의 원칙과 도덕에 따라서 살 수 있게 된다. 그리고 이 역량을 개발하고 유지하기 위한 지속적인 노력에 흥미를 느낄 것이다.

이 단계가 끝나면 내담자에게 미래상(vision), 서약(covenant) 및 명예 코드(honor of code)를 명료화하는 과제를 수행하도록 요청한다.

치료자는 내담자에게 활동 중간에 중단되거나 방해받지 않을 수 있는 60~90분 정도의 시간을 내라고 권한다.

이 활동을 위한 양식은 부록 2에 있다.

이 양식을 사용해서 미래상, 서약 및 명예 코드를 작성하라.

치료자와 내담자는 가능한 간결하고 명확하게 이 활동을 끝내야 한다.

이 장을 읽고 자조 모델(self-help model)인 정점 프로그램(pinnacle program)에 참여하고자 하는 독자는 부록 2에 있는 정점 연습(pinnacle exercise)을 읽고 완료하라. 정점 연습을 마치면 당신은 당신을 지지하고, 이야기를 공유할 수 있고, 책임져줄 수 있는 사람과 관계를 맺거나 관계망을 구축하길 원할 것이다. 정점 프로그램(pinnacle program)에 참여하면 한 사람 혹은 여러 사람을 만날 수 있다.

당신의 지지자/관계망을 선택할 때에는 어떤 형태로든 자기 치유 및 실현에 관심이 있는 사람들, 즉 당신에게 공감하며 당신이 당신 자신이 원하는 사람이 될 수 있도록 기꺼이 돕고자 하는 사람들과 협력하는 것이 가장 좋다.

자조 모델(self-help model)을 실천하고자 하는 다른 사람들과 함께 정점 프로그램(pinnacle program)을 시작할 수도 있다.

정점 프로그램은 집단 형식으로 작업하는 것이 가장 좋다(집단을 이루어 연습하고자 하는 경우 http://www.compassionunlimited.com을 통해 Eric Gentry박사에게 연락하여 집단 구성에 대한 도움을 받아라).

2 단계: 의도(Intentionality)

당신 자신이 원하는 방향으로 살아가고 있나요?

- 자기 – 조절
- 사명 중심
- 내적 통제 소재
- 원칙 기반
- 성장을 위한 고통 인내

2168마일, 5,000,000걸음, 2,000번 벌레에 물림, 21번의 물집, 저체온증, 스트레스로 인한 골절.

1996년 여름과 가을, Maine지역에 있는 Katahdin산에서 시작해 Georgia에 있는 Springer산에 이르는 애팔래치아(Appalachian) 산길을 걸었다. 6개월 동안의 도보 여행 중 Katahdin산에서 남쪽으로 2.3마일 거리 떨어진 곳에 위치한 Daisy Pond 쉼터에서 첫날밤을 보내게 되었다

Maine에서 Georgia까지 가는 도중에는 6마일마다 쉼터가 있어 총 수백만 개의 쉼터가 존재한다. Daisy Pond 쉼터는 그중 첫 번째 쉼터였다.

춥고 무서웠으며 혼자였던 나는 그 보호소에서 수첩을 하나 발견했다. 수첩에는 거기에서 머물렀던 여행객들이 앞으로 이 쉼터에 머물게 될 미래의 여행객에게 남기고 싶은 생각이나 정보 등이 적혀 있었다.

이 수첩은 모든 등산객에게 뉴스, 엔터테인먼트, 정보, 연락책, 그리고 안도감을 제공하는 중요한 자원이 되었다.

수첩에 적힌 내용은 때로는 우스꽝스럽고, 때로는 슬프고, 때로는 시적이었다. 이 수첩은 모든 쉼터에 들릴 때마다 고단한 하루의 끝에서 맛볼 수 있는 것이었고, 나 또한 내 생각과 감정을 그 수첩들에 적었다.

첫 번째 쉼터에서 보낸 첫날밤, 그 수첩 첫 페이지를 읽었다. '이 여행의 첫 걸음은 훌륭하다. 나아간 거리 때문이 아니라, 첫 걸음이 예고하는 방향 때문이다.'라고 적혀 있었다.

그 날 밤 그 곳에서 이 당연한 말에 대해, 첫 걸음이 무엇을 의미 혹은 선언하는지, 그리고 그 선언의 힘에 대해 명상을 하면서 누워있었다. 첫 걸음을 뗄 것이라 선언하고 나서, 나는 남은 500만 마일을 걸어갈 힘을 얻을 수 있었다. 그리고 첫 걸음을 옮긴 사람 중 단지 5%만이 성공하는 Appalachian Trail 도보 여행을 완수할 수 있었다.

정점 프로그램의 두 번째 단계에서는 개인이 미래상, 서약, 명예 코드를 명료히 설정하고 공유하도록 돕는 데 초점을 둔다. 정점 연습을 통해 이 세 가지 문서를 작성한 후에는 한 명 이상의 코치 혹은 파트너와의 관계를 발전시키는 것이 중요하다. 당신은 파트너에게 미래상, 서약, 명예 코드가 적힌 문서를 전달해야 한다. 이후에 코치 또는 파트너와 만날 때마다 이 자료를 계속 반복해서 활용할 것이다. 먼저 파트너/멘토/코치와 만날 첫 번째 모임 일정을 잡아라.

첫 번째 모임은 치유와 자기 실현으로 가는 길에서 맞이하는 중요한 순간이다. 정점 연습을 마치면 자신이 누구인지, 미래에 어떻게 될 것인지에 대한 선언에 따라 최선을 다해 전진할 수 있다.

이 중요한 첫 번째 순간은 가능한 모든 지원을 받아 마땅하다. 당신은 당신의 선언을 함께 지켜보며 숭고한 순간을 지지해줄 수 있는 사람을 파트너로 원할 것이다. 미래상, 서약, 그리고 명예 코드를 작성하는 과정에서 파트너와 충분한 의논을 하려면 시간이 걸린다. 파트너와의 첫 번째 만남에서는 어려움, 도전 과제 및 업적에 대해 모두 논의할 필요가 있다.

다음으로 파트너와 자기-조절의 경험에 대해 논의할 수 있다. 불안, 스트레스, 그리고 지각된 위협이 존재하는 동안 자기-조절을 하려고 시도해본 적이 있는가, 그 시도의 결과는 어땠는가, 자기-조절 기술을 더 잘 활용하기 위해서 개선이 필요한가에 대해 논의하라.

임상적 주의사항(Clinical Note) :

이 단계의 초기 회기에서 내담자는 자신의 신체를 편안하게 이완하는 법을 알게 되어 편안함, 이완감, 그리고 작은 성공을 거뒀다고 자주 보고한다.

대부분의 경우, 이 단계에의 회기에서는 대부분 자기-조절에 대해 다룰 것이다. 치료자는 충분한 격려와 동기 부여 기법으로 이 과정을 시작해야 한다. 다음과 같은 대화가 예가 될 수 있다. "지난 주에 자기-조절법을 실천해서 스스로 자기-조절이 가능했고, 몸이 편안하고, 원하는 대로 행동할 수 있었나요?". [내담자 인정] 음. "그리고 자기-조절을 하는 것을 잊었을 때에는 불편하고 충동적으로 행동(acted out)을 했지요? 맞나요?". [내담자 인정] "이제 어떻게 해야 하죠?".

이 장난스러운 대화는 내담자가 다르게 행동할 수 있도록 강화시킨다. 그러나 진정한 변화는 "내담자가 길을 헤쳐나가기 위해" 노력하기 전에 먼저 몸을 편안하게 이완하는 것을 기억함으로써 가능하다.

정점 연습(pinnacle exercises)을 완료하지 못한 내담자의 경우, 미완성의 의미를 논의하는 데 시간을 할애해야 한다. '활동을 완료했는가?', '내담자가 이 활동을 완료하는 대신 협상을 하길 원하는가?', '치료자가 관심을 가져야 할 부분이 더 많이 생겼는가?', '내담자가 변화할 수 있다는 믿음을 갖는 것을 방해하는 무언가가 있는가?'. 이 모든 질문은 활동을 끝내지 못한 내담자에게 적절한 논의거리가 된다. 활동을 계속하고자 하는 욕구는 분명히 밝혔으나 어떠한 이유에서든지 간에 활동을 완료할 수 없는 내담자를 위해서는 약식 버전의 서약과 명예 코드를 완성하도록 돕는다. 치료자는 내담자에게 자신이 살아있는 목적을 가장 잘 설명하는 세 단어를 짝지어 달라고 요청한다. 그리고 나서 내담자가 자신의 개인적인 명예 코드, 즉 도덕의 나침반으로 선택하는 원칙을 보여주는 세 단어를 고르도록 한다. 이 6가지 단어를 활용하여 다음 회기의 활동을 참여할 수 있도록 돕는다.

부록 3에는 정점 프로그램의 두 번째 단계의 개념, 활동 및 연습을 탐색하는 데 도움이 되는 활동지가 포함되어 있다. 이 프로그램 단계의 5가지 주요 구성 요소는 반응적인 삶에서 의도적인 삶으로 가기 활동지(reactive to intentional worksheet)에 다음과 같이 포함되어 있다

1. 서약 / 명예 코드

2. 반응적인 행동 / 정당성의 위배

3. 의도적인 행동

4. 촉발요인

5. 이야기

이 정점 프로그램 단계는 반응적 행동과 관련된 5가지 구성 요소를 각각 다룬다. 그리고 습관적 반응을 의도적인 원리 기반 행동으로 바꿀 수 있도록 당신을 도울 것이다. 부록 3(반응적인 삶에서 의도적인 삶으로 가기 활동지(reactive to intentional worksheet))을 복사해 사용할 준비를 하라. 그림 6은 활동지를 활용한 예시를 표현한 것이다.

1. *서약/명예 코드(Covenant/Code of Honor)*.

활동지를 사용하여 하루 또는 일주일 동안 습관적으로 어긴 서약 또는 명예 코드를 살펴보고 지키고 싶은 몇 가지 원칙을 찾아낸다. 당신의 도덕적인 나침반(즉, 명예 코드)이 가진 주요 포인트는 무엇인가? 집이나 직장 또는 학교에서 어떻게 행동하고 싶은가?

당신의 의도를 뒷받침하는 원칙을 정의하는 단어를 몇 가지 써라(예, 친절하고 호의적이며, 도움이 되는). 그림 6의 '인정 많은(compassionate)'을 예로 들 수 있다. 그림 6은 앞에서 논의한 회의에서 비난을 받고 반응적인 행동을 보인 내담자의 이야기를 활용해 표현한 것이다.

2. *정당성의 위배/반응성(Breach of integrity/Reactivity)*.

두 번째 항목에서는 당신의 반응적인 행동을 찾아본다. 이는 서약 또는 명예 코드를 습관적으로 어기게 되는 경우를 의미한다. 단순히 서약 또는 명예 코드의 원칙 중 하나를 선택하고 다음과 같이 질문함으로써 당신의 반응적인 행동을 찾아볼 수 있다. '언제 _____(인정이 많은, 검소한, 정직한, 신뢰할 수 있는, 친절한 등)에 어긋나는 자신을 발견할 수 있는가?'. 나는 주로 내 자신의 경우를 활용해 위배의 예시를 제시한다(나 자신의 서약(covenant)도 사무실 테이블에 놓여있다). 내담자와 다음의 이야기를 자주 공유한다. '나는 매일 아침 일어나 이 땅에서 사랑과 평화의 도구가 되고 자 하는 탄원서를 만든다. 그리고 나서 '미소'라는 내 자동차의 운전대에 앉는다. 그런데 나도 모르게 누군가에게 길을 비켜 달라고 소리치게 된다. 평화의 도구가 되려는 의도를 실현하는 것은 참 어렵다'. 치료자 자신의 이야기에 대한 공개는 내담자를 미소짓게 할 뿐만 아니라, 반응성 사례의 형태와 느낌을 이해하는 데 도움이 된다. 트랙 위에 있는 기차의 비유도 도움이 된다. 서약과 명예 코드는 '이것은 내가 나아가는 길이다……. 내가 누구를 어떻게 선택하느냐에 달려있다'라고 말하는 트랙이다. 당신은 의도대로 레일을 따라 칙칙폭폭 지나는 기차이다. 당신이 결국 '도랑'에 빠지는 경우를 생각해보면 반응성을 이해하는 데 도움이 된다. 반복적이고 반응적이며 당신의 진실성에 위배되는 행동을 어떤 방식으로든 묘사해 볼 수 있다. 그림 6 예시의 '경멸(contempt)하기'는 반응적인 행동을 나타낸다.

3. *의도적 행동(Intentional behavior).*

이 세 번째 항목을 완료하려면, 정당성에 위배되는 행동을 했던 상황과 유사한 상황이 또 다시 발생했을 때 연습해볼 수 있는 대안이나 이전 행동과는 대조적인 행동을 찾아야 한다. 이러한 행동은 당신의 서약과 명예 코드를 대표하는 행동이어야 한다. 위의 예에 적용해보면, 비난하는 사람에게 '단호하게 말하기'가 의도적인 행동이라 할 수 있다. 이 행동은 정당성에 위배되는 반응적인 행동인 '경멸하기'와는 대조적인 것이다.

4. *촉발요인(Triggers).*

내담자가 '촉발요인'을 이해하고 파악할 수 있도록 설명하는 것은 정점 프로그램의 가장 어려운 부분일 수 있다. 촉발요인은 현실에 존재하는 대상이거나 위협감을 느끼게 하는 사건일 수 있다. 촉발요인은 오감을 통해서 지각되어 교감신경계를 활성화시키는 것(즉 느끼거나, 들리거나, 보거나, 냄새 또는 맛이 나는 것)일 수 있다. 일반적으로 반응적인 행동을 하기 몇 초에서 몇 분정도 전에(더 길 수도 있지만) 이 촉발요인이 존재한다. 촉발요인은 정점 프로그램에서 가장 많이 다루는 것이자 특정인과의 관계적 대면과 관련된 것으로, 옛날 노래부터 특별한 날(예, 기념일) 또는 시간(예, 취침 시간)에 이르는 모든 것이 될 수 있다. 촉발요인은 과거의 고통, 두려움 그리고 외상 경험과 관련된 추억 혹은 '짧은 플래시백(flashbacks)' 등, 직면하면 위협감을 느끼는 대상이나 사건이다. 촉발요인을 마주했을 때 우리 몸을 이완시키지 않으면 교감신경계가 지배적이 되고, 반응적이며 진실성에 위배되는 행동으로 이어진다. 그러므로 골반 저 근육 이완기법을 실시하면서 촉발요인을 인식하고 직면하기를 바란다. 촉발요인이 발생했을 때와 그 직후에 신체를 편안하게 이완할 수 있다면 이 상황을 올바로 직면할 수 있다. 즉 (a) 스트레스 없는 편안한 몸, (b) 문제 해결을 위한 창의적 지능을 최대로 발휘하는 신피질의 기능, (c) 이전에는 그저 반응만 했던 상황에서도 의도적인 행동을 유지할 수 있는 능력을 가질 수 있도록 한다.

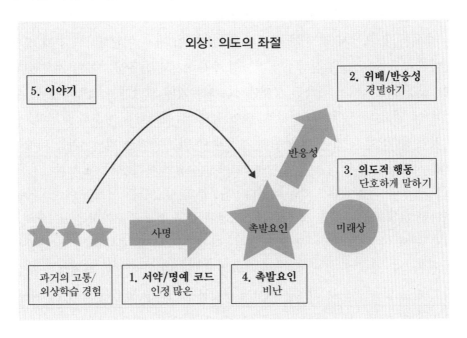

그림 6. 반응적인 삶에서 의도적인 삶으로 가기

촉발요인을 발견하고 대면하는 가장 좋은 방법은 골반 저 근육의 긴장 또는 '몸챙김(bodyfulness)'에 대해 지속적으로 의식하는 것이다. 위협을 지각하면 긴장해서 근육을 조이게 된다. 근육의 긴장이 느껴진 순간을 떠올려보면 우리가 무엇을 위협으로 인식했는지 찾아낼 수 있고, 촉발요인을 발견하는 능력을 키울 수 있다. 우리는 위협이 지각되어야지만 '스트레스'를 느낀다. 하루 중 스트레스를 느낄 때마다 어떤 식으로든(실제이든 상상이든) 위협을 경험한 것이다. 따라서 스트레스를 느낀 순간을 인지하는 것은 위협감을 촉발시킨 선행 사건을 찾는 데 도움이 될 것이다(그림 6 참조). 몸챙김 능력이 생기면, 우리는 외적 통제 소재를 가지고 변덕스럽게 바뀌는 환경과 상황의 희생자가 되는 삶에서 벗어나, 불안과 두려움에 대한 내적 통제 소재를 가지고 의도적이고 원칙에 기반한 삶을 향해갈 수 있다.

촉발요인(위협적인 사건이나 상황)을 직면했을 때에도 당신의 의도에 따라 행동하고 싶다면 몸을 이완해야 한다. 신체의 이완이 의도적으로 행동할 수 있게 하는 '기회의 창'이다. 하지만 개인에 따라 지속되고 있는 위협을 인식하는 데에는 몇 초에서 몇 분까지 걸릴 수 있다. 이 경우 이완하기도 전에 벌써 진행된(progressive) 교감신경계의 기능이 우세해지고 전두엽 기능이 저하된다. 교감신경계의 지배로 위축된 상태에서는 싸우거나 도망가는 것밖에는 할 수 있는 게 없고, 동시에 의도, 기억, 언어 능력 및 창의력을 상실하게 된다. 생산적인 방식으로 자기 자신을 위해 개입할 수 있는 능력을 잃어버리는 데에는 오랜 시간이 걸리지 않는다. 우리는 또 다시 '수렁에 빠져' 행동하고 과거와 동일한 실수를 되풀이하게 되는 것이다. 대부분의 사람들은 신체의 이완이라는 간단한 해결책을 문제에 적용해보기도 전에 결국 수렁에 빠져버리고(실패하고) 그로 인한 반응적 행동에서 오는 고통, 좌절, 수치심을 감당하는 데 상당히 많은 시간을 보낸다. 우리 중 많은 사람들이 마침내 이 간단한 해결책을 사용할 수밖에 없을 정도로 괴로울 때까지 오랫동안 그리고 열심히 이러한 상황들과 싸워야 한다(그림 7 참조).

임상적 주의사항(Clinical Note):

치료자는 내담자에게 "이제 다르게 행동할 수밖에 없을 만큼 충분히 고통스러우신 가요? 아니면 아직 더 괴로워야 할까요?"라고 질문할 수 있다. 이 질문을 통한 통찰은 이후 회기에 참여하는 데 도움이 되는 유용한 동기 부여의 수단이 될 수 있다. 이 질문은 비꼼이나 공격이 아니라 연민과 애정 어린 친절로 완화시켜 표현되어야 한다. 이 질문을 현명하게 사용하면 내담자에게 현재 선택권이 있다는 것을 강조할 수 있다. 내담자는 똑같은 실수를 반복해왔을지라도 이제는 20 ~ 30초 동안 몸을 이완하는 선택을 함으로써 편안함과 의도성을 되찾을 수 있다.

지각된 위협

+ 위험 없음

─────────

= **이완**

= 몸의 편안함

= 사고 능력의 증진

= 정당성을 지니고 살아갈 수 있는 능력

그림 7. 희망의 공식 1

5. *이야기(Narratives).*

이야기는 정점 프로그램의 가장 흥미로운 부분일 수 있다. 개인이 자신의 이야기와 촉발요인이 가진 의미를 연관짓도록 돕고, 인식된 위협에 대해 이해할 수 있게 해준다. 현존하는 위험이 없는 곳에서 위협을 느낀다면 그럴만한 충분한 이유가 있기 때문이다. 위험하지 않은 대상이나 상황을 대면한 현재의 시점에서 위협을 감지하는 이유는 우리가 미쳤기 때문이 아니다. 과거의 고통스럽거나 충격적인 경험이 현재의 지각 체계에 침입했기 때문이다. 아무리 간단하거나 겉으로 보기에 무해한 것일지라도 과거의 고통스러운 경험이 현재의 의식 안으로 스며들면 위험하지 않아도 위협을 느낀다. 우리는 성인이 될 때까지 말 그대로 수백만 가지의 경험을 한다. 우리가 미디어를 통해 경험하는 바나 치료자가 경험하는 이차적 외상성 스트레스(secondary traumatic stress)는 이와 같은 토양(기존의 경험)에 비료를 얹어주는 역할을 한다. 무한히 많은 잠재적 과거 경험이 일상 생활에서 접하는 여러 대상과 활동을 위협으로 인식하게 만들 수 있다.

촉발요인에 성숙하게 대처할 수 있기 전까지, 우리는 촉발요인을 마주할 때마다 위협 요인을 없애거나 피하려고 했다. 우리는 여유롭게 이완된 몸으로 촉발요인을 마주하지 못했다. 회피 전략을 사용한 대가로 우리는 촉발요인을 만날 때마다 불안했고, 반응적이었고 기능이 저하될 수밖에 없었다. 우리는 스트레스 상황을 관리하기 위해 싸우거나 도망가야 하는 환경의 희생자였다. 회피 전략에 숨겨진 대가는 훨씬 더 컸다. 지각된 위협에 직면할 때마다 교감신경계가 어느 정도 활성화되었고, 일정 기간 동안 위협 상황에 머물러 있으면서 교감신경계가 신체를 지배하게 되었다. 그 다음 우리는 어떤 형태의 공격이나 회피 행동을 취했다. 촉발요인을 직면했을 때 경험했던 각성 수준은 계속 높았지만 감소시키지 못했다. 지금까지 촉발요인을 마주한 상황에서 우리 몸을 성공적으로 이완해본 적이 없었기 때문이다. 이완된 몸으로 촉발요인을 대면하면 둔감화의 과정이 시작된다. 촉발요인을 직면하는 동안(20~30초) 몸을 편안하게 유지하면 촉발요인은 더 이상 예전에 경험했던만큼의 각성을 일으키지 않는다. 촉발요인이 존재하는 상황에서 휴식을 취하면 취할수록, 상호 억제 또는 둔감화 과정이 일어나 이후에 유사한 상황이 발생했을 때에는 덜 각성하게 된다. 과거의 경험이 현재의 기능에 미치는 영향이 적어지면서, 우리의 행동은 덜 반응적이 되고 몸은 더 편안해진다. 다시 말해, 우리는 현재의 몸을 이완시킴으로써 과거를 치유한다. 이것은 정점 프로그램이 가져오는 변화의 중심이다. 간단한 자기-조절로 고통스러운 과거 외상 학습 경험에서 벗어날 수 있다는 것이다.

과거에는 교감신경계의 기능이 지배하고 신피질 기능은 저하되는, 즉 촉발요인을 마주한 상황에서 언어 능력을 성공적으로 발휘할 수 없었다. 배운 것을 잊어버리고, 말문이 막혔고, 강박적이고 도움이 되지 않는 생각만 끊임없이 반복했다. 저하된 신피질 기능은 우리를 위험에서 벗어나게 하기 위해서 교감신경계를 강제적으로 활성화시키는 동시에, 우리가 실제 위험이 없는데도 왜 그렇게 두려워하는지 이해해보려는 시도를 사전에 차단했다. 같은 상황에서 긴장을 풀고 촉발요인과의 대면함으로써 부교감신경계가 지배하기 시작하면, 우리는 자기 스스로에게 묻기 시작한다. 내가 왜 그렇게 두려워하는가? 과거의 어떤 경험으로 인해 이 상황에서 위협을 느끼는가? 우리는 현재 위협을 인지하게 만든 과거 경험을 찾기 시작한다. 즉 두려워하는 이유에 대해 '올바른 이해'를 갖기 시작한다. 교감신경계가 활성화된 이유와 현재 위협을 인지하는 이유를 납득하고 이해하게 되면서, 고통, 두려움 및 외상을 통해 갖게 된 과거의 경험의 영향을 존중하게 된다. 그러면서 우리 자신에 대한 측은함과 존중을 갖기 시작한다. 우리는 우리가 아프거나 결함이 있는 게 아니라는 것을 발견한다. 우리는 단순히 고통, 두려움 및 외상에 의해 형성된 세계에 나름대로 적응한 것이었다. 그리고 더 이상 이러한 적응 방식을 필요로 하지 않는다. 우리는 이전의 적응 방식을 떠나 보내고, 편안함과 최대한의 기능 및 의도를 되찾기 시작한다.

이완과 병행하는 외상 기억에 대한 심상적 노출은 외상성 스트레스를 위한 효과적인 치료법으로 간주되어 왔다. 외상 후 스트레스를 위한 거의 모든 효과적인 치료법이 외상 후 스트레스의 증상을 줄이는 데 도움이 되는 '둔감화'를 촉진하기 위해서 노출과 이완을 결합시킨 상호 억제 구조를 활용한다. 1980년 후반에 들어서면서, 우리는 노출의 '방식'이 중요하다는 것을 깨닫기 시작했다. 이완하면서 시간 순서로 외상적 경험의 전체 이야기를 구성하고 공유하는 방식은 단지 외상의 일부분에 대해 임의대로 이야기하는 방식보다 훨씬 더 효과적이다. 외상 생존자가 이야기를 구성하고 공유하도록 도우면 외상 후 스트레스의 증상, 특히 재경험 증상(예, 플래시백, 악몽, 단서에 대한 심리적 혹은 신체적 각성)을 개선하는 데 효과적이다. 정점 프로그램은 내담자가 스스로 이야기를 구성하고 이해할 수 있도록 간단하고 자연스러운 방법을 활용한다. 일상에서 만나게 되는 촉발요인을 피하는 대신에 그것들을 직면하고 몸을 이완시키는 연습할 때, 우리는 비로소 이야기들에 주의를 기울일 수 있게 된다.

이 과정은 최근 정점 프로그램에 참여한 한 내담자의 경험을 예로 들어 잘 설명할 수 있다. 직장인이자 학생이기도 한 30살의 기혼 여성은 6회기 동안 치료를 받았다. 의뢰 당시 그녀의 주 호소는 주체할 수 없이 우는 것, 충동적인 행동, 기분부전장애(지속성 우울장애) 혹은 낮은 수준의 만성적 우울이었다. 치료자는 정점 프로그램을 통해 치료 방향을 제시했고, 그녀는 골반 저 근육을 이완함으로써 이전에는 충동적인 행동에 몰입했던 상황에서도 어느 정도 편안함과 의도적으로 행동할 수 있는 능력을 되찾았다고 했다. 몸을 이완시켜야 한다는 것을 기억하는 것이 쉽지는 않았지만, 기억하고 실천하면 삶의 질은 훨씬 더 좋아졌다고도 보고했다. 7번째 회기에서, 그녀는 치료에 와서 자신의 남편이 우울을 경험하고 있고 지난 주 내내 일을 찾으려 하거나 아무런 활동을 하지 않으려 하고 그냥 "소파"에 누워만 있었다고 했다. 그녀는 과거에는 남편의 행동이 자신을 화나게 만들고, 자신은 남편에게 생산적인 행동을 하라고 강요했었다고 했다. 그러나 이번에는 그녀가 소파에 누워있는 남편과 함께 앉아서 "내가 어렸을 때에는 엄마가 우울해하고 낙담하는 것이 곧 내가 춥고 배고프고 더러워질 것이라는 것을 의미했다. 하지만 나는 지금 어른이다. 당신이 나와 함께 있지 않아도 내가 춥지 않고 배고프지 않을 것이며 더러워지지 않을 것이라는 것을 안다. 당신이 어떻든 당신을 사랑하고 원한다"라고 말했다고 보고했다. 그녀가 이 이야기를 치료자에게 할 때 두 눈에는 눈물이 고였다. 이 경험은 내담자가 기억을 둔감화하기 위해서 퇴행적인(regressive) 경험을 하는 치료를 하지 않고도, 고통스러운 과거로부터 해방되는 해결책을 찾을 수 있다는 것을 보여주는 멋진 사례다. 그녀는 현재에서 몸을 이완시키고 의도성을 유지하는 것을 연습함으로써 그녀의 과거, 현재와 미래에 대한 치유를 경험할 수 있었다. 그녀는 무슨 일이 있어도 파트너를 사랑하고 원하겠다고 서약하였다.

주의(Warning):

정점 프로그램에서 과거 외상적 경험이 현재 기능에 미치는 영향을 이해하기 위한 자기-조력(자조) 과정을 실시하는 동안, 내담자는 묻어두었던 외상적 자료가 드러나 압도될 수 있고, 간혹 심신이 약화될 가능성도 있다는 것을 염두에 두어야 한다. 정점 프로그램의 참여자가 현재 치료자와 함께 작업하든 혹은 이 모델을 자조적인 방식으로 스스로 연습하든 간에, 정기적으로 이 과정에 대한 이야기를 치료자 혹은 코치/멘토/파트너와 공유하는 기회를 충분히 갖는 것이 매우 중요하다. 내담자의 이야기를 듣는 파트너는 내담자의 과거 경험에 '전염'되어 내담자의 불안을 곧 자신의 불안으로 느끼지 않아야 한다. 즉, 내담자는 자기-조절 능력이 있는 사람들과만 이야기를 공유해야 한다. 과거 경험이 현재에서 위협을 지각하게 만드는 것에 대한 연속적인 이야기를 구성하고 이해하는 것은 이야기 작업의 절반일 뿐이다. 내담자는 외상적이고 고통스러운 과거 경험을 연민하고 동정하는 청자(listener)와 공유해야 완전히 나을 수 있다. 만약 다른 사람의 이야기를 들어주는 청자로 선택된다면, 공감적이지만 감정적이지는 않게 들어줘라. 그들의 이야기에 반응적이어지지 말고, 대신에 그들에게 (a) 이야기를 전달하는 동안 이완된 상태를 유지할 것과 (b) 미래에 과거에 했던 이야기와 관련된 촉발요인과 마주쳐도 자기-조절을 유지할 것을 격려하면서, 왜 그런 과거 경험이 현재 위협을 인지하게 만드는 지에 대한 "올바른 이해"를 갖도록 도와라. 마지막으로 만약 당신 혹은 당신이 정점 프로그램(pinnacle program)을 적용하는 내담자가 강렬한 증상(예, 수면 문제, 우울, 자살 사고, 자기 파괴적인 행동 등)을 보인다면, 주저 없이 외상 스트레스와 외상 치료에 대한 자격을 갖춘 전문가에게 연락해 상담을 받게 하라.

3 단계: 연습(Practice)- 코칭과 둔감화(Coaching and Desensitization)

정점 프로그램의 3번째 단계 역시 체계적이지는 않다. 많은 내담자에게 있어 이 단계와 후속 회기들은 치료보다는 행동 코칭(coaching)처럼 보일 것이다. 이 단계는 단순히 지금까지 진행된 과정을 좀 더 연습시키기 위한 과정이다. 내담자가 촉발요인을 알아차리게 돕고, 자기-조절 기법을 연습할 수 있도록 격려하고, 어떻게 과거 경험이 현재의 지각된 위협을 야기했는지에 대해 이해할 수 있도록 돕는다. 더불어 내담자가 외상, 고통과 두려움의 이야기를 다른 사람과 공유할 수 있는 풍부한 기회를 만들고, 과거 경험으로 인해 어떠한 영향을 받고 있든 그 이야기를 이해받을 수 있도록 한다. 외상 후 스트레스가 낮은 수준이거나 중간 정도인 내담자에게는 보통 정점 프로그램의 3단계면 충분하다. 대체로 6~12회기 안에 만족스럽게 치료를 종결할 준비가 된다.

자기-조력(self-help)의 형태로 스스로 정점 프로그램을 활용하는 참여자의 경우, 이 단계에서 파트너/코치/멘토 등과 정기적으로 만나야 한다. 만남을 통해 신체를 이완하면서 동시에 촉발요인을 직면하는 연습 과정에 대해 계속적으로 보고하고, 이야기를 공유하고, 문제를 다루어야 한다. 이 세 번째 단계는 60~90분 간 소집단(5~8명) 형태에서 잘 이루어진다. 각 집단원은 집단 회기 사이의 시간에 경험한 성공과 직면한 도전에 대해 돌아가면서 논의한다. 집단 안에서 참여자가 경험하는 지지와 알아차림은 한 파트너와의 개인적인 모임보다 훨씬 더 강력하다.

그러나 정점 프로그램의 연습 단계는 외상 후 스트레스가 심각한 수준인 내담자에게는 다르게 작용한다. 그들은 종종 정점 프로그램의 첫 번째와 두 번째 단계를 성공적으로 완수한 후에 이 세 번째 단계에서는 더 큰 발전이 없다는 것에 좌절하고 화를 내고 희망이 없다고 느낀다. 정점 프로그램의 초기에 '실패'를 경험한 참여자는 끝까지 포기하지 않는 것이 중요하다. 프로그램 참여 초기에 겪는 어려움은 단지 내담자가 좀 더 심각한 외상적 과거 경험을 가지고 있기 때문에 정점 모델을 성공적으로 수행하기 전에 먼저 집중적인 외상 치료 작업(보통 짧은 기간)을 할 필요가 있다는 점을 알려주는 것이다.

3단계에서 차질을 빚고, 신체를 이완한 상태에서 촉발요인과 직면하는 것이 어렵고, 자신의 정당성에 위배되는 행동을 계속하게 되는 내담자에게도 희망이 있다. 당신이 이런 경우라면 먼저 외상 스트레스를 전문적으로 치료하는 심리치료자와 상담할 것을 추천한다. 안구운동 둔감화 및 재처리 기법(EMDR)(http://www.emdr.com/clinic.htm을 참고하라) 훈련을 받은 치료자에게 상담 받을 것을 권한다. 이때 치료자에게 정점 프로그램으로 작업했었다는 점을 설명하는 것을 더욱 추천한다. 안구운동 둔감화 및 재처리 기법(EMDR)을 수련한 훌류한 외상 심리치료자는 당신이 촉발요인을 직면하면서 자기-조절을 하려 할 때 겪는 어려움에 대해 설명했을 때 바로 이해할 것이다. 그리고 당신이 과거 외상에 대한 기억을 충분히 둔감화하고 재처리하도록 도울 수 있을 것이다. 이 단기 치료를 통해서 이완된 상태와 의도적인 행동을 유지하면서 촉발요인을 성공적으로 직면할 수 있게 될 것이다. 치과의사나 일반의학 주치의보다 심리치료자와 상담 관계를 형성하는 것을 더욱 추천한다. 심리치료자와 함께 작업하면서 추가적인 외상 기억을 둔감화하고 재처리하기로 결심할 수도 있고, 정점 프로그램을 스스로 연습하는 방식을 다시 시도하기로 결정할 수도 있다. 어느 방식이든지 증상(수면의 어려움, 불안, 우울, 자살 사고, 강박적인 혹은 충동적인 행동 등)이 심각해지지 않는 한 괜찮을 것이다. 그러나 외상 스트레스의 증상이 보다 심해진다면 적어도 2~4주 동안 안정될 때까지 외상 전문 치료자와 계속해서 작업해야 한다.

임상적 주의사항(Clinical Note):

치료자는 관계적 기술을 발휘해 내담자에게 이 단계 역시 치료 과정의 일부라는 점을 안심시킬 필요가 있다. 내담자가 열심히 해온 작업의 긍정적인 결과를 완전히 얻기 위해서는 몇 가지 간단한 치료적 활동을 추가적으로 해야 한다. 내담자가 일상에서 자기-조절을 하기 어렵고 의도적인 상태를 유지하지 못하는 이유에 대해 이해하는 과정을 돕는 것은 내담자뿐만 아니라 치료적 관계를 위해서도 가치가 있다. 내담자가 자신이 잔인한 외상 기억에 의해 침해당하고 있기 때문에 즉각적으로 압도되고, 교감신경계에 지배당하며, 반응적 행동을 하는 것이라는 통찰을 얻을 수 있도록 도와주는 것이 중요하다. 계속적인 외상 반응은 내담자의 도덕적 결함을 의미하는 것이 아니라는 점을 이해하도록 돕는 것 역시 치료자의 임무이다. 외상 반응은 내담자가 과거의 외상적 경험으로부터 계속해서 받고 있는 '고통'의 정도에 대한 증언이다.

내담자와 활동지를 하면서 과거 외상 경험의 침투가 내담자로 하여금 촉발요인을 마주했을 때 자기-조절을 잃게 하는 정도(활동지의 '번개표시')를 살펴볼 수 있다. 그리고 과거 외상 경험이 현재 지각되는 위협으로 나타난다는 것을 설명해줄 수 있다. 내담자에게 최근에 반응적인 행동을 하게 한 촉발요인을 찾아보라고 요청할 수도 있다. 그리고 나서 촉발요인은 외상적 기억 혹은 고통스러운 경험의 집합일 수 있다고 설명한다. 내담자는 외상적 기억 혹은 고통스러운 경험에 적응하기 위해서 그 경험을 떠올리게 하는 무언가를 피하게 된 것이라는 사실에 대해서도 자세히 설명한다. 내담자는 과거의 경험을 떠올리게 하는 촉발요인을 마주칠 때마다 그 요인을 위협으로 인지해 교감신경계가 활성화되므로, 촉발요인과의 접촉을 피하려고 시도한다고 말해준다.

다음의 몇 회기 작업은 내담자가 촉발요인과 결부된 외상 기억을 둔감화하고 재처리하는 것을 돕는 데 집중한다. 둔감화 및 재처리 작업은 내담자가 촉발요인을 직면했을 때 자기-조절을 시작하고 이완된 상태를 유지할 수 있도록 침투의 정도(지각된 위협의 강도)를 줄이고자 한다. 정점 프로그램의 둔감화 및 재처리 과정의 유일한 목표는 지각된 위협감을 줄이는 것이다. 이 과정을 돕는 치료자는 내담자의 통찰력을 키우거나, 해제 반응(abreactions)을 촉진하거나, 신념을 변화시키기 위해 치료기술을 사용하지 않는다. 이런 결과들이 둔감화 및 재처리 작업의 부산물로 따라올지도 모르지만, 이 작업의 목표는 오직 내담자가 현재에 압도당하지 않고 자기-조절 기법을 실시할 수 있도록 외상 기억을 둔감화 및 재처리하는 것이다. 추가적인 개입을 원한다면 외상 치료의 실제: 안정화와 회복을 위한 치료방법을 중심으로의 다른 장을 참고해라. 치료자는 자신이 숙달한 둔감화 기법이 어떤 방식이든, 내담자를 위해 이를 활용해야 한다. 인지행동치료(예, 치료적 실제 노출 기법, 변증법 행동치료, 장기적인 노출치료, 인지 처리 치료 등), 신경언어 프로그램(NLP), 최면 기법, 외상적 사건 감소 기법(Traumatic incident reduction, TIR), 이야기 치료 모두 외상 후 스트레스 장애 증상에 효과적이라는 연구가 존재한다. 하지만 이 단계의 치료 방법으로는 안구운동 둔감화 및 재처리(EMDR)를 가장 추천한다. 안구운동 둔감화 및 재처리 기법의 과정과 철학은 정점 프로그램의 둔감화 및 재처리 과정의 목표와 완벽하게 일치한다. 안구운동 둔감화 및 재처리 기법의 절차와 구성은 정점 프로그램의 촉발요인 둔감화 과정과 잘 맞는다. 안구운동 둔감화 및 재처리 기법은 앞서 언급된 다른 방법보다도 내담자가 한 회기 안에서 특정한 촉발요인과 연관된 복합적 트라우마 기억을 둔감화하고 재처리할 수 있도록 돕는다. 다른 치료 방법은 저마다의 가치와 목표를 가지고 복합적인 트라우마 기억의 각 부분을 개별적으로 다루고자한다. 따라서 다른 치료법을 사용하면 외상 기억을 충분히 둔감화하기 위해 더 오랜 치료적 과정이 필요할 수도 있다.

내담자가 외상 기억을 성공적으로 둔감화하고 재처리해서 이전에는 압도적이었던 촉발요인이 존재하는 상황에서도 효과적으로 몸을 이완시킬 수 있다는 것을 깨달으면, 내담자는 다시 희망을 가지고 치료에 몰입한다. 이전에는 두려움에 굴복했지만, 이제 삶에서 성공적으로 의도성을 유지할 수 있게 되면서 더 이상 두려움, 고통, 회피 그리고 절망에 기반하지 않고 살아갈 수 있다고 믿기 시작한다. 원칙 기반의 의도에 따른 삶을 살 가능성과 모든 것을 시도해볼 수 있는 미래로 향하는 길을 내다보기 시작한다. 즉 내담자의 잃어버린 꿈이 깨어난다.

내담자는 정점 프로그램을 계속해서 연습하면서, 자기-조절을 위한 '신체적인' 자각을 지속적으로 유지해야 하긴 하지만 이전보다 자신의 의도에 따라 단순하게 살아갈 수 있다는 것을 알게 된다. 이때가 바로 표 8의 '희망의 공식 2'로 요약되는 정점 프로그램의 궁극적인 단순성을 발견하는 시점이다.

의도를 가지고 언어화하기
+ 이완
─────────────
신체의 편안함
사고 역량 증가
의도성과 진실성을 가지고 살아갈 수 있는 능력

그림 8. 희망의 공식 2

결론

정점 프로그램은 많은 내담자와 수백 명의 워크숍 참가자가 만성적인 공포, 불안, 강박적 사고, 충동적 행동, 외상적 스트레스, 우울감을 완화시킬 수 있도록 해왔다. 아직 정점 프로그램의 효과성에 대해 발표된 연구는 없지만, 이 프로그램은 불안, 우울, 외상적 스트레스를 치료하는 데 있어 효과성을 증명해온 CBT의 원칙과 절차를 기초로 만들어졌다. 이 프로그램이 전통적인 치료적 접근법에 대한 대안으로서 이 책에 제시된 것은 아닐지라도, 개인이 의도한대로 살면서 기존의 심리치료에 대한 접근 기회를 증가시키고 가속화하게 하는 틀이라 할 수 있다. 어떤 내담자는 전통적인 심리치료는 최소한으로 받으면서도 정점 프로그램을 통해서 증상이 감소하고 의도적인 삶을 살 수 있게 되는 상당한 이점을 얻기도 한다. 이 프로그램과 심리치료의 가장 큰 차이점은 각각이 지닌 목표이다. 정점 프로그램의 목표는 내담자가 개인적인 도덕성에 일치하는 의도적이고 원칙 기반적인 삶을 살도록 돕는 것인 반면, 전통적인 심리치료의 목표는 증상 감소이다. 이 글에서 설명하고자 한대로, 정점 프로그램에서는 증상의 감소를 목표보다는 부산물로서 성취할지도 모른다. 이러한 초점과 과정의 차이가 심리치료와 자조 과정의 상당히 서로 다른 '느낌'을 만든다. 치료자가 환자에게 치료를 제공하는 '의사'인 전통적인 심리치료 모델 대신에, 정점 모델에서의 치료자 또는 조력자는 내담자가 스스로 걷는 성숙한 여정 중에 만나게 되는 장애물을 제거하는 것을 돕고 내담자의 자연스러운 치유의 과정을 지지해주는 '산파'와 같다.

정점 프로그램의 자기 – 조력(자조) 과정에서, 참가자는 이 과정을 함께하기 위한 자신만의 파트너/코치/멘토를 선택한다. 정점 프로그램은 개인이 자신의 과거 역사나 현재의 상황에 상관없이, 자기 자신이 바라는 대로 살면서, 자신이 되고 싶어해온 바로 그 사람이 되는 의도적인 삶을 향한 길을 만들 수 있도록 도울 것이다. 정점 프로그램은 일부 개인에게는 전통적인 심리치료를 받지 않아도 되는 충분한 치유의 과정을 제공할 것이다. 어떤 이들은 정점 프로그램에 참여하는 과정 동안 전문적인 심리치료로부터 어느 정도 도움을 받아야 할지도 모른다.

정점 모델은 여러 자조 모델 중 가장 먼저 외상 스트레스, 불안, 우울의 증상을 치료하는 데 효과성을 입증할 준비가 되어있다. 다른 자조 모델에 관한 문헌을 살펴봤을 때, 외상적 스트레스 증상을 유의미하게 낮추는 데 효과성을 입증한 연구는 없었다. 그렇기에 정점 프로그램이 증상을 유의미하게 감소시킬지 흥미롭게 지켜보고 있다. 수많은 내담자가 이 프로그램을 통해 간

제5장 - 외상 치료자를 위한 통합적 자기-돌봄 모델

단한 원칙들을 연습하면서 증상을 감소시키고, 무엇보다도 자신이 원하는 원칙에 근거한 삶을 살기 시작하는 것을 봐왔다. 정점 프로그램의 원칙과 활동을 연습함으로써 그들의 삶이 변했다는 수백 개의 이메일도 받았다. 현재, 심리치료의 보조도구이자 자기-조력 절차로서의 정점 프로그램은 실험적이다. 물론 이 프로그램의 효과성과 안전성에 관한 어떠한 과학적 주장도 할 수 없다. 따라서 이 프로그램이 어떤 해를 끼칠 수 있는지를 아는 것도 어렵다. 정점 모델에 관한 연구는 시작 단계이고, 충분한 시간과 세심한 데이터 수집이 있어야만 결과적으로 정점 모델이 내담자의 증상 감소, 만족감, 혹은 의도적 삶을 가능하게 하는 데에 효과적인지를 증명할 수 있을 것이다. 그래도 긍정적인 결과가 나타날 것이라 기대한다. 당신도 당신만의 연구를 해볼 수 있도록 초대하고 싶다. 만약 당신이 정점 프로그램의 원칙과 연습이 도움이 된다는 것을 발견한다면, 당신에게 도움이 되는 한 계속 무료로 이 프로그램을 사용하라. 이 프로그램이 당신에게 도움이 되지 않는다면, 그 경험에 대한 당신의 의견을 듣고 싶다. 내 연락처는 이 글의 마지막에 있다.

정점 프로그램과 관련한 가장 흥미로운 사실은 이 프로그램이 즉각적으로 희망을 가져다 준다는 점이다. 한 회기만에 내담자가 만성적인 교감신경계의 지배로 인한 외상적 스트레스와 불안 증상을 겪어왔던 오랜 시간에서 벗어나 부교감신경계가 이끄는 편안함과 의도성의 상태로 이동할 수 있다는 사실은 내담자와 치료자 둘 다에게 믿기 어려운 일이다. 하지만 나는 내 앞에 앉아서 어쩌면 몇십 년 동안 희망 없이 고통받아온 생존자의 얼굴과 마음에 희망이 생겨나기 시작하는 것을 보는 인생 최고의 경험을 해왔다. 정점 프로그램의 원칙을 치료에 적용하기 시작한 이후로 훨씬 더 자주 이런 경험을 하게 되었다.

이 글의 독자를 포함한 이들이 정점 프로그램을 연습하는 데 있어 어떠한 식으로든 나의 도움이 필요하다면 연락을 환영한다.

J. Eric Gentry 박사

2. 연민 피로감: 변화를 위한 시련

서론

지금까지 치료자가 내담자를 외상에서 회복하도록 돕는 과정에 대해 이야기했다. 그러나 이 주제에 대한 이야기는 외상 생존자에게 도움을 제공하는 사람(caregiver)에 대한 내용을 다루지 않고는 완전할 수 없다. 물론 치료자는 외상 생존자의 고통을 목격하는 일을 견뎌내겠다고 결심하고 이 분야를 선택했다. 하지만 치료자가 이 의미 있는 작업을 하는 과정에서 마주한 내담자의 상처가 너무 충격적이어서 치료자 자신이 이차적인 상처를 받을 가능성역시 늘 존재한다.

안타깝게도 대부분의 전문가는 내담자를 돕는 치료 작업에 대가가 따른다는 사실을 명확하게 그리고 따뜻한 격려의 목소리로 들어본 적이 없다. 대신 치료 작업을 하면 심적 고통을 느끼고, 동료, 지도감독자(supervisor), 그리고 수련 기관으로부터 비난을 받아 수치심을 느끼는 등 불필요하게 상처를 받는 경험을 한다. 이 책에서는 치료자에게 새로운 메시지를 주고 싶다. 치료자가 이 책으로부터 희망, 도움 또는 탄력성을 얻기를 바란다. 당신이 외상 치료 작업의 영향으로 힘들어하고 있다면, 희망과 회복으로 나아갈 수 있는 길이 있다고 말해주고 싶다. 치료자는 내담자에게 도움을 주듯이 치료자 스스로에게도 도움을 줄 수 있다는 점을 명심하라.

다음은 2002년 *The Journal of Trauma Practice*에 실렸던 글로, 원저자의 허락 하에 그 전체 내용을 제시하고자 한다. 다음의 글의 원저자인 J. Eric Gentry 박사는 치료자가 치료 작업에 의해 영향을 받는다고 해서 절대로 수치심, 비난, 죄책감을 느낄 필요가 없다는 명확한 메시지를 당신에게 전달하고자 한다.

연민 피로감(Compassion Fatigue): 변화를 위한 시련(The Crucible of Transformation)

2001년 10월 19일, 나는 미국 9/11 테러 당시 사고가 일어난 세계 무역 센터 근처에서 일하고 있던 상점 매니저들을 위해 CISD(Critical Incident Stress Debriefing; Mitchell, 1995)과 협업했다. CISD는 뉴욕의 위급한 사건사고로 인한 스트레스에 대처하는 치료적 작업을 하는 기관이다. 우리는 CISD 위기 상담의 핵심 치료방법인 인지적 – 정서적 – 인지적 'schwoop'(Norman, 2001)를 활용하기로 치료 방향을 잡았기 때문에, 한 집단원이 무너지는 건물에서 떨어지는 잔해를 묘사하기 시작했다. 그녀는 "그때 나는 건물에서 떨어지는 콘크리트의 무더기를 봤어요. 하지만 이제 그것이 실은 떨어지는…. 아니 뛰어내리는 사람들이었다는 것을 알고 있어요"라고 말했다. 그녀의 말을 들었을 때, 나는 떨어지는 잔해들이 인간의 신체로 인식되는 장면이 그려졌고, 그로 인한 괴로움을 감당하기 어려웠다. 또 다른 집단원은 9월 11일 사건이 남긴 가장 최악의 부분은 계속해서 다시 나타나는 침투적인 이미지와 악몽이라고 보고했다. 그러나 그에게 침투하는 이미지는 9월 11일 사건이 아니었다. 어린 시절이던 1975년, 그가 베트남에서 도망칠 때 그와 어머니의 머리 위로 총이 발사되던 장면이 반복것으로 나타났다. 그가 26년 만에 처음으로 어린 시절에 도망치던 장면이 의식으로 떠올랐다고 할 때, 나는 지금까지 치료해왔던 많은 참전용사로부터 들었던 수백 개의 전쟁 외상 장면이 떠오르기 시작했다. 마침 그날은 베트남 참전용사였던 동료치료자가 이 집단원에게 30일 째 외상 치유 작업을 하던 날이었기 때문에, 이 이야기를 이끌어낸 동료치료자에 대해서도 걱정되기 시작했다. 내담자의 이야기를 들으며, 나는 내담자가 공유한 여러 이미지, 사고, 감정이 내 의식 속에서 서로 연합되어 마구 떠오르는 것을 막아낼 수가 없었다. 그리고 그로 인해 무력감을 느끼고 있다는 것을 절감했다. 연민 피로감을 공부하고 치료하면서 지난 5년을 보냈기에, 내가 이차적 외상 스트레스 증상을 경험할 위험이 높은 상황에 처했다는 것을 알았다. 이 일이 있은 후 몇 주 동안, 나는 내담자에게 들은 과거 외상 이야기와 연관된 이미지가 계속 떠올랐고 그에 동반되는 각성을 경험했다. 내담자의 입장으로 동료치료자와 치료기관으로부터 안구운동 둔감화 및 재처리 기법(EMDR, Shapiro, 1995)을 포함한 지원을 받은 후에야 이 침투적인 외상의 이미지와 감정을 처리할 수 있었다.

수천 가지 위기 개입 서비스와 수많은 정신건강 전문가가 2001년 9월 11일에 있었던 테러 사건의 생존자를 돕기 위해 영웅적으로 일해왔다. 위기 개입 전문가들은 생존자에게 지지를 제공하면서 내담자의 놀라운 용기를 목격했고 탄력성이 담긴 이야기를 들었다. 하지만 동시에 위기 개입 전문가들은 내담자의 삶이 무너지는 고통, 테러, 상실과 그에 대한 보고에 노출되었다. 분명 외상 생존자에게 도움과 지지를 제공하는 치료자에게는 큰 보상이 따른다. 전문 외상학을 진로로 선택한 우리 같은 사람은 생존자가 외상 후 증상의 어두운 정글로부터 벗어나 변화하고 강화되는 것을 목격하는 달콤한 경험을 할 수 있다. 그러나 외상 생존자를 돕는 일이 때로는 재앙적인 수준의 비용까지 요구할 수 있다는 것 역시 의심할 여지가 없다. 20세기 최고의 외상학자인 빅터 프랭클이 "빛을 주려면 타는 것을 견뎌내야 한다"고 경고하는 동시에 용기를 북돋았던 것도 이와 같은 의미이다(Frankl, 1963, p. 129).

2001년 9월 11일의 비극과 관련해, 이 장에서는 외상을 입은 사람을 돕는 일의 해로운 영향이라 할 수 있는 '연민 피로감'의 잠재적 원인, 예방법 그리고 치료법을 탐구한다(Figley, 1995). 외상 생존자를 돕는 일에 몰두하는 치료자에게 어떠한 상황에서도 계속해서 빛을 주는 사람이 되고, 훨씬 더 밝게 빛나며, 절대로 다 타버리지 않을 수 있다는 희망도 함께 제공하고자 한다.

연민 피로감(Compassion Fatigue)

고통에 처한 사람과 함께하는 일은 돌봄 제공자(caregiver)에게 상당한 노력을 요구한다. 필요한 노력의 정도는 각자가 서로 다르고 한편으로는 어쩔수 없는 부분으로 여겨지기도 하지만, 심각한 병을 앓고 있거나 최근에 사별한 사람을 옆에서 지켜본 적이 있는 사람은 고통에 처한 이에게 특별한 주의를 쏟는 일이 얼마나 힘이 드는지 익히 알 것이다. 최근에 들어서야, 돌봄 제공자가 충격적인 사건 때문에 말로 표현할 수 없는 상처를 입은 사람을 보면서 겪는 이차적 외상이 돌봄 제공자에게 어떤 영향을 미치는 지에 대한 연구가 이루어졌다. 이러한 영향에 대한 탐구와 조사는 지난 한 세기에 걸쳐 상당히 발전했고 다양한 문헌에서 이와 같은 주제를 다뤘다.

Carl G. Jung의 저서 *The Psychology of Dementia Paecox*(1907)는 아픈 사람을 간병하는 데 드는 대가를 처음으로 언급한 과학적 문헌이다. 이 글에서 융은 치료 상황에서 내담자에 대한 치료자의 의식적 그리고 무의식적 반응인 역전이에 대해, 특히 정신증 환자와 작업하면서 직면하게 되는 역전이의 어려움에 대해 논의했다. 그는 치료자가 내담자의 망상적 환상과 환각에 함께 참여하는 치료적 태도를 가져야 한다고 대담하게 지시했다. 하지만 동시에 환자의 우울하고 고통스럽고 충격적인 환상 세계에 동참하는 것은 치료자, 특히 초심자나 자신의 발달적/외상적 문제를 해결하지 못한 치료자에게 심각할 정도로 해로운 영향을 미친다고 경고했다(Sedgewick, 1995).

심리치료 분야에서는 역전이에 대한 연구를 통해 심리치료가 치료자에 미치는 영향을 체계적으로 탐구했다(Haley, 1974; Danieli, 1982; Lindy, 1988; Wilson & Lindy, 1994; Karakashian, 1994; Pearlman & Saakvitne, 1995). 최근 자료에 의하면, 치료자는 때때로 내담자의 증상을 모방하는 식으로 역전이 반응을 경험한다(Herman, 1992; Pearlman & Saakvitne, 1995). 여러 치료자가 외상 경험의 생존자와 작업할 때 외상 후 스트레스 장애(PTSD)의 증상처럼 보이는 역전이 현상을 경험했다는 문헌을 남겼다(Lindy, 1988; Wilson & Lindy, 1994; Pearlman & Saakvitne, 1995).

20세기 후반, 기업과 산업이 점점 생산성을 강조하기 시작하면서 직장의 환경적 요구가 노동자에 미치는 해로운 영향을 뜻하는 '소진(burnout)' (Freudenberger, 1974; Maslach, 1976, 1982)이라는 개념이 등장했다. 심리치료자는 내담자와의 상호작용이나 치료기관의 요구에 의해 소진(burnout) 또는 "정서적 탈진(emotional exhaustion), 이인증(depersonalization), 저하된 개인적 성취 증후군"(Maslach, 1976, p. 56)등의 만성적 증상을 경험한다(Freudenberger, 1974; Cherniss, 1980; Farber, 1983; Sussman, 1992; Grosch & Olsen, 1994; Maslach & Gold-berg, 1998). 관련 연구에 따르면 치료자는 특히 개인적 고립감, 모호한 치료 성과, 그리고 치료 종결 이후에도 계속 남아있는 감정으로 인한 정서적 탈진 때문에 소진을 경험하는 것으로 나타났다(McCann & Pearlman, 1990). 소진은 치료자를 심리적으로 쇠약하게 할 뿐만 아니라 정신 건강 서비스를 제공하는 유능성도 저하시킨다(Farber, 1983). 25년간 행해져 온 소진 관련 연구가 소진 현상에 대해 자세히 설명하고 있으며, 치료자를 돕기 위한 예방법과 치료적 개입 방법을 규정하고 있다.

외상의 영향에 대한 연구는 도움 제공(helping)의 부정적인 영향에 대해 보다 깊이 이해할 수 있게 했다. 심리적 외상에 대한 심리적 반응은 지난 150년 동안 '포탄충격(shell shock)', '전쟁신경증(combat neurosis)', '사고로 인한 외상 후 척추통증(railroad spine)', 그리고 '전쟁 피로감(combat fatigue)' 등과 같은 여러 이름으로 불려왔다(Shalev, Bonne, & Eth, 1996). 이러한 반응들은 1980년이 되어서야 공식적으로 정신질환 진단 및 통계 편람 III(DSM-III, American Psychiatric Association, 1980; Matsakis, 1994)의 불안장애 중 하나인 외상 후 스트레스 장애(PTSD)로 인정되었다. 그 이후 외상 후 스트레스에 대한 연구는 기하급수적으로 증가하였으며(Figley, 1995; Wilson & Lindy, 1994), 외상학 분야에는 두 개의 학회지, 여러 전문 관련 단체, 그리고 고유한 직업적 정체성이 생겼다(Figley, 1988; Bloom, 2000; Gold & Faust, 2001).

폭력 범죄, 자연 재해, 아동 학대, 고문, 집단 학살, 정치적 박해, 전쟁, 그리고 테러의 생존자를 위해 치료자에게 도움을 요청하는 경우가 많아졌고(Sexton, 1999), 최근 외상학 문헌에서는 치료자와 그 외 심리적 외상 생존자를 돕는 사람들의 반응에 대한 논의가 시작됐다(Figley 1983, 1995; Danieli, 1988; McCann & Pearlman, 1990; Pearlman & Saakvitne, 1995; Stamm, 1995). 외상, 공포, 학대, 그리고 심각한 죽음에 관한 내용을 듣는 치료자(또는 돌봄 제공자)는 그 내용에 압도될 수 있으며, 내담자와 유사한 두려움, 아픔 그리고 괴로움을 경험할 수 있다. 침투적 사고, 악몽, 회피, 각성과 같이 내담자와 비슷한 PTSD 증상과 치료자 자신, 가족, 친구 그리고 지역 사회 관계에서의 변화를 경험할 수 있다(Figley, 1995; McCann & Pearlman, 1990; Salston, 1999). 따라서 치료자가 다른 사람의 외상 경험을 듣게 되면서 받는 영향에 대처하기 위해서는 도움이 필요할 수 있다(Figley, 1995; Pearlman & Saakvitne, 1995; Saakvitne, 1996; Gentry, Baranowsky & Dunning, 2002).

돌봄 제공자가 도움을 주면서 입게 되는 외상화(traumatization)에 대한 경험적 연구는 아직 부족하지만, 이를 확인하고 정의하려는 과학적 문헌들이 등장하고 있다. Pearlman과 Saakvitne(1995), Figley(1995), 그리고 Stamm(1995)은 모두 비슷한 시기에 돌봄을 제공하는 전문가(helping professionals)에게 나타나는 외상화 현상에 대한 글을 내놓았다. '대리 외상(vicarious traumatization)', '이차적 외상 스트레스(secondary traumatic stress)', 그리고 '연민 피로감(compassion fatigue)'이라는 개념들은 돌봄 제공자(helper)가 외상 생존자와 작업하면서 겪는 해로운 영향을 설명하고자 하는 시도의 기초가 되었다.

대리 외상(vicarious traumatization)(McCann & Pearlman, 1990)이란 다른 사람의 심리적 외상 사건을 목격하거나 들으며 받은 외상 스트레스로 인해 돌봄 제공자(caregiver)의 지각 및 의미 체계가 변화 또는 왜곡되는 것을 뜻한다. 이차적 외상 스트레스(secondary traumatic stress)는 타인이 직접적으로 극단적인 사건을 경험해 생긴 심리적 외상에 이차적으로 노출됨으로써 그 이차적 노출에 압도되었을 때 발생한다(Figley & Kleber, 1995). 외상을 직접 경험한 한 개인에게서 그렇지 않은 다른 개인으로 외상 스트레스가 전달되는 메커니즘의 원리를 설명하기 위해 몇 가지 이론이 개발되기도 했다. 그러나 그 어떤 이론도 이 대리 외상을 입증하는 결정적 증거를 제시하지는 못했다. 대리 외상이 발생하는 데에는 외상을 입은 개인을 돌보는 돌봄 제공자(caregiver)의 공감 수준이 중요한 역할을 한다는 가설이 존재하며(Figley, 1995), 이 가설을 뒷받침하기 위한 경험적 자료만이 일부 존재한다(Salston, 2000).

Figley(1995)는 돌봄 제공자가 내담자의 외상 이미지를 계속적으로 시각화하는 것이 소진 효과와 더해져 돌봄 제공자의 심리적 건강 상태를 점차 악화시킬 수 있다고 하였으며, 이를 '연민 스트레스(compassion stress)'라고 명명하였다. 이 구성 개념에 의하면, 내담자의 외상에 대한 이야기에 노출되면 치료자는 일종의 외상 후 스트레스 장애를 일으킬 수 있으며, 외상 후 스트레스 장애의 '진단 기준 A' 또는 '사건 기준'은 외상 사건을 직접적으로 경험하지 않고 듣기만해도 충족된다고 본다. 연민 피로감의 증상은 침투, 회피, 그리고 각성의 범주로 분류되어 있으며, 이는 표 1에 요약되어 있다.

연민 피로감으로 고통 받고 있는 수백 명의 돌봄 제공자와 작업한 결과를 바탕으로, Figley(1995)의 연민 피로감 개념도 기존의 외상 후 스트레스 증상 개념에 포함되었다. 많은 돌봄 제공자, 특히 현장에서 도움을 제공하는 이들은 이전에 외상 사건에 직접적으로(일차적으로) 노출된 적이 있다(Pole et al., 2001; Marmar et al., 1999). 하지만 PTSD 증상은 어느 정도 시간이 지날 때까지 나타나지 않을 수도 있고, 오랜 시간에 걸쳐 서서히 나타날 수도 있기 때문에 모를 수 있다. 또한 많은 치료자가 자기 자신의 과거 외상 경험을 가지고 외상 치료 분야의 일을 시작한다(Gentry, 1999). 치료자 자신의 외상 경험과 관련한 증상은 없었거나 준 임상적 수준에 머물렀을 수도 있다. 하지만 자기 자신의 외상 경험이 있는 치료자가 내담자가 가지고 온 외상 자료를 접하기 시작할 때, '무해했던(benign)' 자신의 과거 경험과 관련된 PTSD 증상이 나타나기 시작할 수 있다.

연민 피로감(compassion fatigue)을 치료하기 위해서는 이차적 외상 스트레스(secondary traumatic stress)나 소진(burnout)에 관한 문제를 다루기 전에 먼저 치료자의 일차적 외상 스트레스(primary traumatic stress)를 성공적으로 다루고 해결해야 할 수도 있다. 치료자의 일차적 외상 스트레스, 이차적 외상 스트레스, 그리고 소진은 서로 상호작용하거나 시너지효과를 발휘한다. 이러한 연민

표 1. 각기 다른 PTSD 표적 증상을 치료하기 위해 선호되는 심리치료 기법

침투적 증상 (Intrusive symptoms)	회피 증상 (Avoidance symptoms)	각성 증상 (Arousal symptoms)
- 내담자의 심리적 외상 경험과 연관된 생각과 이미지 - 특정 내담자를 돕고자 하는 강박적인 욕구 - 내담자/기관의 문제가 치료자의 개인 시간까지 방해하며 침투적으로 떠오름 - 일과 관련된 문제를 '내려놓을' 수 없음 - 생존자를 취약하고 치료자('구원자')의 도움이 필요한 존재로 지각함 - 치료자로서 자격이 부족하다는 생각과 느낌 - 특권 의식 또는 특별하다는 느낌 - 세상을 피해자와 가해자의 이분법적 구도로 지각함 - 일과 관련된 문제로 인해 개인적 활동을 방해 받음	- 침묵하는 반응(내담자의 심리적 외상 자료에 대해 듣거나 보는 것을 회피) - 활동에서의 즐거움 상실/자기돌봄 활동의 중지 - 에너지 상실 - 희망 상실/특정 내담자와 작업하는 것에 대한 두려움 - 유능감 상실/잠재력 상실 - 고립감 - 비밀스러운 자가 투약치료(secretive self-medication)/중독(알코올, 약물, 일, 성관계, 음식, 소비 등) - 대인관계적 측면에서의 역기능	- 불안감 증가 - 충동성/반응성 - 요구/위협에 대한 과도한 지각 (일과 환경 모두에서) - 좌절감/분노 증가 - 수면 방해 - 집중 곤란 - 체중 변화/식욕 변화 - 신체적 증상

피로감의 세 가지 근원 중 어느 하나에서라도 증상을 경험하면 치료자의 탄력성은 감소하고 다른 두 요소의 부정적 영향이 발생할 확률은 높아진다. 따라서 이 세 요소는 단시간에 치료자를 극도로 쇠약하게 만들 수 있는 심각한 증상을 발병시킬 수도 있다.

연민 피로감으로부터의 신속한 회복을 위한 프로그램
(Accelerated Recovery Program from Compassion Fatigue, ARP)

1997년, 플로리다 주립 대학의 Charles Figley 교수의 지도감독 아래 2 명의 연구자(Green Cross Scholars)와 한 박사 과정생이 연민 피로감으로부터의 신속한 회복을 위한 프로그램(Accelerated Recovery Program, ARP)을 개발하였다(Gentry, Baranowsky & Dunning, 2002; Gentry & Baranowsky, 1998, 1999, 1999a, 1999b). 매뉴얼화 되어 있고, 저작권 보호를 받는 이 프로그램 절차는 5회기로 구성되어 있으며, 치료자의 이차적 외상 스트레스와 소진증상, 즉 연민 피로감을 다루기 위해 고안되었다. 이 프로그램의 절차를 활용한 1단계 임상 실험은 외상 생존자와 작업한 경험이 있는 다양한 분야와 배경의 치료 프로그램 개발자와 7명의 자원자를 대상으로 했다.[2] 이들로부터 얻은 질적 데이터를 활용하여 프로그램 절차의 최종 버전이 완성되었다. 한 명의 예외[3]를 제외하고, 모든 참가자가 이 프로그램을 통해서 연민 피로감 증상이 임상적으로 완화되었다고 보고하였다.

연민 피로감으로부터의 신속한 회복을 위한 프로그램(ARP)은 1997년 가을 캐나다 몬트리올의 International Society for Traumatic Stress Studies (ISTSS)학회에서 발표되었다. 이 발표에 참석한 연방 수사국(FBI) 관계자는 이 프로그램을 FBI 직원들에게 교육해줄 것을 요청하였으며, 이후에 FBI에서는 ARP를 활용하기 시작했다(McNally, 1998, personal communication). 미국 오클라

---

1 연민 피로감 치료 매뉴얼(Compassion Fatigue Treatment Manual, ARP) (Gentry & Baranowsky, 1998)은 Psych Ink Resources, 45 Sheppard Ave., Suite 419 Toronto, Ontario, Canada, M2N 5W9 또는 www.psychink.com에서 이용 가능하다.

2 이 임상 실험은 부부 & 가족 치료자들, 북아프리카에서 온 심리적 외상 치료자, 사라예보에서 구호 활동을 제공해 온 자원 봉사자를 대상으로 하였다.

3 이 참가자는 프로그램에 참여하며 이전에는 기억하지 못했던 일차적 외상 경험을 발견하였다. 그는 일차적/이차적 외상을 성공적으로 다루고 해결하기 전에 출국하였다.

호마의 Murrah 빌딩 폭파 사건 생존자들에게 지속적으로 도움을 제공한 12명의 전문가 역시 플로리다 주립 대학의 외상학 연구소에 연민 피로감 치료를 요청하였다. ARP는 연민 피로감을 겪는 많은 전문가에게 통계적으로 그리고 임상적으로 유의미하게 성공적인 치료를 제공하였다(Gentry, 2000). 1998년과 1999년에 ISTSS 학회에서 ARP에 대한 후속 발표와 연민 피로감 치료 전문가 훈련 프로그램(Compassion Fatigue Specialist Training, CFST)이 등장하면서, ARP는 연민 피로감을 겪는 전세계 수백 명의 치료자를 성공적으로 치료했다. 이 프로그램은 현재 www.ticlearn.com에서 이용할 수 있다.

연민 피로감 치료 전문가 훈련 프로그램(Compassion Fatigue Specialist Training, CFST): 치료로서의 훈련(Training-as-Treatment)

1998년 말, 신속한 회복을 위한 프로그램(ARP)의 개발자인 Gentry와 Baranowsky는 플로리다 주립 대학의 외상학 연구소에서 연민 피로감 치료에 관심이 있는 전문가를 위한 훈련 프로그램을 개발했다. 초기 협의를 통해 연민 피로감 치료 전문가 훈련 프로그램(CFST)은 ARP 모델을 중심으로 이루어지고, CFST 참가자들은 이 5회기의 ARP를 실시하기 위한 훈련을 받는 것으로 결정되었다. CFST는 참가자들에게 이차적 외상 스트레스(secondary traumatic stress)와 소진(burnout)을 포함한 연민 피로감(compassion fatigue)의 병인론, 현상학 그리고 치료법 및 예방법에 대한 깊은 이해를 제공하도록 고안되었다. CFST 교육을 받은 참가자는 플로리다 주립 대학의 외상학 연구소가 인정하는 연민 피로감 전문가(Compassion Fatigue Specialist)로서, 연민 피로감 증상으로 고통 받는 돌봄 제공자에게 ARP를 실시할 수 있는 자격을 갖는다.

연민 피로감 치료 전문가 훈련 프로그램(Compassion Fatigue Specialist Training, CFST)의 개발자들은 CFST 프로그램을 설계할 당시, CFST의 참가자들도 ARP에서 활용하는 각 개입 기법에 대한 직접적인 경험적 훈련을 받아야 한다고 결정했다. 따라서 17시간의 CFST 훈련은 ARP의 경험적 요소에 초점을 맞추어 개발되고 매뉴얼화 되었다(Gentry & Baranowsky, 1998, 1999a, 1999b). 이는 연민 피로감 치료 전문가를 훈련시키기 위해 CFST 참가자 자신의 연민 피로감 증상을 다루는 "치료로서의 훈련(training as treatment)" 모델을 처음으로 개념화한 단계였다. 이 시도는 ARP의 개입이 치료자 개개인에게 효과적이기 때문에, CFST의 참가자 역시 ARP 개입을 통해서 어느 정도 효과를 얻을 수 있을 거라는 가정하에 이루어졌다.

이후 1999년 1월에 실시된 첫 번째 CFST 훈련 프로그램에서 훈련 전 기저 점수와 훈련 후 결과 데이터를 수집했다. 연민 피로감, 연민 만족도(compassion satisfaction), 그리고 연민 만족도/피로감 자가 테스트(compassion satisfaction/fatigue self-test)의 하위 척도인 소진 척도(Figley, 1995; Figley & Stamm, 1996)를 활용해 기저 점수 및 훈련 후(사후) 점수를 수집했다. 1999년 1월부터 2001년 1월까지 CFST를 성공적으로 마친 166명의 참가자의 데이터를 분석했다(Gentry, 2000). 연민 피로감, 연민 만족도, 연민 만족도/피로감 자가 테스트의 소진하위 척도(Figley & Stamm, 1996)의 훈련 전후 점수를 비교하였을 때, CFST 프로그램 절차는 임상적으로 그리고 통계적으로 유의미한 결과를 나타냈다(p< .001).

치료와 예방: 주 요소(Treatment and Prevention: Active Ingredients)

치료자가 외상 생존자에게 서비스를 제공하며 경험하는 부정적인 증상, 특히 이차적 외상 스트레스(secondary traumatic stress) 증상은 내담자의 심리적 외상 자료에 노출될수록 증가한다(McCann & Pearlman, 1990; Salston, 2000). 외상 생존자와 함께 작업을 하기로 선택한 그 어떤 치료자도 이 치료 작업의 해로운 잠재적 결과에 대한 면역력이 생길 수 없다. 그러나 ARP를 통해 치료자 개인을 개별적으로 치료하거나 연민 피로감 치료 전문가 훈련(CFST) 집단을 통해 연민 피로감 증상을 가진 수백 명의 돌봄 제공자를 효과적으로 치료하면서, 일관적으로 긍정적인 치료 결과와 치료자의 향상된 탄력성을 예측한 몇 가지 지속적인 원칙, 기법 및 요소를 확인할 수 있었다.

의도성(Intentionality)

연민 피로감 증상을 효과적으로 해결하기 위해서는 돌봄 제공자(caregiver)가 이러한 증상을 치료하고 해결하고자 하는 결심을 하는 것과 더불어 그 증상과 원인을 명확하게 인식하고 수용해야 한다. 연민 피로감(compassion fatigue) 증상을 경험하는 많은 돌봄 제공자는 불편함의 문턱에 도달할 때까지 자신의 고통을 무시하려고 할 것이다. 그렇기에 많은 돌봄 제공자가 더 이상 자신이 경험하고 있는 증상으로 인해 예전에 했던 만큼 또는 원하는 만큼 일을 수행할 수 없을 수 있다. 일부 치료자는 신체화 증상과 관련된 점진적인 쇠약이나 비밀스럽고 자기파괴적인 안정 추구 행위(comfort seeking behaviors)로 인한 수치심과 고통을 수반할 수 있다. 무엇에 의해 자극을 받았던 간에, 돌봄 제공자가 연민 피로감 증상을 성공적으로 해결하기 위해서는 이러한 증상과 원인을 회피하기 보다는 의도적으로 인정하고 다루어야 한다. 또한 연민 피로감의 악영향을 줄이고 성숙한 돌봄을 제공하고자 하는 치료자의 탄력성과 의도성을 향상시키기 위해서는 치료자의 목표 설정과 개인적 및 전문적 윤리 강령을 개발하는 것이 상당히 중요하다.

연결감(Connection)

외상은 돌봄 제공자(caregiver)를 포함한 우리 모두에게 단절된 고립감을 느끼게 한다. 연민 피로감 증상으로 고통받는 이들은 공통적으로 연결되어 있다는 느낌 및 공동체 의식의 점진적 상실을 경험한다. 많은 돌봄 제공자가 증상이 심해질수록 점점 더 고립된다. 연민 피로감으로 인해 고통 받는 돌봄 제공자는 시간 제약, 흥미 상실과 더불어 동료나 내담자가 자신을 약하거나, 손상되거나, 무능한 사람으로 인식하는 것에 대한 두려움으로 인해 친밀하고 끈끈한 연결감이 저해되었다고 보고했다. 돌봄 제공자가 이차적 외상 스트레스와 연관된 이미지와 이야기를 공유하고 그 영향을 완화하기 위해서는 건강한 관계를 발전시키고 유지해야 한다. 이는 연민 피로감을 해결하고 예방할 수 있는 강력한 완화 요인이다. 연민 피로감으로부터의 신속한 회복을 위한 프로그램(ARP)에서는 돌봄 제공자가 동료 사이에(peer-to-peer) ARP를 실시하여 서로 연결감을 느낄 수 있도록 하기도 한다. 이 과정에서 조력자(facilitator)는 연민 피로감 증상으로 고통받는 돌봄 제공자와 의도적으로 긴밀한 관계를 발전시키기 위해 작업한다.

연민 피로감 치료 전문가 훈련 프로그램(CFST)에서는 돌봄 제공자가 대인 관계의 장벽을 허물고 자기 개방을 위해 특별히 고안된 활동을 하도록 촉진한다. 연민 피로감으로 고통받는 돌봄 제공자는 다른 사람과의 관계적 연결을 통해 자신이 겪는 증상이 병적인 취약성 또는 질병의 징후가 아니라 심리적 외상을 경험한 내담자를 돌보는 과정에서 자연스럽게 발생할 수 있는 일이라는 통찰과 이해를 얻는다. 동료들이 보여주는 연민과 이해를 통해서 또는 자기-개방을 통해 자기-수용 능력을 향상시킴으로써, 돌봄 제공자는 자신의 증상을 스스로 돌보는 연습이 필요하다는 것을 깨닫게 된다. 동료들과 침투적인 심리적 외상 자료, 함께 작업하기 어려운 내담자, 증상, 두려움, 수치심, 그리고 비밀에 대해 논의할 수 있는 따뜻하고 지지적인 환경을 마련하는 것이 연민 피로감을 해결하고 지속적으로 예방할 수 있는 가장 중요한 요소다.

불안 관리/자기-진정(Anxiety Management/Self-Soothing)

돌봄 제공자가 외상 생존자를 돌보면서 느끼는 극심한 불안은 연민 피로감 증상을 악화시키는 주요한 원인 중 하나다. 돌봄을 제공하면서 불안하지 않은 상태를 유지할 수 있으면 연민 피로감 증상의 발달을 막을 수 있다고도 할 수 있다. 불안과 스트레스를 스스로 조절하고 가라앉히는 능력은 성숙함의 지표다. 수년 간 연습을 해야지만 자기-조절 기술을 숙달할 수 있다. 그러나 자기-조절 능력을 개발하지 못하고 각성 수준을 내적으로 감소시킬 수 없다면 실제로는 해를 가하지 않는(benign) 사람, 사물 그리고 상황을 위협으로 인식하고 위험하다고 믿게 된다. 연민 피로감 치료 전문가 훈련 프로그램(CFST)의 참가자였던, 매우 통찰력 있고 영민한 한 심리학자는 "연민 피로감(compassion fatigue)은 우리를 더 강해지게 만들기 때문에 어떻게 보면 좋은 것일 수도 있다"고 하였다. 자기파괴적이고 중독적인 안정 추구 행동을 하지 않고 자기-조절 능력을 잘 발달시킨 돌봄 제공자가 연민 피로감 증상을 겪을 가능성이 적은 것은 사실이다.

　　연민 피로감으로부터의 신속한 회복을 위한 프로그램(ARP)과 연민 피로감 치료전문가 훈련 프로그램(CFST) 모두 프로그램에 참가한 돌봄 제공자가 실제로 불안하지 않은 상태(in vivo nonanxious presence)를 달성하고 유지하는 데 도움을 줄 수 있는 자기–관리(self–management) 계획을 개발할 수 있도록 긴밀히 협력한다. 불안하지 않은(non–anxious) 태도는 겉으로 차분하게 보일 수 있는 것 이상이다. 이 태도는 자신의 몸에서 이완된 마음챙김(relaxed mindfulness)과 편안함을 유지하는 능력을 수반한다. 고통, 공포, 상실, 그리고 무력감에 마주했을 때 불안하지 않은(non–anxious) 상태를 유지할 수 있는 능력과 '증인이 되어주는' 경험을 침착하게 할 수 있는 능력은 연민 피로감 증상의 해결과 예방에 있어 주요한 요인이다.

자기-돌봄 (Self-Care)

　　자기-관리(Self–management)와 밀접한 관련이 있는 개념은 자기–돌봄(self–care) 혹은 건강한 방법으로 스스로를 다시 채우고(refill) 재충전(refuel)하는 능력이다. 돌봄 제공자가 심각한 외상을 입은 사람과 작업한 후 불안해 하는 일은 꽤 흔하다. 이 불안을 해결하기 위해 대부분의 돌봄 제공자는 동료들과 공유하기, 운동, 명상, 영양 섭취, 영적 활동 등과 같은 건강한 활동 체계를 만들기보다는 자신의 일에 투자하는 노력을 배로 늘린다. 자신을 기분 좋게 하기 위해 더 열심히 일하는 제약적인(constricting) 순환은 종종 왜곡된 특권 의식을 만들 수 있으며 자신의 개인적 삶과 전문가로서의 삶의 경계를 흐린다. 많은 돌봄 제공자가 업무적 요구를 지각할 때 느껴지는 불안감을 달래기 위해 과식, 과소비, 또는 알코올/약물 남용 등의 강박적인 행동에 빠지기도 한다. 이들 중 일부는 이러한 강박적 행동의 순환이 가장 심해졌을 때, 자신이 '특별한' 치료나 보상을 받아야 '마땅하다'고 왜곡된 믿음을 가졌고, 직업적 경계와 윤리를 위반했다고 인정하기도 했다.

　　심리치료에 대한 메타–분석(meta–analysis)은 치료자와 내담자 간의 관계의 질이 심리치료의 긍정적 결과를 일으키는 가장 중요하고도 유일한 요소라는 점을 지속적으로 보고한다(Bergin & Garfield, 1994). 치료적 관계의 진실성(integrity)과 질은 치료자가 치료 도구인 '치료자의 자기'를 유지하는 데 달려있다. 돌봄 제공자는 자신의 직업적 전문성과 관련되지 않은 삶의 영역에서도 의미와 만족을 느낄 수 있어야 한다. 그렇지 못하면 그들은 직업을 자신의 의미나 만족의 유일한 원천으로써 대한다. 그래서 궁핍과 빈곤의 상태에서 내담자와 상호작용하게 된다. 이러한 상호작용은 돌봄 제공자에게 증상을 유발한다는 사실을 이해할 수 있을 것이다. 반대로 폐쇄적인 직업적 역할을 통해서가 아니더라도 책임감 있게 생기(aliveness)를 추구하고 얻는 전문가는 자신의 완전함, 의미, 그리고 기쁨을 심리적 외상을 입은 개인과 공유하면서 함께 일할 수 있다. 일에서 오는 소진과 직장 밖에서 다시 의도적으로 삶을 채우는(refill) 과정의 순환은 매일 일어나기도 한다. Frankl이 치료자는 '소진을 견뎌내야 한다'고 한 것이 바로 이러한 의미일지도 모른다. 운동 외에도 충분한 영양 섭취, 예술적 표현/훈련(예, 피아노 및 작곡 수업, 춤 및 안무 수업, 공간 계획 및 건설), 명상/마음챙김, 야외 활동, 그리고 영적 활동은 좋은 자기-돌봄(self-care) 활동일 수 있다.

일부 돌봄 제공자(caregiver)에게는 자신의 능력을 넘어서는 수준으로 일한 것이 연민 피로감 증상을 발생시키는 데 부분적으로 기여했다. 외상을 입은 개인, 가족 그리고 공동체와 함께 일하는 작업을 숙달하기 위해서는 오랜 시간 동안 여러 분야에서의 훈련을 받아야 한다. 적절한 훈련과 지도감독 없이 심리적 외상 생존자와 섣불리 작업해 지름길로 이 과정을 습득하려고 하는 것은 초심자에게는 물론 경험이 많은 치료자에게 조차 압도적인 경험이 될 수 있다. 뉴욕의 9/11 사건을 목격했을 때처럼 외상 스트레스 증상을 겪는 돌봄 제공자가 자신의 능력 수준을 넘어선 치료 작업을 할 때 받게 되는 영향에 대한 경험적 연구는 아직 없다. 하지만 이러한 섣부른 시도가 연민 피로감 증상의 빈도, 지속 기간 그리고 강도에 유의미한 영향을 줄 것으로 보인다.

때로는 심리적 외상 치료 분야에서의 훈련, 특히 안구운동 둔감화 및 재처리 기법(EMDR)(Shapiro, 1995)이나 외상적 사건 감소(Traumatic Incident Reduction, TIR)(French & Harris, 1998)와 같은 경험적 훈련은 연민 피로감 개선을 위한 강력한 효과가 있으며, 지친 치료자에게 힘을 준다. 하지만 이렇게 강력한 기술을 훈련받은 치료자는 자신의 기술과 역량이 부풀려진 상태로 치료 장면에 나설 위험이 있다는 것을 주의해야 한다. 새로운 기법을 실시할 자격을 갖게 된 치료자는 자신의 능력과 기술 수준을 훨씬 넘어서 연습하고자 하는 유혹에 빠질 수 있다. 그러므로 외상 전문가의 경력 발달을 위해서 좋은 전문가로부터 지도감독 (supervision)을 받는 것이 중요하다. 외상 생존자를 대하는 많은 치료자가 신뢰할 수 있는 전문가나 동료로부터 주기적인 '검진(checkups)'을 받는 것이 굉장히 도움이 된다는 것을 깨닫기도 한다. 치료자가 재해나 심각한 사건을 겪는 동안이나 겪은 직후에는 특히나 더 필요하다. 전문가나 동료 치료자와의 관계는 외상 생존자를 대하는 동안 받게 되는 이차적 외상 스트레스의 효과나 영향을 공유하고 완화시키는 좋은 기회가 될 수 있다. 전문가의 지도감독은 연민 피로감 증상에 대한 전반적인 개선 효과가 있는 것으로 보고된다(Pearlman, 1995; Catherall, 1995).

치료자마다 자기-돌봄(self-care)이 필요한 정도는 다르다. 몇몇은 자기-돌봄 계획에 대한 모니터링과 수행을 게을리하지 않아야 하는 반면, 어떤 치료자는 최소한의 노력으로도 탄력성을 유지한다. 하지만 외상 치료 전문가 및 외상 생존자와 함께 일하는 사람들은, 이 책에서 논의하는 각 영역마다 치료자의 개인적 필요를 충족시키는 포괄적인 자기-돌봄 계획을 개발할 것을 강력히 권한다. 자기-돌봄 계획을 수립한 치료자는 자동차를 운전하는 동안 안전 벨트를 착용한 것과 유사하게 자신의 회복력을 극대화하고 연민 피로감 증상을 예방할 수 있다는 확신을 갖고 연습할 수 있다.

9.11 테러 사건과 같은 위기 현장에서 대응하는 치료자는 자기-돌봄 활동을 할 수 있는 일상적인 능력이 제한될 수 있다는 점을 유의해야 한다. 체육관이나 운동 시설을 이용할 수 없을 수도 있고, 일정 기간 동안 영양가 있는 음식과 물을 충분히 섭취하지 못할 수도 있으며, 전쟁 같은 파괴적 상황에 배치된 치료자는 기존의 지원망(network)에 접근할 수 있을지도 의문이다. 대부분의 외상 환자는 강인하고 탄력적이지만, 치료자는 자신의 건강과 안녕에 대해 의도적인 관심을 기울이지 않으면 기운을 빼는 강도 높은

업무의 혹독함을 견디기 어렵다. 매우 절망적인 상황에서도 자신을 위한 휴식과 피난처를 갖기 위해 이용가능한 자원을 최대한 활용하라. 그러면 증상을 최소화하고 지속적인 효과를 가져올 수 있다. 많은 돌봄 제공자가 어려운 시기에 물 한 병, 등 토닥여주기, 다른 이들과 함께 식사하기와 같은 서로 간의 단순한 친절 행동이 사기와 에너지를 갖는 데 강력한 긍정적 영향을 주었다고 보고했다.

이야기(Narrative)

많은 연구자와 저자가 시간적 순서대로 언어적/시각적 이야기를 만들어 내는 것이 외상 후 스트레스 증상, 특히 침투적 증상을 치료하는 중요한 요소라는 점을 밝혔다(Tinnin, 1994; van der Kolk, McFarlane, & Weisaeth 1996; Foa et al., 1999). 치료자가 자신의 돌봄 제공 경력을 시간순서(time-line)대로 이야기 하며 일차적 또는 이차적 외상 스트레스로 인한 증상이 발생하는 계기가 된 치료자 자신의 기억이나 내담자와의 경험을 밝혀내는 것은 연민 피로감 증상, 특히 이차적 외상 스트레스와 관련된 문제를 해결하는 데 있어 매우 중요하다. 연민 피로감으로부터의 신속한 회복을 위한 프로그램(ARP)에서는 치료자에게 "당신을 치료자의 길로 이끌어준 가장 첫 번째 기억부터 지금에 이르기까지 당신의 이야기를 해주세요"라고 지시한다. 비디오 카메라로 이 이야기를 녹화하고, 치료자에게 당일에 이 비디오를 보라고 요청한다. 치료자는 시각적 연대기(graphic time-line)를 만들면서 일차 및 이차적 외상 스트레스(침투 증상)를 유발한 경험을 확인하는 데 주의를 기울인다. 연민 피로감 치료 전문가 훈련 프로그램(CFST)에서는 두 명의 참가자 중, 한 명이 자신의 이야기를 하는 동안 상대방이 그 이야기를 불안하지 않은 상태로 '목격'하는 연습을 한다.

둔감화 및 재처리(Desensitization and Reprocessing)

이야기(narrative) 과정을 통해 일차 및 이차 외상 스트레스를 야기한 과거 경험을 확인하면 치료자는 이제 이러한 추억을 해결할 준비가 된 것이다. ARP에서는 이 해결 작업을 위해 안구운동 둔감화 및 재처리 기법(EMDR)

(Shapiro, 1989, 1995)을 선택했다. CFST에서는 신경 언어 프로그래밍 앵커링 기법(Neuro-Linguistic Programming Anchoring Technique)(Baranowsky & Gentry, 1998a, 1998b)의 복합(hybridized) 버전을 활용한다. 노출과 이완을 동시에 사용하는 모든 방법(예, 상호 억제(reciprocal inhibition)기법)이 이 치료를 위한 중요한 초석이다. '외상적 사건 감소(Traumatic Incident Reduction, TIR)(French & Harris, 1998)', '외상 회복 연구소(Trauma Recovery Institute, TRI)의 회상 절차(The anamnesis procedure)(Tinnin, 1994)', 또는 '인지-행동치료'(Foa & Meadows, 1997; Follette, Ruzek & Abueg, 1998; Rothbaum, Meadows, Resick & Foy, 2000를 참고하라)의 많은 기법이 연민 피로감을 겪는 치료자를 위한 둔감화 및 재처리 과정에 효과적이었다. 치료자의 일차 및 이차 외상 스트레스의 성공적인 둔감화와 재처리, 그리고 침투적 증상의 해결은 치료자에게 재탄생(rebirth), 기쁨, 그리고 변화를 가져온다. 연민 피로감 치료의 둔감화 및 재처리 단계가 지닌 중요성을 최소화하거나 간과해서는 안 된다.

　　미국 오클라호마 도시의 테러를 경험한 사람을 대상으로 진행한 연구에서, 테러 현장에서 근무한 후 시간이 지나도 일차적 또는 이차적 외상 스트레스의 침투 증상을 경험했다고 보고한 사람은 없었다. 하지만 뉴욕 테러 사건 이후 한 달이 지나자 2,700명이 넘는 희생자와 함께 작업했던 정신 건강 치료자들이 사고 현장 지휘자(incident commander)에게 직접 연락해 증상을 호소했다.(Norman, personal communication, 2002). 당시 지휘자는 한 명의 연민 피로감 치료 전문가가 연민 피로감 증상을 경험하는 치료자 10명은 족히 담당할 수 있다고 했다. 그리고 증상을 보고하거나 심각한 외상 스트레스의 징후를 보이기 시작한 치료자에게는 긴급 안정 서비스를 제공하였고, 집으로 가는 교통편을 마련해 주었다고 전했다. 하지만 심각한 사고 현장에서 요구되는 강도 높은 치료 작업을 소화하는 치료자의 안전의 중요성을 고려했을 때, 사고 현장에서 바로 둔감화 및 재처리 기법을 실시해 치료자의 일차적 그리고 이차적 외상 스트레스를 다루려는 시도는 비생산적인 것으로 보인다. 이미 고갈된 치료자 집단의 자원을 활용해 치료자의 외상 스트레스를 다루려 하기 때문이다. 따라서 치료자는 고향으로 안전하게 돌아간 후에 가족, 친구, 교회, 의료 전문가가 제공하는 기존의 자원과 지원 체계와 함께 누적된 외상 기억의 영향을 해결하는 것이 좋다.

자기-감독(Self-Supervision)

이 치료는 왜곡되고 강압적인 인지 양식을 교정하는 데 초점을 두고 있다. 왜곡된 사고는 치료자의 발달력과 관련있거나 생후 경험한 일차 및 이차 외상 스트레스에 의해 발달했을 수 있다. 즉 왜곡된 사고방식이 치료자의 직업적 경력 이전부터 존재했을 수도 있다는 것이다. 원인이 무엇이든 일단 치료자가 연민 피로감으로 인한 부정적 증상을 겪으면, 자기 자신과 세상에 대한 왜곡된 믿음을 교정하기 전까지는 증상을 완전히 해결하기 어렵다. 인지 양식은 자기 자신을 감독하고 동기를 부여하는 데 있어 특히 중요한 역할을 한다. 연민 피로감 증상을 해결하고 싶다면 치료자는 자신의 비판적이고 강압적인 자기-대화를 부드럽게 바꿀 필요가 있으며, 자신에게 동기를 부여하는 방식을 보다 자기수용적이고 분명한 언어와 어조로 바꾸어야 한다. 많은 이들에게 이 변화 과정은 마치 나쁜 습관을 고치는 것처럼 수년이 걸릴 수도 있는 어렵고, 지루하고, 힘든 일이다.

ARP와 CFST에서는 '비디오-대화(video-dialogue)'(Holmes & Tinnin, 1995)라는 세련되고 강력한 기법을 활용한다. 이 기법은 인지 양식을 변화시키는 데 걸리는 시간을 줄인다. ARP와 함께 사용하기에 적합한 이 치료 기법은 참여자가 다른 사람으로부터 바라는 모든 칭찬, 지원 및 검증을 담아 '훌륭한 지도감독자(supervisor)'의 관점에서 자신에게 편지를 쓰도록 한다. 그리고 카메라를 보고 이 편지를 읽는다. 치료자는 편지 내용이 담긴 자신의 영상을 다시 보며 "당신이 이 칭찬을 수용하는 것을 방해하는 부정적인 또는 비판적인 생각에 주의를 기울이세요"라는 요구를 받는다. 그 후 치료자는 자신이 발견한 비판적이고 부정적인 생각을 카메라에 대고 '음성'으로 표현하도록 지시받는다. 그리고 치료자는 다시 녹화된 자신의 부정적인 생각을 본다. 치료자는 '자기(self)'와 '비판적 목소리(critical voice)'의 두 가지 관점이 모두 유용하다고 느껴질 때까지 양측을 오가는 주장을 녹화하고 다시 보는 과정을 지속한다. 이 과정을 완료하면 내담자의 양극성(polarity)이 완화되고, 자기 비판이 부드러워지며, 통합이 용이해진다.

이 기법은 치료자를 강력하게 환기시키며, 자기-비판적 사고 방식을 빠르게 변화시킬 수 있다. 특정한 인지적 왜곡을 식별하는 데 도움이 되는 인지 치료 기법인 '세 가지 기둥 기법(triple column technique)'(Burns, 1980) 역시 내담자가 부정적 생각을 보다 적응적이고 만족스러운 생각으로 대체하도록 도와줌으로써 효과가 있을 것이다. 또한 연민 피로감 증상으로 고통받는 치료자는 자기 내부의 양극성을 스스로 해결하는 과정을 숙달하면서, 중요한 타인의 양극성을 알아차리고 해결하는 도전을 한다. 일차 또는 이차적 원인으로부터 정신적 충격을 받은 사람이 자신의 양극성, 분노, 갈등 및 차단(cut-offs)으로부터 '편안해질(un-freeze)' 수 있다면 여러 보상이 따를 것이다. 그 보상은 불안의 감소, 신체에서 느껴지는 편안함, 그리고 과거로부터 벗어나 현재와 미래의 사명을 추구할 수 있는 자유를 포함한다.

변화를 위한 시련(The Crucible of Transformation)

연민 피로감으로부터의 신속한 회복을 위한 프로그램(ARP)을 개발한 초기 목적은 연민 피로감의 증상으로 인한 치료자의 고통을 빠르게 개선하는 강력한 기술과 경험을 모아 치료자가 그들의 삶과 일을 상쾌하고 새롭게 시작할 수 있도록 하는 것이었다. 하지만 많은 치료자가 연민 피로감 증상으로 고통받는 동료 치료자와 마주 앉아 있어야 하는 이 엄청난 과제를 시작하며 증상이 악화되고, 낙담하고, 절망했다. 이를 통해 우리는 연민 피로감에서 회복하기 위해서는 치료자의 기본적인 신념과 생활 방식에 대한 중요한 변화가 필요하다는 것을 이해하기 시작했다. 연민 피로감 증상을 겪고 있는 전문가와 함께 ARP의 5회기를 실시하면서, 우리는 프로그램에 참여한 치료자가 자신의 업무 그리고 궁극적으로는 자기 자신을 인식하는 방식에서의 중요한 변화를 겪는다는 것을 발견했다.

결혼 생활에서 스스로 정당하다고 인정하는 수준의(self-validated) 친밀감을 발달시키고, 성적 잠재력(sexual potentials)을 발휘하고 싶어하는 과도하게 밀착된(enmeshed) 관계의 커플을 대상으로 한 David Schnarch의 연구(1991)를 살펴보자. 많은 치료자가 자신의 직업적 경력과 과도하게 밀착(enmeshment)된 것을 알 수 있다. 연민 피로감 증상으로 고통 받는 사람들 중 상당수가 자신이 하는 치료 작업의 정당성에 대해 다른 사람들로부터 인정받고자 한다는 사실을 발견했다. 그들은 내담자, 지도감독자, 또는 동료로부터 인정과 가치있다는 느낌을 얻고자 했다. 연민 피로감을 해결하기 위해 많은 치료자와 발달력을 탐색하는 작업을 하면서, 치료자의 성인으로서의 삶(adult lives)과 직업에 대한 이야기가 대부분 미해결된 애착 및 발달 문제에 대한 이야기로 이어진다는 것을 발견했다. 다른 사람에 의해 정당성을 인정받고자 하는 치료자의 경우, 내담자, 지도감독자 및 동료가 모두 인정을 보류하면, 잠재적 위협을 느낀다. 외상 생존자와의 작업 중 이차적 외상 스트레스에 의해 증가된 위험과 위협을 인식하면 치료자는 종종 불안, 희생되었다는 느낌(feeling of victimization), 그리고 압도적인 무력감을 느끼곤 한다.

치료자가 자신이 정당하다고 믿는 태도(self-validated stance)를 견지할 수 있게 되고, 불안하지 않은 현재(the non-anxious present)를 기반으로 행동할 수 있다면, 앞서 언급한 증상은 영구적으로 사라지기 시작한다. Pearlman과 Saakvitne(1995)는 치료자에게 "직업적 성취에 근거를 두지 않는 자기 가치를 찾으세요. 우리의 일 이외의 영적인 삶을 필수적으로 개발하고 육성해야 합니다(p. 396)"라고 충고한다. 이 주제에 대한 관심이 충분함에도 불구하고 관련된 경험적 연구 자료를 찾지는 못했다. 하지만 치료적 관점에서 보면 연민 피로감 증상은 치료자의 삶에서 갖는 나름의 의미가 있으며, 치료자로 하여금 성숙한 방향으로 나아가도록 한다는 것을 알 수 있다.

연민 피로감 증상은 외적 치료제나 치료기술을 요하는 병적 상태가 아니다. 그보다는 치료자가 성숙한 치료와 자기-돌봄 활동을 함으로써 계속 발전할 필요가 있다는 점을 나타내는 지표이다. 이 관점에서 보면 연민 피로감 증상은 수치스러운 약점, 결함 또는 질병을 나타낸다기보다는 우리 안의 옳고, 좋고, 강한 자원들이 보내는 메시지로 해석할 수 있다.

이차적 외상 스트레스와 과로의 영향으로 고통받는 치료자와 지속적으로 작업하면서 빠른 증상 해결과 꾸준한 회복을 이끄는 치료와 예방의 두 가지 기본 원칙을 도출할 수 있었다. 연민 피로감에 대한 우리 연구의 근본적인 목표는 (1) 개인적 및 직업적 삶의 영역에서 불안해하지 않고 의도성을 개발하고 유지하기와 (2) 자기 확신의 개발과 유지, 특히 자기-정당화(self-validation) 하기이다. 이 원칙을 지키면 부정적 증상이 감소할 뿐만 아니라 새로운 시각과 시야가 열리기 시작하면서 삶의 질도 크게 향상되고 회복된다.

연민 피로감의 예방 및 탄력성에 대한 제안
(Suggestions for Prevention and Resiliency)

당신 또는 당신이 아는 사람이 연민 피로감 증상을 경험하고 있다면 다음의 제안이 도움이 될 것이다. 제안에 따르기 전에 먼저 주치의에게 증상과 관련된 신체적 질병은 없다는 점을 확인하기 바란다.

- 더 많은 정보를 얻어라.

연민 피로감, 대리 외상 및 이차적 외상 스트레스 현상에 대해 자세히 알아보려면 Figley(1995), Stamm(1995), 그리고 Pearlman 와 Saakvitne(1995)의 책을 참고하라. 특히 도움이 되는 책은 Saakvitne(1996)의 *고통의 변화: 대리 외상에 관한 워크북(Transforming the Pain: A Workbook on Vicarious Traumatization)*이다.

- 외상 스트레스 스터디 그룹에 가입하라.

주기적으로 외상 치료자 모임을 가지면 외상 관련 이야기를 나누는 것뿐만 아니라 지지를 받을 수 있는 훌륭한 안식처를 가질 수 있다. 당신의 분야에서 활동하는 그룹을 만나기 위해 ISTSS(www.istss.org)를 확인하거나 스스로 모집하라. 온라인 상에도 도움이 되는 자료가 많이 있다. David Baldwin의 외상 관련 홈페이지(http://www.trauma-pages.com)의 '자료(Resources)' 섹션에서도 관련 자료를 찾아볼 수 있다.

- 오늘 당장 운동을 시작하라(물론 의사와 먼저 상의하라).

운동은 스트레스와 불안을 효과적으로 관리하는 가장 중요한 방법 중 하나이며, 가혹한 심리적 외상을 다루는 동안 우리를 활기차게 만들어주고 에너지를 찾게 해준다.

- 친구와 동료에게 당신을 어떻게 도울 수 있는지 가르쳐주라.

친구나 동료의 무분별한 발언에 의존하기보다, 당신이 스트레스와 고통을 느낄 때 가장 도움이 되는 것이 무엇인지 알려주라. 당신도 그들에게 상호보완적인 방식으로 도움을 줄 수 있다. 특히 어려운 시기에는 주기적인 또는 정기적인 지도감독(supervision) 또한 도움이 될 수 있다.

- 영성(spirituality)을 길러라.

종교활동이 영성을 키울 수 있는 한 방법이 될 수는 있다. 하지만 영성을 기르는 일은 단지 종교단체에 가는 것과는 다르다. 영성이란 자신보다 더 위대한 힘으로부터 위안, 지원 및 의미를 찾을 수 있는 능력이다. 이 자질은 자기-진정(self-soothing) 능력을 개발하기 위해 꼭 필요하다. 태극권, 교회/성당, 전통 의식, 영성 워크샵 등은 모두 영성을 고양시킬 수 있는 활동이다.

- 인생의 균형을 찾아라.

최선을 다하는 것만으로 늘 충분하다는 것을 기억하라. 당신이 하루의 업무를 끝내고 사무실을 떠나야만 할 수 있는 일이 존재한다. 사무실을 떠나라! 내담자와 내담자의 상황에 집착하는 것은 당신, 또는 당신 가족에게도 도움이 되지 않는다. 사무실 밖에서 당신을 보충하고 재충전해야 내담자를 가장 잘 도울 수 있다. 인생을 풍요롭게 살아라!

- 예술 또는 스포츠 분야 활동을 해보라.

수업을 듣고 연습하거나 연주를 하고, 창조활동을 하라. 통합적이고 충만한 경험이 될 것이다. 지쳤을 때 소파에 앉아 가만히 TV를 보지 않고 오히려 뭔가 행동으로 옮겨야 한다는 것은 역설적(paradoxical)이다. 행동하는 것은 기분 전환(refreshment)이라는 큰 보상을 가져다 주지만, 행동의 회피는 당신을 내일의 스트레스에 더 취약하게 만든다.

제5장 - 외상 치료자를 위한 통합적 자기-돌봄 모델

- 자신에게 친절하라.

외상을 입은 사람, 가족 또는 지역사회를 위해서 일하고 있다면, 당신의 인생은 충분히 힘들다. 강압적이고 비판적인 자기대화를 통해 더 힘들어질 필요는 없다. 효율적인 외상 치료 전문가가 되기 위해 해야하는 첫 번째 책임은 치료 도구를 최상의 조건으로 유지시키는 것이다. 당신의 치료 도구는 당신 자신이므로 관리가 필요하다.

- 단기 치료를 알아보라.

신속한 외상 치료 기법(예, EMDR)을 이용한 간단한 치료는 이차적 외상 스트레스 증상을 빠르게 해결할 수 있다. 검증된 연민 피로감 치료 전문가를 찾는 데 도움이 필요한 경우, www.psychink.com을 방문하라.

결론

2001년 9월 11일 사건으로부터 피해를 입은 사람을 돕기 위한 대규모의 노력은 분명 뉴욕의 생존자, 국민 및 세계인의 치유에 광범위하게 영향을 주었다. 우리는 인류 역사상 처음으로, 충분한 지식, 기술 및 자원을 축적하여 이러한 상황에서도 회복 및 치유를 촉진하고 있다. 우리 모두가 고통스런 손실을 감당할 수 있을 거라거나 지울 수 없는 심리적 상처를 입지 않을 것이라 말하는 것은 아니다. 하지만 우리는 회복할 수 있다. 심리적 외상 치료에 참여하는 것은 어떤 수준에서든지 매우 겸손해지는(humbling) 경험이다.

1995년부터 오클라호마시티 Murrah 건물 폭파 사건의 생존자를 위해 봉사한 구급 대원 및 전문 치료자와의 치료 작업을 통해, 외상 생존자를 돕는 노력에도 부정적 영향이 뒤따른다는 점을 깨달았다. 외상 생존자를 위해 봉사하며 고통, 슬픔, 그리고 공포를 목격한 많은 응급 서비스 전문가, 치료자, 친구 및 가족은 외상 생존자와의 상호 작용을 통해 침투한 이미지, 생각 및 감정과 몇 주, 몇 달, 몇 년 후까지 싸운다.

연민 피로감에 대한 연구는 아직 초기 단계에 머물러 있다. 따라서 경험적 연구는 아직 부족하지만, 현재 존재하는 경험적 연구와 고통받고 있는 수백 명의 치료자의 이야기는 연민 피로감과 동반되는 고통스런 증상이 매우 현실적인 현상이라는 증거를 제시한다(Deutsch, 1984; McCann & Pearlman, 1990; Follette et al., 1994; Schauben & Frazier, 1995; Cerney, 1995; Salston, 2000). 연민 피로감 증상은 직업, 가족, 심지어 개인의 삶 전체를 붕괴시키고, 해산시키고, 파괴할 수 있는 잠재력을 가지고 있다(많은 치료자가 동료의 자살로 슬퍼한다). 이러한 사실은 큰 관심을 받아야 한다. 연민 피로감으로 가장 고통받는 사람들은 고통받는 사람들의 삶에 변화와 치유를 가져다 주는 일에 매우 의욕적인 사람들인 것 같다. 매우 가까운 친구가 치료자로서 살아가는 것을 보는 일은 특히 고통스럽다. 9월 11일 사건의 생존자에게 몇 시간마다 생명을 불어 넣는 집중 치료를 하는 많은 간호사와 구급대원이 이 영웅적인 일을 수행함으로써 해로운 영향을 경험했을 것이 분명하다. 이 해로운 효과를 철저하게 연구하는 수단과 방법을 모색하는 것, 더 중요하게는 고통받는 영웅들에게 효과적이고 경험적으로 검증된 치료법을 제공하는 것이 우리 국민 전체의 치유를 위한 중요한 과제가 될 것이다.

좋은 소식은 치료를 받으면 연민 피로감의 증상이 신속하게 개선된다는 점이다(Pearlman & Saakvitne, 1995; Gentry & Baranowsky, 1998). 치료의 본질에 대해 확실히 설명하기 위해서는 이 분야에 대한 연구가 더 많이 이루어져야 하겠지만, 이 책에서 논의한 몇 가지 원칙과 기술은 치료자가 현재의 증상을 해결하고 미래의 발병을 예방할 수 있는 기반을 제공한다. 게다가 연민 피로감의 증상은 수많은 치료자에게 변화를 일으키는 강력한 촉진제가 되기도 한다. 연민 피로감을 경험한 치료자는 숙련된 개입과 결단력을 통해서 이전보다 더 강력하고 탄력적인 변화를 경험할 수 있으며, '빛을 비춰 주는 사람(givers of light)'으로서의 역할을 잘 수행할 수 있다.

연민 피로감 치료 전문가 훈련 프로그램 또는 치료 모델에 대한 자세한 내용은 이 책의 부록 4를 참조하라.

도구 사용하기(USING THE TOOLS)

개별화된 연민 피로감 회복 계획(Individualized Compassion Fatigue Resiliency Plan)

1. *자기-조절(Self regulation).*

위협으로부터 안전하다고 판단한 후에 교감신경계(SNS)에서 부교감신경계(PNS)로 전환할 수 있는 능력. 골반 근육의 이완이 필요하다. 긴장을 풀고 몸의 골반 저 부분을 이완시켜 편안하게 유지하기 위해 사용할 수 있는 두 가지 방법을 찾아보아라.

- _____
- _____
- _____

2. *의도성(Intentionality).*

당신의 사명(mission)이나 '명예 코드(code of honor)'를 성실히 이행할 수 있는 능력. 자신이 목표로 하는 길을 따라갈 수 있는 능력. 위협을 지각하고, 습관적인 반응을 보이며, 자신의 사명에서 벗어나 정당성에 위배되는 행동을 하는 두 가지 영역을 알아보아라(전문적 영역이거나 개인적 영역일 수 있음). 이 탐색 기간 동안에는 자기-조절 기법을 충실히 연습하라.

- _____
- _____
- _____

3. *자기-정당화된 돌봄(Self-validated caregiving).*

자신이 하는 일에 대해 스스로 인정하고 정당화할 수 있는 능력. 내담자나 동료가 화가 났거나 당신에게 비판적일 때 위협을 인식하고 해결하며 차분함을 유지하는 것. 신체적, 정서적, 정신적 필요를 스스로 모니터링하고 제공하는 능력. 개인적 혹은 직업적 삶에서 지각된 내담자나 동료의 요구에 당신 자신이 '적응'하고 있는 두 가지 상황을 찾아보아라. 다른 사람이 당신을 어떻게 느낄지에 대해 걱정하게 되는 순간을 찾아라. 그 상황에서 휴식을 취하고 긍정적인 자기-관리를 연습해보아라.

- _____
- _____
- _____

4. *연결감/지지 (Connection/Support).*

3명 이상의 동료에게 지지를 받아라. 이 사람들은 당신을 가장 잘 돕는 방법에 대해 교육받아야 하며, 아무런 판단이나 방해 없이 당신의 이야기를 들을 수 있어야 한다. 이 동료들이 당신의 가장 불편한 정보를 공유할 만큼 충분히 신뢰할 수 있는 '안전한' 사람이길 바란다. 이러한 지원군들은 당신이 외상 경험(일차 및 이차 외상)을 이야기하고 비밀을 드러낼 수 있는 대상이어야 한다. 당신의 지원 가족이 되어 주기를 요청할 세 사람을 찾아보아라.

- _____
- _____
- _____

5. *자기-돌봄 (Self-care)*.

어떤 활동을 통해 에너지를 얻는가? 적어도 매주 세 번씩 참여할 유산소 활동을 파악해야 한다. 또한 충분한 학습과 참여 원칙을 가진 '통합적 활동'(예, 악기 배우기, 미술 또는 공예 학습, 스포츠 배우기)을 알아보아야 한다. 나머지 세 가지는 당신을 다시 활기차게 하고, 기쁨을 주며, 당신을 삶, 희망, 그리고 경이로움으로 다시 연결시키는 활동이어야 한다. 당신의 새로운 매일을 충만함(fullness)과 힘(potency)으로 맞이할 수 있도록 도와줄 5가지 활동을 찾아보아라.

- 유산소 활동 _____
- 통합적 활동 _____
- _____
- _____
- _____

That which is to give light must endure burning

빛을 내려면 타는 것을 견뎌야 한다.

출처: Anna B. Baranowsky, J. Erin Gentry, & D. Franklin Schultz, *Trauma Practice: Tools for Stabilization and Recovery.* ⓒ 2011. Hogrefe Publishing

참고문헌

American Psychiatric Association. (2000). *Diagnostic and statistical manual of mental disorders* (4th ed., text revision). Washington, DC: American Psychiatric Association.

Baer, L. (2001). *The imp of the mind: Exploring the silent epidemic of obsessive bad thought.* New York: Dutton.

Baldwin, D. (2004). *David Baldwin's trauma information pages.* [Online resource]. Re-trieved from http://www.trauma-pages.com.

Bandler, R., & Grindler, J. (1979). *Frogs into princes.* Moab, UT: Real People Press.

Baranowsky, A. B. (1997). *Layering: A mastery approach to disturbing physical and emotional sensations.* Unpublished manuscript, Toronto: Psych Ink Resources.

Baranowsky, A. B., & Gentry, J. E. (1998a). *Compassion satisfaction manual.* Toronto: Psych Ink Resources.

Baranowsky, A. B., & Gentry, J. E. (1998b). *Workbook/journal for a compassion fatigue specialist.* Toronto: Psych Ink Resources.

Beck, A. T. (1967). *Depression: Causes and treatment.* Philadelphia, PA: University of Pennsylvania Press.

Beck, A. T. (1976). *Cognitive therapy and the emotional disorders.* New York: International Universities Press.

Benson, H. (1997). *The relaxation response.* New York: Avon.

Bercelli, D. (2007). *A bodily approach to trauma recovery.* Retrieved from http://www.traumapreven-tion.com/index.php?nid=article&article_id=67.

Bercelli, D. (2009). *The revolutionary trauma release process: Transcend your toughest times.* Vancouver: Namaste.

Bergin, A. E., & Garfield, S. L. (1994). The effectiveness of psychotherapy. In A. E. Bergin & S. L. Garfield (Eds.), *Handbook of psychotherapy and behavior change* (pp. 143-189). New York: Wiley.

Bloom, S. L. (2000). Our hearts and our hopes are turned to peace: Origins of the International Society for Traumatic Stress Studies. In A. H. Shalev, R. Yehuda, & A. C. McFarlane (Eds.), *International handbook of human response to trauma* (pp. 27-

50). New York: Kluwer Academic/Plenum.

Bonner, R., & Rich, A. (1988). Negative life stress, social problem−solving self−ap−praisal, and hopelessness: Implications for suicide research. *Cognitive Therapy and Research*, 12, 549−556.

Bremner, J. D. (2000). The neurobiology of Posttraumatic Stress Disorder. In E. Fink (Ed.). *The encyclopedia of stress* (pp. 186−191). San Diego, CA: Academic Press.

Breslau, N., & Kessler, R. (2001). The stressor criterion in DSM−Nposttraumatic stress disorder: An empirical investigation. *Biological Psychiatry, 50*, 699−704.

Burns, D. (1980). *Feeling good: The new mood therapy*. New York: Morrow.

Catherall, D. (1995). Coping with secondary traumatic stress: The importance of the therapist's professional peer group. In B. Stamm (Ed.), *Secondary traumatic stress: Self−care issues for clinicians, researchers, and educators* (pp. 80−92). Lutherville, MD: Sidran Press.

Carlson, N. R. (2007). *Physiology of behavior* (9th ed.). Upper Saddle River, NJ: Pearson Education.

Cerney, M. S. (1995). Treating the "heroic treaters". In C. R. Figley (Ed.), *Compassion fatigue: Coping with secondary traumatic stress disorder in those who treat the trau−matized* (pp. 131−148). New York: Brunner/Mazel.

Cherniss, C. (1980). *Professional burnout in human service organizations*. New York: Praeger.

Cloitre, M. (1998). Sexual revictimization: Risk factors and prevention. In V. M. Follette, J. I. Ruzek, & F. R. Abeug (Eds.), *Cognitive−behavioral therapies for trauma* (pp. 278−304). New York: Guilford.

Committee on Treatment of Posttraumatic Stress Disorder, National Institute of Medicine. (2008). *Treatment of posttraumatic stress disorder: An assessment of the evidence*. Washington, DC: National Academies Press.

Covey, S. R., Merrill, A. R., & Merrill, R. R. (1977). *First things first*. New York: Simon & Schuster.

Cox, C. L. (1992). Perceived threat as a cognitive component of state anxiety and confi−dence. *Perception and Motor Skills, 75*, 1092−1094.

Critchley, H. C., Melmed, R. N., Featherstone, E., Mathias, C. J., & Dolan, R. J. (2001). Brain activity during biofeedback relaxation. *Brain: A Journal of Neurology, 124*, 1003−1012.

Danieli, Y. (1982). Psychotherapists participation in the conspiracy of silence about the Holocaust. *Psychoanalytic Psychology, 1*, 23−46.

Deutsch, C. J. (1984). Self-reported sources of stress among psychotherapists. *Profes-sional Psychology: Research & Practice, 15*, 833-845.

Dolan, Y. M. (1991). *Resolving sexual abuse: Solution-focused therapy and ericksonian hypnosis for adult survivors.* New York: Norton.

Doublet, S. (2000). *The stress myth.* Chesterfield, MO: Science & Humanities Press.

Ehrenreich, J. H. (1999). *Coping with disaster: A guidebook to psychosocial intervention* [Online]. Retrieved from http://www.mhwwb.org/contents.htm.

Ellis, A., & Harper, R. A. (1961). *A guide to rational living.* Englewood Cliffs, NJ: Pren-tice-Hall.

Erickson, M. H., & Rossi, E. L. (1989). *The February man.* New York: Brunner/Mazel.

Falconer, E. M. (2008). *Inhibitory control in posttraumatic stress disorder (PTSD).* De-fended dissertation at University of New South Wales. http://handle.unsw.edu.au/1959.4/40156.

Farber, B. A. (1983). Introduction: A critical perspective on burnout. In B. A. Farber (Ed.), *Stress and burnout in the human service professions* (pp. 1-20). New York: Per-gamon.

Figley, C. R. (1983). Catastrophe: An overview of family reactions. In C. R. Figley & H. I. McCubbin (Eds.), *Stress and the family: Vol. II. Coping with catastrophe.* New York: Brunner/Mazel.

Figley, C. R. (1988). Toward a field of traumatic stress. *Journal of Traumatic Stress, 1,* 3-16.

Figley, C. R. (1995). *Compassion fatigue: Coping with secondary traumatic stress disorder in those who treat the traumatized.* New York: Brunner/Mazel.

Figley, C. R. (Ed.). (2002) *Treating compassion fatigue.* New York: Brunner-Routledge.

Figley, C. R., Bride, B. E., & Mazza, N. (Eds.). (1997). *Death and trauma: The traumatology of grieving.* Washington: Taylor & Francis.

Figley, C. R., & Kleber, R. J. (1995). Beyond the "victim": Secondary traumatic stress. In R. J. Kleber & C. R. Figley (Eds.), *Beyond trauma: Cultural and societal dynamics* (pp. 75-98). New York: Plenum.

Figley, C. R., & Stamm, B. H. (1996). Psychometric review of Compassion Fatigue Self Test. In B. H. Stamm (Ed.), *Measurement of stress, trauma and adaptation* (pp. 127-130). Lutherville, MD: Sidran Press.

Foa, E. B., Dancu, C. V., Hembree, E. A., Jaycox, L. A., Meadows, E. A., & Street, G. P. (1999). The efficacy of exposure therapy, stress inoculation training and their com-bination in ameliorating PTSD for female victims of assault. *Journal of Consulting and*

Clinical Psychology, 67, 194—200.

Foa, E. B., Davidson, J. R. T., & Frances, A. (1999). The Expert Consensus Guideline Se—ries: Treatment of Posttraumatic Stress Disorder. *The Journal of Clinical Psychiatry, 69,* Suppl. 16.

Foa, E. B., Keane, T. M., & Friedman, M. J. (Eds.). (2000). *Effective treatments for PTSD.* New York: Guilford.

Foa, E. B., & Meadows, E. A. (1997). Psychosocial treatments for posttraumatic stress dis—order: A critical review. *Annual Review of Psychology, 48,* 449—480.

Follette, V. M., Polusny, M. M., & Milbeck, K. (1994). Mental health and law enforcement professionals: Trauma history, psychological symptoms, and impact of providing services to sexual abuse survivors. *Professional Psychology: Research and Practice, 25,* 275—282.

Follette, V. M., & Ruzek, J. I., & Abueg, F. R. (1998). *Cognitive behavioral therapies for trauma.* New York: Guilford.

Frankl, V. E. (1963). *Man's search for meaning.* New York: Washington Square Press, Simon and Schuster.

French, G. D., & Harris, C. (1998). *Traumatic incident reduction (TIR).* Boca Raton, FL: CRC Press.

Freudenberger, H. (1974). Staff burn—out. *Journal of Social Issues, 30,* 159—165.

Friedman, M. J. (1996). PTSD diagnosis and treatment for mental health clinicians. *Com—munity Mental Health Journal, 32,* 173—189.

Gentry, J. E. (1999). *The trauma recovery scale (TRS): An outcome measure.* Poster ses—sion presented at the meeting of the International Society for Traumatic Stress Stud—ies, Miami, FL.

Gentry, J. E. (2000). *Certified compassion fatigue specialist training: Training—as—treat—ment.* Unpublished dissertation, Florida State University.

Gentry, J. E. (2002). Compassion fatigue: A crucible of transformation. *The Journal of Trauma Practice, 1,* 37—61.

Gentry, J. E., & Baranowsky, A. B. (1998). *Treatment manual for the Accelerated Recovery Program: Set II.* Toronto: Psych Ink Resources.

Gentry, J. E., & Baranowsky, A. B. (1999a). *Compassion satisfaction manual: 1—Day group workshop, Set III-B.* Toronto: Psych Ink Resources.

Gentry, J. E., & Baranowsky, A. B. (1999b). *Compassion satisfaction manual: 2—Day group retreat, Set III—C.* Toronto: Psych Ink Resources.

Gentry, J. E., & Baranowsky, A. B. (1999, November). *Accelerated Recovery Program for*

Compassion Fatigue. Preconference workshop presented at the 15th Annual meeting of the International Society for Traumatic Stress Studies, Miami, FL.

Gentry, J. E., Baranowsky, A. B., & Dunning, K. (2002). The Accelerated Recovery Pro—gram (ARP) for Compassion Fatigue. In C. R. Figley (Ed.), *Treating compassion fa—tigue.* New York: Brunner—Routledge.

George, M. S., Sackeim, H. A., Rush, A. J., Marangell, L. B., Nahas, Z., Husain, M. M., Lisanby, S., Burt, T., Goldman, J., & Ballenger, J. C. (2000). Vagus nerve stimulation: a new tool for brain research and therapy. *Biological Psychiatry, 47,* 287—295.

Gold, S. N., & Faust, J. (2001). The future of trauma practice: Visions and aspirations. *Journal of Trauma Practice, 1,* 1—15.

Goldberg, E. (2001). *The executive brain: Frontal lobes and the civilized mind.* New York: Oxford Press.

Grinder, J., & Bandler, R. (1981). *Trance—formations: Neuro—linguistic programming and the structure of hypnosis.* Moab, UT: Real People Press.

Grosch, W. N., & Olsen, D. C. (1994). Therapist burnout: A self psychology and systems perspective. In W. N. Grosch & D. C. Olsen (Eds.), *When helping starts to hurt: A new look at burnout among psychotherapists* (pp. 439—454). New York: Norton.

Haley, S. (1974). When the patient reports atrocities. *Archives of General Psychiatry, 39,* 191—196.

Hamarat, E., Thompson, D., Zabrucky, K. M., Steele, D., Matheny, K. B., & Aysan, F. (2001). Perceived stress and coping resource availability as predictors of life satis—faction in young, middle—aged, and older adults. *Experimental Aging Research, 27,* 181—196.

Hanh, T. N. (1990). *The path of mindfulness in everyday life.* New York: Bantam.

Heim, C., Ehlert, U., Hanker, J. P., & Hellhammer, D. H. (1998). Abuse—related posttrau—matic stress disorder and alterations of the hypothalamic—pituitary—adrenal axis in women with chronic pelvic pain. *Psychosomatic Medicine, 60,* 309—331.

Herman, J. L. (1981). *Father—daughter incest.* Cambridge, MA: Harvard University Press.

Herman, J. L. (1992). *Trauma and recovery.* New York: Basic Books.

Holbrook, T. L., Hoyt, D. B., Stein, M. B., & Sieber, W. J. (2001). Perceived threat to life predicts posttraumatic stress disorder after major trauma: risk factors and functional outcome. *The Journal of Trauma: Injury, Infection, and Critical Care, 51,* 287—293.

Holland, J. C., Morrow, G. R., Schmale, J., Derogatis, L., Stefanek, M., Berenson, S., Car—penter, P. J., Breitbart, W., & Feldstein, M. (1991). A randomized clinical trial of al—prazolam versus progressive muscle relaxation in cancer patients with anxiety and depressive symptoms. *Journal of Clinical Oncology, 9,* 1004—1011.

Holmes, D., & Tinnin, L. (1995). The problem of auditory hallucinations in combat PTSD. Traumatology - e: On—line Electronic Journal of Trauma, 1. Retrieved from http://www.fsu.edu/~trauma/art1v1i2.html.

International Society for Traumatic Stress Studies, ISTSS. (n.d.). Resources for the public. Retrieved from http://www.istss.org/resources/index.cfm.

Jamison, R. N. (1996). *Mastering chronic pain: A professional's guide to behavioral treat—ment.* New York: Professional Resource Exchange.

Johnson, S. (2003, March 1). Emotions and the brain: Fear. *Discover: Science, Technol—ogy, and the Future.* Retrieved March 5, 2009, from http://www.discovermagazine.com/2003/mar/cover.

Jung, C. G. (1907). The psychology of dementia praecox. In H. Read, M. Fordham, G. Adler, & W. McGuire (Eds.), *The collected works of C. G. Jung, Vol. 3* (Bollingen Series XX). Princeton, NJ: Princeton University Press.

Kabat—Zinn, J. (1990). *Full catastrophe living: Using the wisdom of your body and mind to face stress, pain, and illness.* New York: Delta.

Karakashian, M. (1994). Countertransference issues in crisis work with natural disaster victims. *Psychotherapy, 31,* 334—341.

Kegel, A. H. (1951). Physiologic therapy for urinary stress incontinence. *Journal of the American Medical Association, 146,* 915—917.

Kinsella, S. M., & Tuckey, J. P. (2001). Perioperative bradycardia and asystole: relationship to vasovagal syncope and the Bezold - Jarisch reflex. *British Journal of Anaesthesia, 86,* 859—868.

Krost, B. (2007). Understanding and releasing the psoas muscle. Retrieved from http://www.naturalreflexes.com/pages/psoas.html.

Lim, S. H., Anantharaman, V., Goh, P. P., & Tan, A. T. (1998). Comparison of treatment of supraventricular tachycardia by Valsalva maneuver and carotid sinus massage. *Annals of Emergency Medicine, 31,* 30—35.

Lindy, J. D. (1988). *Vietnam: A casebook.* New York: Brunner/Mazel.

Luecken, L., Dausch, B., Gulla, V., Hong, R., Compas, B. (2004). Alterations in morning cortisol associated with PTSD in women with breast cancer. *Journal of Psychoso—matic Research, 56,* 13—15.

Mandle, C. L., Jacobs, S. C., Acari, P. M., Domar, A. D. (1998). The efficacy of relaxation response interventions with adult patients: A review of the literature. In C. E. Guzzetta (Ed.), *Essential readings in holistic nursing* (pp. 243—263). New York: Aspen.

Mason, J. W., Giller, E. L., Kosten, T. R., Harkness, L. (1988). Elevation of urinary nor—epinephrine/cortisol ratio in posttraumatic stress disorder. *Journal of Nervous and Mental Disease, 176*, 498—502.

Marmar, C. R., Weiss, D. S., Metzler, T. J., Delucchi, K. L., Best, S. R., & Wentworth, K. A. (1999). Longitudinal course and predictors of continuing distress following critical incident exposure in emergency services personnel. *Journal of Nervous and Mental Disease, 187*, 15—22.

Maslach, C. (1976). Burnout. *Human Behavior, 5*, 16—22.

Maslach, C. (1982). Understanding burnout: Definitional issues in analyzing a complex phenomenon. In W. S. Paine (Ed.), *Job stress and burnout: Research, theory and intervention perspectives* (pp. 29—30). Beverly Hills, CA: Sage.

Maslach, C., & Goldberg, J. (1998). Prevention of burnout: New perspectives. *Applied and Preventive Psychology, 7*, 63—74.

Matsakis, A. (1994). *Vietnam wives: Facing the challenges of life with veterans suffering post—traumatic stress.* New York: Basic Books.

McCann, I. L., & Pearlman, L. A. (1990). Vicarious traumatization: A framework for un—derstanding the psychological effects of working with victims. *Journal of Traumatic Stress, 3*, 131—149.

McNally, V. (1998). Training of FBI employee assistance professionals and chaplains at FBI Headquarters. Washington, DC, November 7—8.

McNaughton, N. (1997). Cognitive dysfunction resulting from hippocampal hyperactivity — A possible cause of anxiety disorder? *Pharmacology Biochemistry and Behavior, 56*, 603—611.

Meichenbaum, D. (1994). *A clinical handbook/practical therapist manual: For assessing and treating adults with Post—Traumatic Stress Disorder (PTSD).* Waterloo, Canada: University of Waterloo - Institute Press.

Mitchell, J. (1995). The critical incident stress debriefing (CISD) and the prevention of work—related traumatic stress among high risk occupational groups. In G. Ever—ly (Ed.), *Psycho—traumatology: Key papers and core concepts in post—traumatic stress* (pp. 267—280). New York: Plenum.

Mower, O. H. (1960). *Learning theory and behavior.* New York: Wiley.

Norman, J. (2001). The brain, the bucket, and the schwoop. In J. E. Gentry (Ed.) *Trau—matology 1001: Field traumatology training manual* (pp. 34—37). Tampa, FL: Inter—national Traumatology Institute.

Pearlman, L. A. (1995). Self—care for trauma therapists: Ameliorating vicarious trau—

matization. In B. H. Stamm (Ed.), *Secondary traumatic stress: Self−care issues for clinicians, researchers, and educators* (pp. 51−64). Lutherville, MD: Sidran.

Pearlman, L. A., & Saakvitne, K. W. (1995). *Trauma and the therapist: Countertransfer− ence and vicarious traumatization in psychotherapy with incest survivors.* New York: Norton.

Perry, B. D. (2007). Self−regulation: The second core strength. Retrieved from http:// teacher.scholastic.com/professional/bruceperry/self_regulation.htm#bio.

Pole, N., Best, S. R., Weiss, D. S., Metzler, T. J., Liberman, A. M., Fagan, J., & Marmar C. R. (2001). Effects of gender and ethnicity on duty−related posttraumatic stress symptoms among urban police officers. *Journal of Nervous and Mental Disease, 189,* 442−448.

Porges, S. (1992). Vagal tone: A physiologic marker of stress vulnerability. *Pediatrics, 90,* 498−504.

Porges, S. (1999). Emotions: An evolutionary by−product of the neural regulation of the autonomic nervous system. In C. S. Carter, I. I. Lederhendler, and B. Kirpatrick (Eds.), *The integrative biology of affiliation.* Cambridge, MA: MIT Press.

Resick, P. A., & Schnicke, M. K. (1992). Cognitive processing therapy for sexual assault victims. *Journal of Consulting and Clinical Psychology, 60,* 748−756.

Resick, P. A., & Schnicke, M. K. (1993). *Cognitive processing therapy for rape victims: A treatment manual.* Newbury Park, CA: Sage.

Rothbaum, B. O., Meadows, E. A., Resick, P., & Foy, D. W. (2000). Cognitive−Behavioral Therapy. In E. B. Foa, T. M. Keane, & M. J. Friedman (Eds.), *Effective treatments for PTSD* (pp. 60−83). New York: Guilford.

Rothschild, B. (2000). *The body remembers: The psychophysiology of trauma and trauma treatment.* New York: Norton.

Saakvitne, K. W., & Pearlman, L. A. (Eds.) (1996). *Transforming the pain: A workbook on vicarious traumatization.* New York: Norton.

Salston, M. D. (1999). *Compassion fatigue: Implications for mental health professionals and trainees.* A defended critical review at Florida State University.

Salston, M. D. (2000). *Secondary traumatic stress: A study exploring empathy and the exposure to the traumatic material of survivors of community violence.* Defended dissertation, Florida State University.

Sapolsky, R. M. (2004). *Why zebras don't get ulcers* (3rd ed.). New York: Holt.

Scaer, R. C. (2001). *The body bears the burden: Trauma, dissociation, and disease.* Bing− hamton, NY: Hawthorne.

Scaer, R. C. (2006). *The trauma spectrum: Hidden wounds, human resiliency*. New York: Basic Books.

Schauben, L. J., & Frazier, P. A. (1995). Vicarious trauma: The effects on female counselors of working with sexual violence survivors. *Psychology of Women Quarterly, 19*, 49–64.

Schnarch, D. M. (1991). *Constructing the sexual crucible: An integration of sexual and marital therapy*. New York: Norton.

Schultz, D. F. (2004). *A language of the heart: Therapy stories that heal*. Highland City, FL: Rainbow Books.

Schultz, D. F. (2005). *A language of the heart workbook*. Highland City, FL: Rainbow Books.

Schnurr, P. P., Lunney, C. A., Sengupta, A. (2004). Risk factors for the development versus maintenance of posttraumatic stress disorder. *Journal of Trauma Stress, 17*, 85–95.

Sedgewick, D. (1995). Countertransference from a Jungian perspective (transcript of a lecture given at Grand Rounds to the Department of Psychiatric Medicine, University of Virginia). The C. G. Jung Page, http://www.cgjung.com/articles/roundsx.html.

Sexton, L. (1999). Vicarious traumatization of counselors and effects on their workplaces. *British Journal of Guidance and Counseling, 27*, 393–403.

Shalev, A., Bonne, O., & Eth, S. (1996). Treatment of posttraumatic stress disorder: A review. *Psychosomatic Medicine, 58*, 165–182.

Shapiro, F. (1989). Efficacy of the eye movement desensitization procedure: A new treatment for posttraumatic stress disorder. *Journal of Traumatic Stress, 2*, 199–223.

Shapiro, F. (1995). *Eye movement desensitization and reprocessing: Basic principles, protocols and procedures*. New York: Guilford.

Shusterman, V., & Barnea, O. (2005). Sympathetic nervous system activity in stress and biofeedback relaxation. *Engineering in Medicine and Biology Magazine, IEEE, 24*, 52–57.

Sikirov, B. A. (1990). Cardiovascular events at defecation: are they unavoidable? *Medical Hypothesis, 32*, 231–233.

Spilsbury, J. C., Belliston, L., Drotar, D., Drinkard, A., Kretschmar, J., Creeden, R., Flannery, D. J., & Friedman, S. (2006). Clinically significant trauma symptoms and behavioral problems in a communitybased sample of children exposed to domestic violence. *Journal of Family Violence, 22*, 487–499.

Stamm, B. H. (1995). *Secondary traumatic stress: Selfcare issues for clinicians, researchers, and educators*. Lutherville, MD: Sidran Press.

Stoppelbein, L. A., Greening, L., & Elkin, T. D. (2006). Risk of posttraumatic stress symp—toms: A comparison of child survivors of pediatric cancer and parental bereavement. *Journal of Pediatric Psychology, 31*, 367—376.

Sussman, M. (1992). *A curious calling: Unconscious motivations for practicing psycho—therapy*. Northvale, NJ: Aronson.

Takahashi, T., Ikeda, K., Ishikawa, M., Kitamura, N., Tsukasaki, T., Nakama, D., & Kameda, T. (2005). Anxiety, reactivity, and social stress—induced cortisol elevation in humans. *Neuroendocrinology Letters, 4*, 351—354.

Tinnin, L. (1994). *Time—limited trauma therapy: A treatment manual*. Bruceton Mills, WV: Gargoyle.

van der Kolk, B. A. (1996). The black hole of trauma. In B. A. van der Kolk, A. C. McFar—lane, & L. Weisaeth (Eds.). *Traumatic stress: The effects of overwhelming experience on mind, body, and society* (pp. 3—23). New York: Guilford.

van der Kolk, B. A., McFarlane, A. C., & Weisaeth, L. (Eds.). (1996). *Traumatic stress: The effects of overwhelming experience on mind, body, and society*. New York: Guilford.

Waxman, M. B., Wald, R. W., Finley, J. P., Bonet, J. F., Downar, E., & Sharma, A. D. (1980). Valsalva termination of ventricular tachycardia. *Circulation, 62*, 843—851.

Wilson, J., & Lindy, J. (1994). *Countertransference in the treatment of PTSD*. New York: Guilford.

Wolpe, J. (1958). *Psychotherapy by reciprocal inhibition*. Stanford, CA: Stanford Uni—versity Press.

Wolpe, J. (1969). *The practice of behavioral therapy*. New York: Pergamon.

World Health Organization. (2007). *The world health report 2007 - A safer future: glob—al public health security in the 21st century*. Retrieved from http://www.who.int/whr/2007/en/index.html.

Yartz, A. R., & Hawk, L. W. (2001). Psychophysiological assessment of anxiety: Tales from the heart. In M. Antony, S. Orsillo, & L. Roemer (Eds.), *Practitioner's guide to em—pirically based measures of anxiety* (pp. 25—30). New York: Springer.

Yehuda, R. (2001). Biology of posttraumatic stress disorder. *Journal of Clinical Psychiatry, 62*, 41—46.

부록

부록 1
자기-조절(self-regulation)

변화 : 교감 신경계에서 부교감 신경계로의 전환

최근의 뇌 영상 연구는 불안이 뇌 기능을 저해하는(brain killer) 역할을 한다고 설명한다. 불안을 더 많이 경험할수록, 뇌가 덜 효과적으로 기능한다는 것이다. 개인적 그리고 전문적 측면에서 효과적으로 기능하기 위해서는 자기-조절 기술이 필요하다는 사실이 점점 더 명확해지고 있다. 골반저 근육(예, 케겔근(kegel), 괄약근(sphincter), 요근(psoas))을 이완시킴으로써, 우리는 깊고 체계적으로 근육을 이완할 수 있다. 이러한 이완은 자율신경계(Autonomic Nervous System, ANS) 중에서도 교감신경계(예, 위협을 지각하는 기간에 사용되는 투쟁-도피의 반사)에서 부교감신경계(예, 안전한 기간에 사용되는 이완과 최적의 기능)로의 변화를 가능하게 한다. 골반 이완을 유지함으로써, 우리는 사소한 위협(예, 비판)을 지각할 때마다, 자율신경계가 교감신경계의 지배(dominance) 상태로 전환하는 것을 막는다.

근육의 이완과 휴식을 연습하면서 교감신경계에서 부교감신경계의 지배 상태로 점차 전환할 수 있다. 그리고 부교감신경계로의 전환을 통해 몸의 편안함, 최대한의 운동과 인지 기능, 친밀감을 수용하는 능력, 자기-조절, 내적 통제 소재, 사명/원칙, 의욕이 넘치는 상태를 유지하는 능력, 관용의 증가, 효율성 증가, 그리고 신체 건강의 증가를 얻을 수 있다.

교감신경계가 지배적일 때는 무슨 일이 일어나는가?

당신이 위협을 지각하게 되면, 신체는 지각된 위협을 무효화시키거나 위협으로부터 멀어지려는 반응을 보인다. 이는 모든 종의 생명체에게 마찬가지이며, 투쟁/도피 반사라고도 알려져 있다. 우리가 생명을 잃을 위험에 처하게된다면, 이러한 반사는 분명히 유용할 것이다. 하지만 일상 생활에서는 거의이 정도로 심각한 위협이나 상황에 직면하지 않는다. 대신에 몇 가지 사소한위협을 지각해도 교감신경계가 활성화되고, 상사, 동료 또는 배우자와 싸우려하거나 그들과 멀어지려고 노력하는 자신을 발견하게 된다. 이러한 과민하고과도한 위협 지각과 초기 경고 체계는 모든 스트레스의 원인이 된다.

교감신경계가 활성화되고 지배적이어지면, 우리는 투쟁(fight)이나 도피(flight)를 준비하게 된다. 혈액 순환은 수축되고, 심박수가 증가하고, 근육은긴장하면서 행동을 취할 준비를 한다. 뇌 안의 신피질(neocortex)은 덜 기능하는 반면, 뇌간(brain stem), 기저핵(basal ganglia), 시상(thalamus)은 더 활동한다.생존을 위한 뇌기능이 다른 모든 뇌 기능을 대체하기 때문이다. 우리가 더 스트레스를 받고, 교감신경계가 지배하는 상태가 길어질수록, 언어, 말하기, 운동 활동(motor activity), 검열(filtering), 연민(compassion)과 같은 고차원적 뇌 체계의 기능은 더 타협해 저하된다. 이러한 뇌 기능의 상실은 왜 사람들이 스트레스를 받을 때 이성적으로 사고하기 어려운지, 왜 위협을 지각했을 때 친절하기가 힘든지, 그리고 심지어 왜 긴장한 상황에서는 최고의 신체적 수행 능력(예, 스포츠)을 발휘하는 데 어려움을 겪는지를 부분적으로 설명할 수 있다.골반 저 근육을 이완된 상태로 유지함으로써 신체를 편안하게 하고, 교감신경계가 지배하는 상태에서 부교감신경계가 지배하는 체계로 돌아갈 수 있다.부교감신경계의 지배 상태로 돌아가면 개인은 발화, 언어(의도적인 사고는 우리자신에게 말함으로써 이루어진다는 것을 기억하라), 운동 협응, 검열(filtering), 그리고 연민(compassion)의 최적의 기능을 회복한다. 개인이 교감신경계의 지배에서 부교감신경계의 지배로 성공적으로 전환할 수 있게 되면, 외부 물질(예, 약물)이나 외부 사건(예, 위기)에 상관 없이 자기-조절을 할 수 있게 된다. 부교감신경계로 전환을 하는 법을 숙달한 사람은 내적 통제 소재를 발달시키고, 더 이상 상황에 의한 희생자가 되지 않는다.

골반 근육은 어디에 있는가? 어떻게 찾을 수 있는가?

세미나를 진행하면 종종 학생들이 이러한 질문을 한다. 이러한 질문을 받으면 슬프지 않을 수 없다. 이 질문을 하는 학생이 지금까지 이러한 근육들을 알지 못하고 있었다는 사실에 슬픔을 느끼게 된다. 몸의 중심(midbody)에 있는 근육을 알지 못하는 사람은 그럴만한 이유를 가지고 있다. 이는 어린 시절부터 사용된 대처 전략이다. 불안하고 위험한 환경에서 자란 아이들은 위험을 예상하기 때문에 그들의 신체를 긴장된 상태로 유지하는 법을 학습한다. 이러한 아이들은 자기-조절 기술이 없어 종종 감각을 못 느끼게 만들거나 신체의 고통으로부터 자신의 지각경험을 해리(dissociate)시키는 법을 학습한다. 이러한 아이들은 신체 지각에 어려움이 있는 성인으로 자라게 된다. 근육이 긴장하고 궁극적으로는 불안을 관찰하고 조절하는 데 어려움을 겪는다.

연습(Exercise)
1. 앉아있을 때, 당신의 손을 엉덩이 아래에 갖다 놓아라.
2. 당신이 앉아있는 곳의 두 개의 날카로운 뼈를 느껴보아라.
3. 이제 허리 바로 아래 좌우에 있는 두 개의 뼈가 드러나는 지점을 만져보아라.
4. 당신은 네 개의 뚜렷한 지점의 촉감에 대한 기억을 만들었다. 이 네 지점을 연결하는 사각형을 상상해보아라.
5. 이제 당신의 숨이 사각형 중심 부분에 닿도록 하라. 또한 이 사각형이 확장될 수 있도록 하라.
6. 사각형을 가로지르는 모든 근육을 풀어주고 이완시켜서 사각형 안에 긴장된 근육이 없도록 하라.

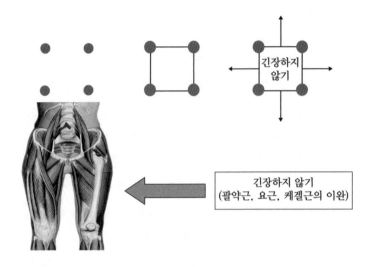

골반저 근육을 이완한 후에는 어떻게 해야 하는가?

그 상태를 유지하라. 20~30초 동안 골반 근육을 풀어주고 이완된 상태로 유지하면, 교감신경계의 지배에서 부교감신경계 지배 상태로 전환해 확연한 차이가 느껴질 것이다. 먼저 신체에서 편안함을 느낄 것이다. 당신이 만들어내던 긴장과 스트레스를 내보내게 되면 당신의 신체가 편안하다는 것을 알게 될 것이다. 당신에게 어떤 일이 일어나고 있더라도 편안할 수 있다. 당신의 생각이 여전히 정신 없이 돌아가고 경고 메시지를 만들어낼 수도 있다. 그렇다면 아무것도 하지 말아라. 그냥 골반저 근육을 이완된 상태로 유지하는 데 집중하라. 어렸을 때부터 우리는 불안을 경험할 때 어떤 행동을 취해왔기 때문에 아무것도 하지 않는 일이 어려울 수 있다. 하지만 골반저 근육을 이완된 상태로 유지할 수 있다면 우리는 '스트레스 감소'와 '사고와 행동에서의 최적의 기능 회복'이라는 보상을 받게 될 것이다. 자기-조절을 할 수 있게 되면서, 우리를 당황하게 만들고, 소진되게 만들고, 좌절하게 만들었던 문제와 상황에 대해 편안하게 창의적인 해결책을 찾을 수 있게 될 것이다.

자기-조절 기술을 개발하고 연습함으로써 우리는 자신의 의도와 사명에 충실하게 행동할 수 있는 자신을 발견할 것이다. 더 이상 모든 사소한 위기에 목숨이 걸린 상황인 것처럼 반응하지 않게 될 것이다. 과거로부터 자유로워지고, 다가올 위험을 계속 경계하며 살아가지 않고, 우리 자신을 위해 살아갈 수 있게 될 것이다. 가장 효과적으로 기능할 수 있는 것이다. 이는 진정한 변화이다.

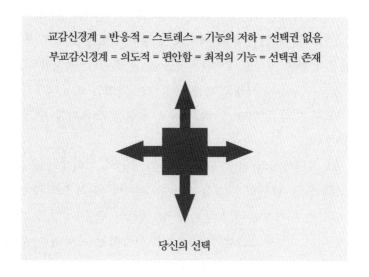

교감신경계 = 반응적 = 스트레스 = 기능의 저하 = 선택권 없음
부교감신경계 = 의도적 = 편안함 = 최적의 기능 = 선택권 존재

당신의 선택

부록 2
정점 연습(Pinnacle Exercises)

원칙에 기반한 삶 살기: 기본 연습

큰 건물을 세우기 위해서는 건물의 기초를 계획하고 건설하는 것부터 주의를 기울일 필요가 있다. 좋은 삶을 만들어나가기 위해서도 마찬가지이다. 원칙에 따라 사는 인생을 개발하고 유지하려고 결정한 사람은 변덕스러운 상황과 이룰 수 없는 불가능한 결과에 매달리는 대신에 먼저 자기만의 원칙과 친해져야 한다.

Compassion Unlimited 단체는 개인의 가치와 원칙을 명확하게 하여 이에 따라 의도적으로 살아갈 수 있도록 돕는 세 가지 중요한 활동을 개발했다.

미래상에 대한 진술(enclosed vision statement), 서약(covenant), 그리고 명예 코드 만들기 연습(code of honor exercise)을 완성함으로써, 원칙에 기반한 삶을 위한 중요한 기초를 세울 수 있게 될 것이다. 미래상 연습은 당신이 어디를 향해 가고 있는지를 명확히 하도록 도울 것이다. 원칙에 기반한 삶의 결과와 최종적인 목적지를 확인한다. 언약 연습은 당신의 약속이다. 이 활동은 지금까지의 삶을 살펴보고 당신의 삶의 목적을 분명히 표현하기 위해 중요한 두 요소, 즉 친밀감과 전문 지식을 찾는 데 도움을 줄 것이다. 마지막으로, 명예 코드 만들기 연습은 당신의 사명(언약)을 달성하는 방법인 10~12개의 원칙을 스스로 선택하도록 이끌 것이다. 그리고 목표 달성을 가속화할 수 있도록 당신을 도울 것이다.

정점 프로그램에서의 이후 모든 작업은 당신의 원칙에의 충실성(fidelity)을 유지하도록 돕는 활동의 결과를 활용할 것이다. 원칙에의 충실성을 유지함으로써, 당신은 미래상을 성취하는 가장 빠르고 단순한 길로 가고 있다는 확신을 하게 된다. 이 프로그램에서 배우고 실습하는 도구와 기술은 미래상을 달성하는 것을 방해하거나 좌절시켰던 장애물을 극복하는 데 도움을 줄 것이다.

다음 활동들을 완전히 하기 위해서는 한 시간 또는 그 이상의 지속적이고 이완된 시간을 가질 필요가 있다. 당신은 새로운 인생을 위한 기반을 만들고 있다. 의도를 가지고 단어를 사용해 기반을 구성해가라. 하지만 당신은 이 세 문서(document)를 항상 바꾸고, 편집하고, 수정할 수 있다. 이 세가지는 서로 유기적이고, 지속적으로 변화를 거듭하면서 발전해갈 수 있다. 당신이 이 작업을 위해 최선을 다하면 다음 작업을 시작하기 위한 완벽한 준비가 될 것이다.

미래상 진술 연습(Vision Statement Exercise)

미래상(vision)에 대한 진술은 원칙에 기반한 삶을 개발하고 유지하기 위해 매우 중요한 도구이다. 당신의 미래상은 당신이 하는 모든 어려운 작업으로부터 얻고자 하는 결과와 이득(payoff)을 설명한다. 당신이 사명을 따르고 원칙에 충실함으로써 얻는 것이다. 당신의 미래상은 당신이 누구인지, 당신이 원하는 자리에 도달했을 때 무엇을 하고 있을지를 분명히 한다. 이 연습은 미래상이 무엇인지 분명하게 하도록 돕는다.

준비

미래상을 진술하기 전에 사명(mission) 진술 연습을 완수하라. 사명 진술 연습에서 미래상 진술에 도움이 되는 원칙과 표현들을 빌려 올 수 있을 것이다. *The accelerated recovery program for compassion fatigue: a well-guided resiliency & recovery series*(Baranowsky & Gentry, 2001. Psych Ink Resources,. http://www. psychink.com) CD에 들어있는 '은퇴 파티의 시각화' 활동을 사용하라. 이 활동은 당신의 은퇴 파티에 참석하고 있는 모습을 상상해 당신의 미래상이 달성된 장면을 그려 볼 수 있게 한다. 이 연습은 미래상 진술을 완성하기 위해 당신의 생각과 감정을 자극하는 최고의 방법이다.

당신이 CD를 얻을 수 없다면, 잠시 시간(10~15분)을 가지고 정신을 맑게 한 다음, 당신이 원하는 곳에 있고 원하는 것을 하고 무엇보다도 원하는 사람이 되어 있다고 상상하라. 이를 메모하라.

제안 :

- 미래상 진술은 현재 시제로 쓴 2~5 문장이어야 한다(예, "나는 경제적 안정을 성취할 것이다" 대신 "나는 경제적으로 안전하다").
- 미래상 진술은 특정적이기보다는 전반적이어야 한다(예, "나는 450명의 고객을 가지고 있다" 대신 "나는 재무 계획 분야의 전국적인 리더이다").
- 미래상 진술은 1인칭 시점에서 써야 한다(예, "나는 성공적이고 존경 받는 사내 변호사이다").
- 미래상 진술은 성취할 수 있는 꿈이어야 한다. 당신이 작성하는 미래상 진술은 힘들거나 어려울 때에도 사명에 전념할 수 있도록 하는 충분한 동기와 영감을 준다는 사실을 명심하라.
- 미래상 진술은 당신이 성취하고자 하는 삶의 목표, 즉 당신의 존재 이

유를 분명하게 설명한다.

- 미래상 진술은 다른 사람(배우자, 부모, 자녀, 상사)이 아닌 바로 당신 자신을 위한 것임을 확실히 하라.
- 두려움이나 위험을 고려하지 않고 미래상 진술을 작성하라(당신이 두려움을 전혀 경험하지 않는다면 어떤 사람일까?).
- 자신과 자신의 사명에 대해 더 잘 알수록, 사명은 더욱 정제된다는 것을 기억하라. 변화할 수도 있다는 사실을 고려해서 당신이 현재 이용할 수 있는 모든 정보를 바탕으로, 오늘의 미래상을 작성하라. 미래상 진술을 쓰는 '잘못된' 방법이란 없다.

서약 연습(Covenant Exercise)

서약 연습은 약속을 하는 사람이 자신의 잠재력을 현실화할 수 있는 방향, 목적, 그리고 동기를 가질 수 있도록 한다. 개인적 측면과 직업적 측면 모두에서 그렇게 하라. 약속은 적극적이고 선언적인 목소리로 쓰고, 약속을 한 사람은 '최고의 자기(되고 싶은 자기 자신)'에 대한 명확한 미래상을 가져야 한다. 서약 연습은 '최고의 자기'에 초점을 맞추도록 돕고, 이러한 목표를 향해 지속적으로 발전할 수 있는 방법을 찾도록 설계되어 있다.

힘이 되는(empowering) 약속은

1. 당신 안에 가장 깊고 최고인 부분을 상징한다. 약속이 당신의 깊은 내면 세계와 견고하게 연결되었을 때 가능하다.
2. 당신만의 독특한 선물을 획득하는 것이다. 삶에 기여하는 당신의 고유한 능력의 표현이다.
3. 초월적이다. 자기 초월적 목표와 기여의 원칙에 기반한다.
4. 신체적, 사회적, 정신적, 그리고 영적 측면의 모든 기본적인 욕구, 능력, 성취를 설명하고 통합한다.
5. 삶의 질을 좌우하고 결과를 이끌어내는 삶의 원칙에 기반한다. 목적과 수단 모두 진실한 삶의 기본 원칙에 기반한다.

6. 미래상과 원칙 기저에 있는 삶의 가치를 다룬다. 미래상과 관련 없이 그저 가치만을 언급하는 것은 충분치 않다. 당신이 좋은 사람(미래상)이 되고 싶다면, 무언가(가치)를 위해서 좋은 사람이 되고 싶을 것이다. 한편, 가치를 포함하지 않는 미래상은 히틀러와 같은 사람을 만들 수 있다. 힘이 되는 사명 진술은 성격과 유능성 모두를 다룬다. 당신이 어떤 성격의 사람이 되고 싶은지, 그리고 무엇을 하며 살고 싶은지에 대해 이야기한다.

7. 당신의 삶에서 중요한 모든 역할을 다룬다. 당신의 여러 역할은 당신의 일부이며, 개인, 가족, 직업, 사회의 측면에서 삶의 균형을 보여준다.

8. 누군가를 감동시키기 위해서가 아니라 당신에게 영감을 주기 위해서 쓴 것이다. 이는 기본적으로 당신과 의사소통하고, 당신에게 영감을 준다(Covey, 1997, p. 107).

도구 사용하기(USING THE TOOLS)

준비

시간 제한적 활동. 5분 동안 다음의 질문에 대한 답하라.

a. 당신은 왜 살아있는가? 이 세상에 있는 목적은 무엇인가?

_____

_____

b. 무엇이 되고 싶은가?

_____

_____

c. 아직 이루지 못한 당신의 꿈은 무엇인가?

_____

_____

d. 무엇이 되고 싶은가? (b와 동일한 질문이지만, 한번 더 확인하라.)

_____

_____

e. 당신이 가진 최대의 강점은 무엇인가?

_____

_____

잠시 멈춰라. 위의 질문에 대한 답을 다시 검토하고, 가장 마음에 드는 5가지 답을 표시하라. 이 질문과 답이 당신에 대해 어떤 것을 알려주는가? 당신의 가치와 원칙에 비추어봤을 때 당신은 어디에 위치해 있는가? 얼마나 벗어나 있는가? 위의 답을 검토한 뒤에 간단하게 당신의 생각을 쓰는 시간을 가져라.

_____

_____

_____

_____

_____

_____

_____

_____

_____

_____

_____

_____

_____

_____

출처: Anna B. Baranowsky, J. Erin Gentry, & D. Franklin Schultz, *Trauma Practice: Tools for Stabilization and Recovery.* ⓒ 2011. Hogrefe Publishing

도구 사용하기(USING THE TOOLS)

연습 (Covey, Merrill & Merrill, 1997의 자료를 변형함)

다음의 문장 형식을 사용하여, 당신만의 관점과 사명을 만드는 연습을 하라.
미완성 문장 하나를 완성하는 데 1분씩 사용하라.
이것은 나의 약속이다:

어떻게 살 것인지:

_____

_____

어떤 일을 할 것인지:

_____

_____

무엇을 계속할 것인지:

_____

_____

누구를 사랑할 것인지:

_____

_____

어떻게 존재할 것인지:

_____

_____

어떻게 될 것인지:

_____

_____

무엇을 믿을 것인지:

_____

_____

무엇을 촉진할 것인지:

_____

_____

어떤 노력을 할 것인지:

_____

_____

무엇을 추구할 것인지:

_____

_____

출처: Anna B. Baranowsky, J. Erin Gentry, & D. Franklin Schultz, *Trauma Practice: Tools for Stabilization and Recovery.* ⓒ 2011. Hogrefe Publishing

도구 사용하기(USING THE TOOLS)

나의 언약 (My covenant)

_____

_____

_____

_____

_____

_____

_____

명예 코드 만들기 연습(Code of honor exercise)

이 활동은 원칙에 기반한 삶의 기초를 설립하는 데 도움이 되는 세 가지 활동 중 마지막 활동이다. 당신의 미래상 진술이 삶의 도착지를 상징하고, 사명 진술이 목적을 상징한다면, 당신의 명예 코드(원칙)은 사명을 수행하고 미래상을 성취하기 위해 사용되는 방법이라 할 수 있다. 또한 당신이 삶의 신조로 삼을 만한 법과 규칙을 분명하고 진실하게 설명해야 한다. 기차로 비유하면, 미래상 진술은 기차와 연료이고, 원칙은 기차가 지나가는 선로이다. 원칙의 선로를 잘 따르고 탈선을 피할수록, 더 빠르고 쉽게 미래상을 성취할 수 있다.

나의 원칙들

다음은 '명예 코드(code of honor)' 원칙 진술로 활용할 수 있는 단어의 목록이다(예, 정직한 = "나는 다른 사람과 나를 대하는 데 있어 진실하다").

출처: Anna B. Baranowsky, J. Erin Gentry, & D. Franklin Schultz, _Trauma Practice: Tools for Stabilization and Recovery._ ⓒ 2011. Hogrefe Publishing

정직한(honest)	예의바른(polite)	효과적인(effective)
도전적인(challenging)	자유로운(liberal)	과학적인(scientific)
접근 대 회피 (approach vs. avoidance)	온건한(moderate)	창의적인(creative)
윤리적인(ethical)	관대한(tolerant)	상세한(detailed)
검소한(frugal)	예의바른(polite)	연민 어린(compassionate)
충실한(faithful)	거침없이 말하는(outspoken)	탄력적인(resilient)
유머 감각(sense of humor)	자기주장적(assertive)	강력한(powerful)
헌신(commitment)	봉사하는(service)	책임감 있는(responsible)
희망적인(hopeful)	탐욕스러운(greedy)	생산적인(productive)
기쁜(joyous)	유능한(efficient)	공정한(just)
용기(courage)	지도자(leader)	열정적인(passionate)
진실/진실한(truth/truthful)	촉진하는(facilitative)	안전한(secure)
양육적인(parenting)	낙관적인(optimistic)	다정한(loving)
비폭력적인/평화적인 (non-violent/peaceable)	멀리 내다보는(farsighted)	강한(strong)
두려움을 모르는(fearless)	자신감 있는(self-confident)	활동적인(active)

위 목록에서 10~12개의 단어를 선택하고 늘 이 원칙에 따라 사는 자신을 묘사하는 문장을 만들어라(예, "나는 모든 상황에서 희망적이다"). 물론 당신이 이러한 원칙을 항상 완벽하게 지킬 수는 없다. 완벽하게 지키는 것이 작업의 핵심은 아니다. 하지만 당신은 정점 프로그램에서 배운 도구를 활용해서 자신의 원칙에 따라 더 효율적으로 살 수 있게 될 것이다. 이 활동을 통해 하루하루 당신의 사명을 실천하며 미래상으로 나아가는 길을 닦아라. 당신이 선택한 원칙이 정말로 당신 자신을 위한 것인지를 다시 한번 확인하라.

자신에게 진실하라.

부록 3
반응적인 삶에서 의도적인 삶으로 가기 활동지

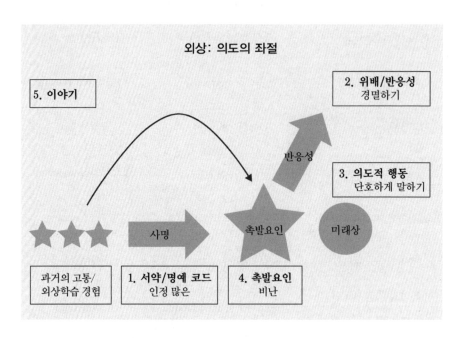

반응적인 삶에서 의도적인 삶으로 가기

부록 4
훈련 기회(Training Opportunities)

훈련 기회에 대한 최신의 정보와 교육을 받고 싶다면 아래로 연락하라.
Anna B. Baranowsky 박사
Executive Director
Traumatology Institute (Canada) Training & Development, Inc.
45 Sheppard Ave E., Suite 419
Toronto, Ontario Canada M2N 4W9
Tel. 416 – 229 – 1477 ext. 235
Fax. 416 – 229 – 9882
info@psychink.com
http://www.psychink.com

온라인 교육은 http://www.ticlearn.com에서 가능하다.
심리적 외상 치료 훈련을 받은 치료자, 관련인, 교육자의 목록과 관련 자료는 http://www.traumaline1.com에서 볼 수 있다.

J. Eric Gentry
Compassion Unlimited
3205 Southgate Circle,
Sarasota, FL 34239
Tel. 941 – 720 – 0143
info@compassionunlimited.com
http://www.compassionunlimited.com

온라인 교육은 http://traumaprofessional.net에서 가능하다.

전체 외상학 관련 기관 훈련 교육 과정(Traumatology Institute Training Curriculum, TITC)에 대한 정보를 원하는 단체나 교육 기관은 외상학 관련 기관(Traumatology Institute(Canada))으로 연락하라. 외상학 관련 기관 훈련 교육 과정(TITC)은 외상 후 반응과 회복 영역에서의 전문성을 개발시키는 포괄적인 교육 프로그램이다. 외상학 관련 기관 훈련 교육과정(TITC)은 American Academy of Experts in Traumatic Stress and the Academy of Traumatology – Commission on Certification and Accreditation에 의해 국제적으로 승인을 받았다.

외상학 관련 기관 훈련 교육과정(TITC)에 참여하고자 하는 당신의 선택을 기쁘게 논의할 것이다.

전체 외상학 관련 기관 훈련 교육과정(TITC)은 외상 기관(Traumatology Institute)을 통해 공인된 자격을 갖춘 단체나 기관에서 이용 가능하다.

저자 약력

Anna B. Baranowsky, Ph.D, C.Psych
임상심리전문가
현 캐나다 외상학 연구소(Traumatology Institute-Canada) 소장
Compassion Fatigue 전문가
University of Ottawa 박사
info@psychlink.com

J. Eric Gentry, Ph.D, LMHC
심리치료전문가
Florida 주립대 외상학 연구소 부소장
국제외상학 연구소(International Traumatology Institute) 소장
Florida State University 박사
eg@compassionunlimited.com

D. Franklin Schultz, Ph.D
임상심리전문가
Compassion Fatigue 전문가
A Language of the Heart: Therapy Stories That Heal 저자
Wester University 객원교수
drfrank@aloth.com

역자 약력

안명희
현 서강대학교 심리학과 교수
심리상담 전문가
Columbia University 심리학 석, 박사

안미라
현 University of Maryland-College Park
상담심리 박사과정
서강대학교 심리학 석사

Trauma Practice, 2nd edition,
by Anna B Baranowsky, J. Eric Gentry, D. Franklin Schultz
Published by Hogrefe Publishing, Merkelstra β e 3,
37085 Goettingenm Germany, ISBN 978-88937-380-8
ⓒ2011 by Hogrefe Publishing

Korean translation copyrightⓒ2019 by PYMATE.
Korean translation rights arranged with Hogrefe Publishing

이 책의 한국어판 저작권은 Hogrefe Publishing과의
독점계약으로 '㈜피와이메이트'가 소유합니다.
저작권법에 의하여 한국 내에서 보호를 받는 저작물이므로
무단전재 및 복제를 금합니다.

트라우마 치료의 실제 : 안정화와 회복을 중심으로

초판발행	2019년 9월 30일
중판발행	2022년 3월 10일
지은이	Anna B. Baranowsky · J. Eric Gentry · D. Franklin Schultz
옮긴이	안명희 · 안미라
펴낸이	노 현
편 집	한두희
기획/마케팅	노 현
디자인	BEN STORY
제 작	고철민 · 조영환
펴낸곳	(주) 피와이메이트
	서울특별시 금천구 가산디지털2로 53 한라시그마밸리 210호(가산동)
	등록 2014. 2. 12. 제2018-000080호
전 화	02)733-6771
f a x	02)736-4818
e-mail	pys@pybook.co.kr
homepage	www.pybook.co.kr
ISBN	979-11-89643-93-5 93180

*파본은 구입하신 곳에서 교환해 드립니다. 본서의 무단복제행위를 금합니다.
*역자와 협의하여 인지첩부를 생략합니다.

정 가 19,000원

박영스토리는 박영사와 함께하는 브랜드입니다.